低碳能源
技术研发网络的生成、
演化和效应研究

马 玎◎著

知识产权出版社
全国百佳图书出版单位

图书在版编目（CIP）数据

低碳能源技术研发网络的生成、演化和效应研究/马玎著. —北京：知识产权出版社，2018.10

ISBN 978-7-5130-5893-3

Ⅰ.①低… Ⅱ.①马… Ⅲ.①低碳经济—能源管理—研究—中国 Ⅳ.①F206

中国版本图书馆 CIP 数据核字（2018）第 229565 号

内容提要

本书从跨层次网络交互的视角，研究低碳技术研发网络的涌现、演化和效应机理。构建了基于复杂网络的多 Agent 模型，揭示了低碳技术研发网络中组织间合作的动力机制和随时间演化的涌现状态；以国际专利分类绿色清单中的低碳技术专利代码确定技术外延，构建研发网络并从网络整体结构、行动者位置、合作伙伴关系视角分析了低碳技术研发网络的演化路径；构建面板数据计数模型并实证验证低碳技术研发网络的三层网络结构对二元创新的独立和交互影响；基于耦合分析确立提升低碳技术研发网络结构效应的企业网络策略与政府网络治理定位。

责任编辑：石红华　韩　冰　　　　　　　　责任印制：孙婷婷

低碳能源技术研发网络的生成、演化和效应研究

马　玎　著

出版发行：知识产权出版社有限责任公司	网　址：http://www.ipph.cn
社　址：北京市海淀区气象路50号院	邮　编：100081
责编电话：010-82000860 转 8126	责编邮箱：hanbing@cnipr.com
发行电话：010-82000860 转 8101/8102	发行传真：010-82000893/82005070/82000270
印　刷：北京虎彩文化传播有限公司	经　销：各大网上书店、新华书店及相关专业书店
开　本：787mm×1092mm　1/16	印　张：12.75
版　次：2018年10月第1版	印　次：2018年10月第1次印刷
字　数：180千字	定　价：48.00元

ISBN 978-7-5130-5893-3

出版权专有　侵权必究

如有印装质量问题，本社负责调换。

前　言

　　能源是国家经济可持续发展的重大战略需求。发展低碳能源技术是解决全球性能源短缺的关键途径，成为世界各国高度关注的核心问题。低碳能源技术是具有多学科、多领域、跨行业特征的复杂系统工程，这决定了其发展依托于研发网络这一技术研发、传播及应用效能评价的主流载体和平台。然而现有基于研发网络的研究多是聚焦于单一行业的独立零散研究，缺乏综合考虑多因素影响下内在规律的系统性挖掘。鉴于此，本研究依托国家社会科学基金项目（13BGL011），采用世界知识产权组织（WIPO）公布的国际专利分类绿色清单（IPC green inventory）中的节能减排技术专利代码为基准采集数据，开展了围绕低碳能源技术研发网络（Low-carbon Energy Technology R&D Collaboration Network，LCET-CN）的生成机制、演化规律、结构效应以及企业网络策略和政府政策定位优化的系统研究。主要成果如下：

　　（1）构建了 LCET-CN 的生成机制模型并通过模拟仿真揭示网络涌现属性。

　　针对 LCET-CN 的复杂适应系统特征，构建了基于复杂网络的多 Agent 模型，通过模拟仿真来分析系统优化过程，揭示了研发网络中组织间合作的动力机制和随时间演化的涌现状态。模型实质是将 LCET-CN 的网络连边机制转化为一个动态优化模型，运用 Matlab 的差分演化算法进行求解并模拟仿真，通过对比分析揭示了 LCET-CN 与传统技术导向型研发网络在复杂网络特征和组织层面的涌现属性差异。该方法克服了现有研究受制于网络静态化严苛假设带来的缺陷，为规划高效的研发网络生态环境提供理论依据。同时，通过对 Agent 模型中创新主体的研发投入规则、知识吸收规则、知识生成规则与创新和利润生成规则的设定，将合作伙伴选择的外生机理内生化，解决现有研究对网络节点连接机制解释的模糊性问题。

　　（2）创建了以联合申请专利为特征的 LCET-CN 并揭示其演化规律。

　　以世界知识产权组织公布的国际专利分类绿色清单中的 9 类低碳能源技术的 212 个专利代码确定 LCET-CN 的技术外延，利用 Java 编程工具生成邻接矩阵挖掘联合申请专利数据，构建了2006—2015年由我国491个组织为网络节点构成的研发网络。从网络整体结构、行动者位置、合作伙伴关系视角分析了LCET-CN的演化特征。结果表明：①LCET-CN具有最大子群的小世界性和整体的无标度网络特征；②中心性行动者及其演变特征的分析说明政府需对处于不同产业发展阶段的9类LCET-CN中核心行动者实施多元化、多层次、差异化的激励政策；③合作伙伴关系的演化特征一方面表明LCET-CN中产学研和跨行业合作的关系强度有待加强，另一方面体现出LCET-CN中合作关系向高技术互补性发展的趋势。这是首次基于联合申请专利数据，从创新技术导向而非行业视角对我国低碳技术研发网络的量化分析。

(3) 构建面板数据计数模型并实证验证LCET-CN的结构效应。

在运用嵌入性等理论梳理整体网、行动者位置、合作伙伴关系特征以及三者交互对低碳领域技术创新影响的基础上提出研究假设，构建了215家企业的757个企业年观察值的面板数据，并运用面板数据计数模型进行回归分析。结果表明：①集聚系数比网络密度对二元式创新产生更积极的影响；②行动者位置决策应与网络整体结构、合作伙伴关系特征相匹配；③结构特征交互效应的方向和程度在探索式创新和利用式创新类型中的影响存在差异；④关系强度的提高有利于提升两类技术创新。本研究从三重网络结构指标的交互对二元式创新影响的视角深入挖掘了LCET-CN结构效应的特殊性，探讨了LCET-CN结构效应提升的一般规律，填补了低碳技术创新背景下研发网络结构效应的实证研究空白。

(4) 基于耦合分析确立提升LCET-CN结构效应的网络策略与政策定位。

结合三维曲面图和二维矩阵分析了LCET-CN中能提升技术创新水平的企业网络策略和政府网络治理方向。基于行动者位置和合作伙伴关系特征的交互效应、整体网特征与行动者位置交互效应的三维曲面图得出二维矩阵，展示交互类型与技术创新水平的耦合关系。在此基础上分别归纳提升技术创新水平的企业网络策略及实现路径、政府网络治理方向和相关政策。这一方面为具有不同创新战略姿态和资源条件的企业做出适应自身创新诉求的网络决策提供了操作借鉴，另一方面也为政府在不同层次、不同阶段科学合理的政策运用提供了决策支撑。

本书由"中央高校基本科研业务费专项资金项目（2018IVA037）"资助完成。

目 录

前 言

第1章 导论 ………………………………………………………… 1
1.1 研究背景 …………………………………………………… 1
1.2 研究目的与意义 …………………………………………… 2
1.3 国内外研究现状综述 ……………………………………… 5
1.3.1 低碳技术创新相关研究 ……………………………… 5
1.3.2 研发网络相关研究 …………………………………… 13
1.3.3 文献评述 ……………………………………………… 18
1.4 研究内容和研究方法 ……………………………………… 19
1.4.1 研究内容 ……………………………………………… 19
1.4.2 研究方法 ……………………………………………… 21

第2章 概念界定和理论基础 …………………………………… 24
2.1 低碳能源技术的内涵、外延与特征界定 ………………… 24
2.1.1 低碳能源技术的内涵界定 …………………………… 24
2.1.2 低碳能源技术的外延界定 …………………………… 25
2.1.3 低碳能源技术的特征界定 …………………………… 27
2.2 低碳能源技术研发网络构成分析 ………………………… 28
2.2.1 低碳能源技术研发网络行动者 ……………………… 29

2.2.2　低碳能源技术研发网络关系模式 …………………… 30
　　　2.2.3　低碳能源技术研发网络特征 ………………………… 34
　2.3　低碳能源技术研发网络的理论视角剖析 …………………… 35
　　　2.3.1　低碳能源技术研发网络生成的理论基础 …………… 35
　　　2.3.2　低碳能源技术研发网络演化的理论基础 …………… 38
　　　2.3.3　低碳能源技术研发网络效应的理论基础 …………… 40
　2.4　研发网络的社会网络结构特征界定 ………………………… 45
　　　2.4.1　社会网络分析的适用性和可行性 …………………… 46
　　　2.4.2　研发网络的社会网络结构特征 ……………………… 47
　2.5　本章小结 ……………………………………………………… 52

第3章　低碳能源技术研发网络的生成机制研究 ………………… 53
　3.1　低碳能源技术研发网络的复杂适应系统分析 ……………… 53
　　　3.1.1　低碳能源技术研发网络的复杂适应系统特性 ……… 53
　　　3.1.2　低碳能源技术研发网络的复杂适应系统机制 ……… 56
　　　3.1.3　Agent建模仿真在复杂适应系统中的应用 ………… 57
　3.2　基于Agent的研发网络生成模型 …………………………… 58
　　　3.2.1　研发投入规则 ………………………………………… 59
　　　3.2.2　知识吸收规则 ………………………………………… 59
　　　3.2.3　知识生成规则 ………………………………………… 61
　　　3.2.4　创新与利润生成规则 ………………………………… 61
　3.3　Matlab仿真分析 ……………………………………………… 62
　　　3.3.1　优化规则 ……………………………………………… 62
　　　3.3.2　仿真过程 ……………………………………………… 63
　　　3.3.3　仿真结果 ……………………………………………… 67
　3.4　本章小结 ……………………………………………………… 73

第4章　低碳能源技术研发网络的演化分析 ……………………… 74
　4.1　研发网络的构建 ……………………………………………… 74
　　　4.1.1　数据来源 ……………………………………………… 74

4.1.2　数据整理与样本统计 ································· 75
　　　4.1.3　研发网络的构建方法 ································· 79
　　　4.1.4　社会网络分析软件 UCINET 的运用 ················ 80
　4.2　低碳能源技术研发网络的演化分析 ························· 82
　　　4.2.1　网络整体结构的演化 ································· 82
　　　4.2.2　网络行动者位置的演化 ······························ 86
　　　4.2.3　网络合作伙伴关系的演化 ···························· 97
　4.3　本章小结 ·· 100

第5章　低碳能源技术研发网络结构效应的机理分析 ············ 102
　5.1　网络整体特征对技术创新的影响 ··························· 102
　　　5.1.1　网络密度对技术创新影响的研究假设 ············· 102
　　　5.1.2　网络集聚系数对技术创新影响的研究假设 ······· 103
　5.2　行动者位置特征对技术创新的影响 ······················· 104
　　　5.2.1　度数中心度对技术创新影响的研究假设 ·········· 104
　　　5.2.2　中间中心度对技术创新影响的研究假设 ·········· 105
　5.3　合作伙伴关系特征对技术创新的影响 ···················· 105
　　　5.3.1　关系强度对技术创新影响的研究假设 ············· 105
　　　5.3.2　技术距离对技术创新影响的研究假设 ············· 106
　5.4　三者交互对技术创新的影响 ································ 107
　　　5.4.1　网络整体特征与行动者位置特征交互的研究假设 ······ 107
　　　5.4.2　网络整体特征与合作伙伴关系特征交互的研究假设 ··· 109
　　　5.4.3　行动者位置特征与合作伙伴关系特征交互的研究
　　　　　　假设 ·· 111
　5.5　本章小结 ··· 112

第6章　低碳能源技术研发网络结构效应的实证检验 ············ 114
　6.1　样本选取与变量测度 ·· 114
　　　6.1.1　样本选取 ··· 114
　　　6.1.2　探索式创新与利用式创新的测度 ···················· 115

6.1.3 网络特征变量的测度 ·· 116
6.1.4 控制变量的测度 ·· 118
6.1.5 描述性统计与相关性分析 ···································· 120
6.2 模型的选取与设定 ·· 123
6.2.1 模型选取 ·· 123
6.2.2 模型设定 ·· 123
6.3 网络特征独立效应的实证检验 ·· 126
6.3.1 网络整体特征对技术创新影响的实证结果 ···················· 126
6.3.2 行动者位置特征对技术创新影响的实证结果 ·················· 133
6.3.3 合作伙伴关系特征对技术创新影响的实证结果 ················ 133
6.4 网络特征交互效应的实证检验 ·· 134
6.4.1 网络整体特征与行动者位置特征交互效应的实证
结果 ··· 134
6.4.2 网络整体特征与合作伙伴关系特征交互效应的实证
结果 ··· 136
6.4.3 行动者位置特征与合作伙伴关系特征交互效应的实证
结果 ··· 137
6.4.4 稳健性检验 ·· 139
6.4.5 实证分析结果讨论 ·· 146
6.5 本章小结 ·· 148

第7章 低碳能源技术研发网络效应提升的启示建议 ·· 150
7.1 企业网络策略与技术创新的耦合分析 ·································· 150
7.2 政府网络治理与技术创新的耦合分析 ·································· 155
7.3 管理启示与政策建议 ·· 159
7.3.1 管理启示 ·· 159
7.3.2 政策建议 ·· 162
7.4 本章小结 ·· 164

第8章 结论与展望 ······ 165
8.1 全书总结 ······ 165
8.2 主要创新点 ······ 168
8.3 研究展望 ······ 169

参考文献 ······ 171

附 录 低碳能源技术专利代码列表 ······ 192

第1章 导　　论

1.1　研究背景

（1）低碳能源技术革命迫在眉睫。

能源短缺和环境污染一直是困扰人类发展的焦点问题。近百年来以化石燃料为主的消费结构导致二氧化碳的大量排放，引发了一系列的生态危机。同时，化石燃料的存储量和供应有限，寻找替代能源或者提高能源利用效率的技术创新步伐远远落后于不断膨胀的能源需求。发展低碳能源、控制环境污染成为世界各国共同关注的核心课题。作为发展中的大国，我国面临的能源环境问题显得尤为突出。粗放型发展模式带来的环境代价日益凸显，我国亟待转变传统高能耗、高污染的经济增长方式，大力推进节能减排技术，实现环境与经济的协调发展。

（2）我国实现低碳技术跃迁迟重难行。

我国发展低碳能源产业面临着很多困难，其中的突出问题是企业的低碳能源技术创新水平较低。技术障碍带来的成本高、市场小对低碳能源技术的发展形成了严重制约，抑制了市场规模的扩展，反过来又造成了产业高成本和技术投入障碍，形成恶性循环。同时，国内企业普遍社会责任意识薄弱，也缺乏创新性的解决环境问题的经验和能力，客观上造成低碳技术领域的研发投入积极性不足，相关人才培养机制落后。此外，政府的相关激励机制和配套金融体系还不完善。这些问题制约了我国低碳能源技术的发展。

（3）LCET – CN 的发展是内在需求也是发展趋势。

低碳能源技术是技术含量极高的综合性技术。高度的技术复杂性、不确定性及学科交叉性使得单个组织难以具备全面的技术研发能力，需要构建涉及众多组织的研发网络来共同应对技术难题。因此，发展低碳能源技术不仅需要单个组织具备低碳性和可持续性的技术创新发展能力，同时也要求产业领域内的企业与供应商、竞争者、大学、科研机构及其他组织机构形成联合开发、资源互补、知识分享和风险分担的研发网络。

（4）学界对 LCET – CN 的研究滞后于实践发展。

目前学界对于低碳能源技术的界定比较模糊，特别是社会科学将其笼统地归纳为生态创新或绿色创新，相关量化研究多使用量表数据，这种方式在缺乏三角验证的情况下难以避免主观性，其截面数据的性质也不利于因果关系的推断；对于研发网络的研究，现有的研究主要集中在地理集群效应、网络特征的效应分析，对综合多种因素的整体研究很少；从低碳创新与创新网络的结合研究来看，仅有零散的研究关注了低碳创新中研发网络的形成、演化机理，而在网络结构对创新绩效的影响研究上，为数不多的研究仅囿于网络结构与创新能力、绩效关系的概念模型梳理上，特别是缺乏网络结构对不同类型的技术创新的影响差异甄别，这就无法对低碳能源技术创新的路径突破提出有针对性的建议。

总之，LCET – CN 的客观存在、发展的紧迫需求、滞后的研究现状说明 LCET – CN 是一个值得深入研究的课题。

1.2　研究目的与意义

本研究在探索 LCET – CN 生成、演化和效应的总体框架下，围绕以下核心问题展开深入的研究：

1. 低碳能源技术的内涵、外延、特征是什么？LCET – CN 的网络行动者、关系模式和区别于一般创新网络的特征是什么？

2. LCET – CN 的生成机制是什么？LCET – CN 具有怎样的涌现属性？这些涌现属性与传统技术导向型研发网络有哪些区别？

3. LCET – CN 的社会网络结构具有怎样的演化特征？不同低碳能源技术领域的研发网络在演化特征上存在的共同点和差异点是什么？

4. LCET – CN 的社会网络结构特征会对探索式创新和利用式创新水平产生怎样的影响？不同层次的社会网络结构特征是否存在交互的效应？提升 LCET – CN 中技术创新水平的企业网络策略和政府网络治理对策是什么？

为此，本研究基于创新理论、复杂适应系统理论、网络嵌入性理论、社会网络分析理论与方法，界定低碳能源技术及其研发网络概念，构建LCET-CN的生成机制模型，并对其进行模拟仿真；整理挖掘九大低碳能源技术领域的联合申请专利数据构建研发网络，并分析研发网络在三大社会网络结构特征——整体网、行动者位置、合作伙伴关系特征上的演化规律；厘清LCET-CN的三大社会网络结构特征对探索式创新和利用式创新所产生的独立的与交互的影响机理，提出研究假设，构建面板数据的负二项回归模型进行独立效应和交互效应的实证验证；在对LCET-CN结构影响二元式创新的一般性规律总结的基础上，依据三维曲面图和二维矩阵结合的方法揭示提升LCET-CN中技术创新水平的企业网络策略和政府网络治理方向，并在此基础上提出管理启示和政策建议。

具体而言，本研究的意义主要体现在实践和理论两个方面。

（1）现实意义。

第一，加深可持续发展事业中利益相关者对绿色研发网络的认识。本研究利用联合申请专利数据构建LCET-CN，为产业界提供了一个具有客观性和可操作性的LCET-CN构建方法。对政府而言，通过对研发网络社会网络特征的演化规律分析可以对其复杂网络特征、中心行动者以及合作关系变化的内在要求加深了解，从而评估LCET-CN的发展阶段，制定针对不同行动者的区别化激励政策，并强化组织针对合作关系演变的相关能力的培育。对企业而言，研发网络的构建有利于企业判断潜在的合作伙伴与低碳能源技术的发展趋势，形成创新的网络观。

第二，有利于对我国企业在LCET-CN中的战略选择与定位提供操作借鉴。本研究通过对整体网、行动者位置、合作伙伴关系对技术创新的影响分析，指出了嵌于不同整体网特征的企业应该如何调整自身在网络中的位置和选择合作对象来达到更高的技术创新水平。特别是本研究区别了研发网络结构对不同的创新类型——探索式创新和利用式创新的影响，进一步揭示了具有不同创新战略姿态和资源条件的企业应如何做出适应自身创新诉求的网络决策。

第三，为政府激励企业进行突破性的低碳能源技术创新提供政策参考。通过政府网络治理与技术创新水平的耦合分析可以推断，政府可以对高密度、高集聚性网络中的中心企业实施行政奖励和技术标准化战略的政策来强化其示范引领作用,而对低密度、低集聚性网络中的中介企业可以通过促成战略联盟和行业协会的构建来加强中介企业的知识枢纽作用,同时配合高效的知识产权保护制度和持续的人才培养与吸引、科技信息支持的公共服务、研发载体建设的创新要素支撑政策以促进企业突破性的低碳能源技术创新。

(2)理论意义。

第一,将网络理论引入低碳能源技术创新的研究,扩展了低碳能源技术创新研究的视角。现有研究已在低碳技术创新的驱动因素、实现机制等方面做出了大量的研究,也得到了很多有益的见解。然而,考虑到低碳能源技术创新的系统性和复杂性,其实践的过程必然是跨组织边界的,学界却很少从网络理论出发来研究以低碳技术创新为导向的研发网络,这就无法揭示企业利用外部网络实现绿色化转型的过程机理。

第二,丰富了企业可持续发展背景下的研发网络结构效应的相关理论。当前的研究在承认低碳技术创新过程的复杂性和创新目标的多元性基础上,只是重点关注了低碳技术创新中研发网络的形成机理,相应视角包括 RBV 和交易成本理论、知识搜索模式、合作能力、合作对象选择;而在网络结构对低碳技术创新绩效的研究上,为数不多的研究仅囿于网络结构与创新能力、绩效关系的概念模型梳理上,实证研究的空白说明无论在验证现有的、丰富的网络结构效应研究成果在 LCET - CN 中的适用性,还是挖掘 LCET - CN 结构效应的特殊性都存在很大的待研究空间。低碳能源技术涵盖可再生能源、非可再生能源和能源节约技术领域,不同的技术领域在网络连接机制和合作创新过程上存在差异,因此基于结构嵌入、关系嵌入或认知嵌入的单层次的分析具有片面性,而综合考虑整体网、行动者位置、合作伙伴关系及其交互作用是对社会网络结构效应更全面的反映,也符合现有研究对从网络层、组织自身和组织间层次以及三个层次交互研究研发网络的趋势。此外,创新类型的差异(主要反映在探索式创新和利用式创新两个层面)及其对学习能力和绩效的不同指示意义已得到了学者的认可,说明研发网络的结构效应在不同创新类型中的区别也具有考察的意义。因此,分析研发网络的三重结构及其交互对两类技术创新的影响是对网络结构效应在低碳能源技术创新背景下的深入挖掘。

第三，构建基于复杂网络的多 Agent 模型分析 LCET-CN 生成机制。构建基于复杂网络的多 Agent 模型，并辅以模拟仿真来分析系统优化过程，从而揭示研发网络中组织间合作的动力机制和随时间演化的涌现状态。模型实质是将 LCET-CN 的网络连边机制转化为一个动态优化模型，采用 Matlab 的差分演化算法对优化模型求解并模拟仿真，通过仿真数据的统计分析揭示了网络的复杂网络特征和组织层面的涌现属性，区别了 LCET-CN 与传统技术导向型研发网络在无标度特征和网络结构效应的方向和程度上的差异，从组织动态决策视角丰富了现有的建模理论。这种方法不仅克服了现有基于复杂网络演化博弈方法的研究受制于网络静态化的严苛假设，也为规划高效的研发网络生态环境提供了理论依据。同时，通过对 Agent 模型中创新主体的研发投入、知识吸收、知识生成与创新和利润生成规则的设定，将合作伙伴选择的外生机理内生化，克服了现有研究对节点连接机制解释的模糊性。

1.3 国内外研究现状综述

1.3.1 低碳技术创新相关研究

可持续发展在当今全球化的资源枯竭、环境污染和生态恶化背景下已成为各国的发展要义。通过产品、流程、技术和系统的改进来提高生态效能，降低环境负面影响的生态创新，作为可持续发展的关键载体已得到政策制定者和学界的普遍关注[1]。近年来国际上的重要组织如经济合作与发展组织（OECD）、国际能源署（IEA）、联合国（UN）已开展一系列举措加强生态创新的关键技术发展的讨论和交流，例如 2008 年 OECD 开展的"绿色增长和生态创新"项目皆在促进公众对生态创新带来新技术和系统解决方法来应对全球环境问题，促进对可持续发展的理解[2]。低碳技术是生态创新的关键解决方案，涵盖了生态创新的主要技术层面，直接关系到满足环境政策成本的降低、能源安全的提高、污染排放的控制、生态环境的保护和经济的协调增长等一系列核心问题[3]。尽管低碳技术涉及范围广、相关研究汗牛充栋，但通过对国内外文献梳理归纳发现：低碳技术创新的界定、重要性和发展现状分析、低碳技术创新的动力和阻力、低碳技术的实现机制是学界普遍关注的焦点问题，也构成了文献综述的主要维度，下面分而述之。

（1）低碳技术创新的界定、重要性和发展现状

低碳的概念最早是由英国政府于2003年在《能源白皮书》中提出的，定义为以技术创新和政府规制来推动能源革命和排放减少、气候变化减缓的新经济发展模式[4]。在此总体目标的指导下，学者从不同视角定义了低碳技术创新，而到目前为止，统一的、权威的界定还未形成。从低碳技术与传统能源技术的关系来看，Berkhout（2002）[5]指出低碳技术创新是革命性的创新，而Pacala和Socolow（2004）[6]则认为低碳技术创新具有传统能源技术创新的附属性，即传统能源技术在渐进式的改进中可以逐渐实现遏制温室气体的排放；赖晓东和施骞（2012）[7]依据低碳技术的性质将低碳技术创新定义为通过减碳技术、无碳技术和去碳技术范式的产生和发展来对传统技术经济系统进行解锁的过程；江玉国等人（2014）[8]则依据低碳技术的应用领域将低碳技术创新定义为在太阳能、先进交通工具、煤电、建筑和工业节能、二氧化碳捕获与埋存技术（CCS）、风能、智能电网、生物能源等领域能够有效控制温室气体排放的新技术创新。

低碳技术创新的重要性已得到学者的普遍认同，相关研究包括宏观层面的相关性分析，如Maji（2015）[9]运用自回归分布滞后模型进行清洁能源技术创新和经济增长变量的协整检验，发现二者的关系在长期呈现出正相关；刘丹鹤等人（2010）[10]则从低碳技术创新对投资、有效劳动投入量以及全要素生产率的角度解释了经济增长的原因；王兵和刘光天（2015）[11]运用两期权重修正罗素模型研究节能减排对中国绿色全要素生产率的影响，发现前者是后者的核心动力，从而验证了"波特假说"。也有学者从微观层面的经济效益分析低碳技术创新的重要性，如Sadeghi和Kalantar（2015）[12]将能源供应公司采取清洁能源供应的问题进行概率规划建模，得出清洁能源技术尽管具有供应的不确定性，但仍比传统的非清洁能源技术给能源供应公司带来更多的经济效益；Bhupendra和Sangle（2016）[13]认为低碳技术创新培育了企业一系列的能力，包括与政府监管部门的沟通能力、管理创新失败与技术模仿风险的能力以及内部研发能力，并给企业带来了差异化的竞争优势；马玎等人（2016）[14]运用双重差分法分析能源效率型创新和外部性降低型创新与上市公司营利性的关系，发现能源效率型创新对营利性有正向影响，且在高竞争行

业中尤为显著。

鉴于低碳技术缺乏一致公认的定义，其技术范围也无明确界定，客观的、具体的低碳技术创新衡量也成为相关研究首要解决的问题，因此低碳技术的专利研究应运而生。专利是低碳技术重要的成果指标，且可以从不同的具体应用领域进行时间序列和空间分布上的分析，因此成为研究低碳技术创新现状的主流方法。Noailly 和 Smeets（2015）[15]对5471个欧洲公司在1978—2006年申请的化石燃料和可再生能源专利的研究发现，大量小规模可再生能源公司是推动可再生能源技术创新的主力，大型多元化公司却锁定于化石燃料技术创新。Kesseler 和 Sperling（2016）[16]对美国生物燃料领域的专利研究发现，美国生物燃料技术革命分别发生于1995—2000年和2005—2010年，第一次革命的推动力是农业需求，第二次革命是由政策推动的，并指出政府应在研发和投资方面对生物燃料技术给予更大力度的激励。Zhao 等人（2015）[17]对中国太阳能热领域（STU）的专利分布和技术趋势研究发现，STU专利主要分布于太阳能热水器领域，技术开发和成熟期专利的申请者主要为科研机构，专利的性质主要为系统设计和检测方法，说明太阳能热利用还处于发展阶段。王静宇等人（2016）[18]通过专利数据对新能源汽车产业技术创新研究发现，产业链上游燃料电池关键材料技术发展缓慢，制约了产业整体创新能力的提升，说明需加强对前沿技术的开发。

（2）低碳技术创新的动力和阻力

低碳技术创新的影响因素研究为政府的激励政策提供了依据，一直以来占据重要的研究地位，其研究成果也相对丰富。具体而言，学者们从动力和阻力两方面对低碳技术创新的影响因素进行研究，两类影响力的理论研究视角也存在一些重叠。

1）低碳技术创新的动力研究

驱动低碳技术创新的因素很多，可以将其大致划分为内部动力和外部动力两大类，其中的具体因素和理论视角的总结见表1-1。

表1-1 低碳技术创新的驱动因素总结

驱动因素		主要内容	理论视角
内部	资源能力	冗余资源、创新能力、环境管理能力、组织学习能力、高素质员工和先进设备、研发网络	资源基础观，企业社会责任理论，动态能力理论
	企业特征	规模、行业、年龄、所有权	产业组织学
	战略导向	预期经济收益、细分市场、差异化、节约成本、声誉	竞争优势理论，自然资源基础观，合法性理论
	高管特征	意愿、承诺与支持、环保意识	计划行为理论
外部	规制政策	规制选择、设计、强度	环境经济学，波特假说
	利益相关者	顾客、供应商、竞争者	利益相关者理论，制度理论

注：根据相关文献整理而得。

国外学者从综合内外部因素提出整合框架的视角来研究低碳技术创新的驱动因素，如 Erzurumlu S. S. 和 Erzurumlu Y. O.（2013）[19]将清洁能源创新的内外部动力概括为市场拉动、运营需求和规制推动；Sáez-Martínez（2016）[20]将可持续能源创新的主要动力归纳为市场拉动、技术推动和政策驱动；学者也关注不同技术领域或不同区域具体影响因素的甄别，如 Schaffer 和 Brun（2015）[21]发现地理条件、人口密度、人均收入、人口素质等社会经济因素是德国小规模光伏并网发电技术研发的重要驱动力；Suk 等人（2016）[22]对韩国石油化工企业低碳技术研发情况的调研发现经济激励、技术信息的扩散、排放交易带来的价格信号对低碳技术研发倾向具有显著的影响。

国内学者则从内外部因素整合的视角和个别理论的深入挖掘两个方面来拓展低碳技术的动力研究：华锦阳（2011）[23]从威慑理论、激励理论、制度理论构建动力框架，并发现自发环保意识和主动的战略选择逐渐成为企业低碳技术创新的新动力源泉；郭立伟和沈满洪（2012）[24]指出新能源技术的发展需要价格型和数量型政策、供给推动和需求拉动的相互配合；徐建中和曲小瑜（2015）[25]则深入挖掘了计划行为理论对装备制造企业低碳技术创新的影响，发现企业家认知因素、投入能力和组织文化的影响尤为显著。

2）低碳技术创新的阻力研究

与动力研究相对应，阻力也可以分为内部阻力和外部阻力，具体因素和内容总结见表1-2。

表1-2 低碳技术创新的阻力因素总结

阻力因素		主要内容
内部	资源	资金短缺、高机会成本、高技术或设备转换成本、R&D 不足
	认知	管理层短视、低资源承诺度、全生命周期成本概念的缺乏
	实施障碍	环境技术与现有技术设备的兼容性低、缺乏员工培训
	组织氛围	组织惯性、低员工参与、沟通机制匮乏
外部	激励不足	市场需求、经济收益的不确定性、能源价格扭曲
	制度缺陷	规制缺乏弹性、行政烦琐性
	技术、信息获取渠道	缺乏引导信息、缺乏环境法规的清晰传达、环境技术和服务的供应行业欠规模化、技术或服务获取成本高昂

注：根据相关文献整理而得。

除了对阻力因素的识别外，国内外研究的普遍趋势在于对于不同阻力影响程度的区别以及对因素之间交互关系的分析：Persson 和 Grönkvist (2015)[26]对瑞士低碳建筑技术研发的研究发现管理层的资源承诺和全生命周期成本考虑的缺乏是主要的制约因素；Karatayev (2016)[27]对哈萨克斯坦可再生能源技术创新的研究发现能源价格的扭曲、较高的资本投入和财务资源的匮乏是首要的阻力因素；王群伟等人（2013）[28]基于生命周期视角，运用DEMATEL 方法从技术创新投入、技术创新管理、技术创新示范和推广技术创新产出四个维度系统分析了新能源企业技术创新的制约因素及其交互关系，得出研发费用、人员投入和产学研合作水平是我国新能源技术创新影响度较大、中心度较高的原因因素。

（3）低碳技术创新的实现机制

1）政策视角研究

低碳技术创新的双重外部性使得公共政策驱动显得尤为重要，因此从政府视角考察低碳技术创新的实现机制的研究层出不穷，这些研究在揭示政府影响低碳技术创新的效果、机制和政策工具的优化上提供了有益的见解。相关研究视角主要包括政策工具的阶段性特征、政策工具的效力评估、政策工具的比较与特殊政策工具的影响研究。

Allen 等人（2008）[29]认为低碳技术的不同发展阶段需要不同的政策工具，并做出技术阶段和政策类型的 S 曲线来表达匹配关系：技术开发、示范、中试、产业化阶段应分别强化研发支持、技术补贴、市场培育和竞争政策；Foxon 和 Pearson（2008）[30]指出了政策介入的关键节点，包括基础设施供给和投资阶段、公司绿色转型初始阶段、技术锁定阶段和制度失灵阶段；周亚虹等人（2015）[31]通过政府扶持与新能源产业的实证研究发现，政府补助在产业起步阶段有效，但难以支持持续的研发投入，只能导致同质化的产能过剩，公共政策在产业扩张阶段应重视向需求培育的调整；徐建中和徐莹莹（2015）[32]通过对技术创新扩散阶段的演化博弈分析表明政府补贴系数、碳税税率和监管力度均可引导企业低碳技术的扩散，其中碳税最有效。

政策的效力研究是对政策影响评估的依据，相关研究包括评估方法的建立和实证分析的检验：Foxon 和 Pearson（2008）[30]指出支持低碳技术创新公共政策的有效性依据体现在环境政策和创新政策的整合度、政策制定与创新系统的系统性交互度、标准执行和制度基础建设的效率、政策间的有限衔接以及政策的灵活演进性；Nissinen 等人（2009）[33]建立了基于投标要求（calls for tenders）的政府绿色采购（GPP）记录方法用于评估 GPP 政策的有效性，并通过北欧三国的对比验证评估方式的有效性；樊星等人（2013）[34]通过构建中国能源的动态可计算一般均衡模型，对碳减排、碳税和能源结构调节的公共政策对经济发展的效果进行模拟分析，得出减排政策的系统化发展方向；张国兴等人（2014）[35]从政策力度、措施、目标三个维度构建低碳技术政策效力和协同度的度量模型，并运用1978—2013年间的政策数据进行分析，得出经济和行政资源部门在政策效应中的核心地位。

政策工具的比较主要用于揭示有效政策工具的特征以及与政策工具客体之间的匹配关系，如 Auld 等人（2014）[36]通过 165 篇实证研究综述得到，在 292 种低碳技术政策中，灵活且具有长期规划合理性的政策效果较好，而大部分政策都需要在成本和效率之间做出权衡；又如郭淑芬和张清华（2015）[37]基于负二项回归模型检验公共政策对不同新能源技术创新的影响效果，发现上网电价和研发补贴、税收优惠、融资便利和进口税与风能技术专利产量显著相关，对太阳能和生物能的影响程度依次减弱。特殊政策的影响效应则是对政策效果的深入挖掘，相关研究视角包括碳排放机制设计[38]、出口退税政策效果[39]、市场性和命令性政策工具的效应[40]、知识产权保护政策的优化[41]、政府补贴的制度设计[42]等。

2）系统视角研究

在强调政策工具影响的同时，学者们也逐渐重视从系统视角分析低碳技术创新的实现机制。一方面是因为低碳技术创新是典型的同时包含地理和产业因素的跨行业系统创新，使得强调系统内发生并导致技术变化的活动和过程的创新系统分析十分必要[43]；另一方面是因为理论和实证研究都提出了低碳技术创新与一般技术创新的显著区别在于更强的系统性[44]。因此，需要更大力度的外部合作[45]，也凸显了系统创新的关键载体创新网络的重要性[43]。

  创新系统的研究多是基于技术创新系统（TIS）的分析框架，研究系统的功能、优劣势以及相关情景因素在推动低碳技术创新中的影响：Van Alphen 等人（2010）[46]对5个发达国家碳捕获和封存技术的技术创新系统研究发现，系统劣势主要体现于企业家活动、市场培育和资源调动；Hellsmark 等人（2016）[47]对瑞典生物炼制技术系统的研究发现其系统优势在于自主研发的长期性、基础设施的完备性和较强的行为人网络，而劣势则体现于较弱的部门间协调、较低的产业吸收能力，并提出了相应的政策建议；Huang 等人（2016）[48]提出影响中国太阳光伏技术系统的情景因素包括制度的演进、技术转让和欧洲需求市场；穆荣平等人（2014）[49]从价值创新的视角分析我国风电产业创新系统的功能、构建和应用，得出了风电产业创新系统遵循政策路线和技术成长的发展路线；侯沁江等人（2015）[50]对中国新能源汽车产业的创新系统功能分析发现产品和配套设施成本、地方保护主义和商业模式落后是制约技术创新系统功能实现的主要阻碍。

  创新系统的研究存在准静态特征，且对系统微观层面的行动，如技术创新成功或失败的原因及机制问题缺乏解释力[43]，而创新网络作为创新系统的主要构成和创新系统失灵的主要体现层面提供了从微观、中观或宏观层面分析创新系统动态性和有效性的有益视角，这也是近年来分析低碳技术实现机制的研究热点，涌现出一定数量的建模和实证研究。从建模研究来看，学者对低碳技术在网络中的采纳和扩散、网络运行和网络治理方面提出了基于演化经济学的一些分析模型：如张红娟和范如国（2014）[51]结合复杂网络和演化博弈理论构建传统产业的低碳演化模型得出收益预期、主体低碳偏好、网络外部性以及新旧低碳策略的兼容性是低碳技术在集群内推广的决定因素；范如国等人（2015）[52]从公平偏好视角出发，进一步揭示了低碳演化合作涌现的内在要求，发现能力提高是合作的基础，而适度的企业度数有利于企业间形成双赢；徐莹莹和綦良裙（2016）[53]运用相同方法构建低碳技术在集群内的扩散模型,分析了不同阶段低碳技术采纳对政府公共政策工具(罚款、补贴、碳排放税)的敏感性以及网络结构的调节作用;陈文婕和曾德明(2015)[54]构建了低碳汽车研发网络运作模式的模型,揭示了合作创新相对于独立创新在推动低碳技术发展上的优势;陈伟等人(2015)[55]则对低碳技术产业集群的网络抗风险能力建模仿真得出集聚结构和中介性内部的变异以及二者的一致性显著影响创新网络抗风险能力。

从实证研究来看,相关研究聚焦于网络策略、网络失灵的甄别、网络结构效应:Roscoe 等人(2016)[56]提出了生态创新在供应链网络中实现策略的实证假设,包括与战略供应商的强连接、与其他供应商和结构洞供应商的弱连接;Velenturf(2016)[57]通过对英国废物资源化利用创新的研究发现,创新过程中和实现后分别建立较多的连接和较少的连接以及对此策略的反向操作,即创新过程中和实现后分别强化现有联系和增加新的连接是两种典型的网络策略;Kang 和 Hwang(2016)[58]通过对欧盟可再生能源创新网络的特征及演化分析发现,网络失灵体现在网络的核心及边缘行动者并没有发挥相应的市场探索和技术探索优势,核心行动者只对国际市场进行资源信息的交换,而边缘行动者却受限于有限的技术探索路径;Schmid 等人(2016)[59]通过对德国气候变化适应技术创新网络的研发发现,网络失灵主要体现在互动学习并未能带来知识转化应用效率的提高,并提出通过合作强度、信息管理和网络响应性的提高来改善现状;Rijnsoever 等人(2015)[60]基于荷兰沼气发电技术创新网络的研究发现,同一个组织位于较多结构洞位置不利于技术多样化;Choe 等人(2016)[61]对有机太阳能电池专利研发网络的研究发现,网络呈现小世界特征,中间中心度促进了技术知识的流动;Guan 和 Liu(2016)[62]通过对纳米能源专利研发网络和知识共现网络的研究发现,直接联系、间接联系和结构洞对探索式创新和利用式创新产生差异化的影响。

总体而言,学界已从不断更新的实践活动中丰富了低碳技术创新的内涵和范围,并依靠专利数据量化技术的空间和时间分布,把握产业的技术前沿和互动关系;此外,低碳技术创新是一种深植于社会经济环境中的组织行为,它的动力因素揭示了它与外部利益相关者的复杂互动,它的障碍因素揭示了它需要嵌入于网络的内外部原因;低碳技术创新实现机制的研究也验证了系统视角分析的重要性,特别是从网络生成、网络演化、网络策略、网络失灵和网络效应等方面研究低碳技术创新的实现机制已成为近年来的研究热点，具有很大的研究空间。

1.3.2 研发网络相关研究

随着创新复杂性逐渐提高、产品生命周期日益缩短、市场竞争日趋激烈，传统的要素推动式内部创新已逐渐演化为创新过程并行化、创新资源集成化和创新主体协同化的网络模式[63]，研发网络在此过程中应运而生。所谓研发网络，即企业、高校、科研机构等创新主体在降低创新不确定性、获取创新资源、提升创新能力的驱动下，通过正式和非正式的协作关系连接形成的总体结构[64]，网络架构的主要连接机制是网络成员之间的研发关系，网络中节点即研发网络中的构成组织。研发网络的本质是基于社会网络嵌入的知识流转和资源整合的交互创新过程[65]。这一网络中的活动包括在正式和非正式的关系中进行创造、整合、交换、转变、吸收和开发资源；这些网络资源中包含了多种能力和资产，其中有形资产包括编码化的知识、物质资产、技术设备等，无形资产包括技能、隐性知识、经验以及个人联系等[66]。目前，有关研发网络的研究工作主要集中在研发网络形成、演化研究，研发网络中知识创造、知识共享、知识转移研究，研发网络结构与绩效关系研究几方面。

（1）研发网络形成、演化的研究

现有文献主要是从交易成本理论、资源能力理论和知识基础观来解释网络形态的研发活动。从交易成本理论来看，交易的资产专有性、不确定性和交易频率是决定企业跨边界活动的重要依据，当这三者较高、适中、偏低时，企业出于降低交易成本的考虑应分别采用科层组织、介于科层和市场之间的中间组织（如网络）、市场三种治理结构[67]；研发网络有利于知识转移、一致性规范的构建，因而减弱了机会主义倾向，同时带来研发成本和风险降低、开发时间缩短、知识流动和资源整合等益处。从资源能力理论来看，研发网络是企业在资源极具分散和竞争环境动荡中获取异质性的资源和能力的内在需求，研发网络可以使企业更有效率地获取互补性的资源、技术和人才，从而加速创新进程、获取规模和范围经济[68]。从知识基础观来看，建构研发网络的动机是企业获取外部知识的重要来源，而外部知识是挖掘和利用战略性机会的基础；研发网络同时也是知识存量增长和知识应用范围扩大的重要实现机制[69]。

对于研发网络的演化研究主要涵盖演化动因和演化形态两类分析，运用的主要研究方法包括复杂网络分析方法、社会网络分析及其可视化分析、动态网络分析法。对于研发网络的演化动因，学者们组织内部资源、外部环境、组织战略和邻近性方面的研究研发网络演化的影响因素。Ozman（2006）[70]通过Agent模型仿真得出不同组织知识范式，以及知识转移、创造和整合所带来的利益是推动网络演化的原因。Koka（2006）[71]指出外部环境和组织战略共同作用于网络演化，并提出了网络形态与外部情景的四种对应模式，而战略导向在其中起到调节作用。M'Chirgui（2009）[72]通过对美国1992—2006年的智能卡产业的研发网络分析发现产业的技术演化和需求变化推动了研发网络的动态变化，而网络中的先行者由于技术和组织的原因控制了网络中的技术发展路径，在网络演化的各个阶段扮演着重要的角色。刘晓燕等人（2014）[73]基于生命周期理论将专利研发网络演化的生命周期划分为创生阶段、扩张阶段、稳定阶段和衰退阶段，指出相应的演化动力是获取互补性资源、提升社会资本、保障组织协同和实现组织创新。向希尧和裴云龙（2015）[74]从邻近性视角分析我国电力系统技术领域的中外企业专利研发网络，结果表明技术邻近性有助于节点之间构筑较短的连接渠道并形成重要的合作关系。彭英等人（2015）[75]基于通信技术产业2008—2013年专利数据，绘制研发网络可视化图并运用STOCNET分析网络时序数据，得出外向中心性、组织类型相似性和地理邻近性对网络的连接有正向的作用，而传递性和合作经验则没有影响。

对于研发网络的演化形态，国内外学者多通过社会网络的分析方法描述网络的整体特征和演化趋势。Gay和Dousset（2005）[76]对法国生物产业的研发联盟分析表明，研发网络具有无标度和小世界特性，新进入组织优先连接拥有核心技术的组织。Lei等人（2013）[77]通过对全球太阳能电池产业在区域、本土和国际三个层面专利研发网络类型的比较分析，发现国际合作呈逐渐增长而本土专利呈逐渐减少趋势。刘彤等人（2014）[78]以北京地区纳米技术领域专利为例构造具有多重属性节点的研发网络，利用动态网络分析方法对网络中潜在的重要关系和变化进行了识别，说明企业与科研单位在合作程度上有待提高。高霞和陈凯华（2015）[79]以我国ICT产业的联合申请专利数据构建网络以分析网络的动力学机制和结构演化特征，结果表明ICT领域的研发网络具有明显的小世界性和无标度特征。叶春霞等人（2015）[80]通过

1985—2010 年的 26731 条企业间合作专利数据构建网络并分析了其演化过程，结果表明企业间研发网络的小世界性逐渐凸显，但还未突破技术领域或行业的限制，最大子群多呈现星状结构。

（2）研发网络中的知识创造、共享、转移研究

在研发网络中知识创造、共享、转移的研究中，研究者主要探讨社会网络结构特征在知识产生中发挥的影响，或从网络类型、权变机制以及中介变量的甄别解释研发网络对知识创造、共享、转移的影响。在前一类研究中，Filieri 等人（2014）[81]通过对爱尔兰医药研发网络的研究发现规模较大和凝聚程度较高的网络有利于知识的挖掘，因为这种网络结构给企业带来了更高的社会资本。Choe 等人（2016）[82]通过美国有机太阳能电池的专利引用数据构建研发网络，并证明组织较大的中间中心性有利于知识流动。Wang（2016）[83]从科研网络的关系视角出发，验证了网络平均关系强度和关系强度的有偏分布分别与知识创造呈现倒 U 形和正向的关系。曹兴等人（2010）[84]采用案例研究分析技术联盟网络知识转移的影响因素，结果表明网络异质性抑制知识转移，网络稳定性、连接强度、网络规模起到促进作用，网络中心性的促进作用大于抑制作用。张鹏程和彭菡（2011）[85]通过对科研研发网络的团队特征的实证研究证明合作网的派系数量与知识创造绩效呈正相关关系，最大子图比例以及研发网络密度与其呈负相关关系，中心性则不起作用。王智宁等人（2012）[86]将网络关系区分为工具型与私密型，将人际信任区分为认知型与情感型，将知识共享区分为显性知识共享与隐性知识共享，运用结构方程模型对网络关系、信任与知识共享的作用机理进行了匹配分析。

在对调节和中介因素的探讨上，国内外学者从组织资源能力、网络关系和结构特征等方面探索研发网络与知识创造、共享、转移之间的调节和中介因素。Dong（2015）[87]对美国制药产业的实证研究发现企业的 IT 投资能力正向调节研发联盟经验、研发网络中心性和知识共创与吸收之间的关系。Jiang 等人（2016）[88]发现研发网络的范式（竞争性或非竞争性）是合作方信任程度与知识交换关系的重要情境变量。Bouncken 和 Fredrich（2016）[89]通过德国制药设备产业的经验研究发现企业的联盟导向和研发合作伙伴的数量正向调节竞争性研发网络与知识转移的关系。周密等人（2009）[90]考察了团队成员个人团队内的社会网络中心性和网络信任对团队内部知识转移成效的影响，

结果表明网络中心性以及网络信任均具有促进作用，团队成员的网络信任在网络中心性影响知识转移成效中起到中介作用。朱亚丽等人（2012）[91]认为知识缄默性与知识转移效果之间具有显著调节作用的是知识源企业的网络范围和网络中心度，连接强度、网络密度、知识接受企业的网络范围和网络中心度均没有显著的调节作用。梁娟和陈国宏（2015）[92]运用结构方程模型的实证研究得到多重网络嵌入对知识创造绩效影响关系的发挥有赖于动态能力，但吸收能力和创造能力的中介作用机制存在区别。

（3）研发网络结构与绩效关系研究

目前关于网络结构与绩效的研究按照绩效的衡量范围主要涵盖组织、中观集群、宏观区域三个层次的研发网络结构效应的分析。从组织层面来看，研究集中于不同网络结构指标与组织绩效的关系分析以及其中的作用机制论证。从网络结构指标的独立影响分析来看，Mazzola 等人（2015）[93]分析科研研发网络中关系嵌入、结构嵌入、认知嵌入对创新产出的影响，得出三个维度对创新产出的数量和质量产生不同的影响；Guan 和 Liu（2016）[62]对纳米能源技术领域的专利研发网络和知识元素共现网络进行经验研究，发现组织在网络中的直接联系、间接联系和结沟洞位置对探索式创新和利用式创新起到区别的作用；赵炎和王琦（2013）[94]通过美国 SDC Platinum 数据库的企业联盟数据构建中国通信设备产业的战略联盟网络，运用负二项回归发现战略联盟的小世界性对创新绩效具有滞后的正向影响。从网络结构指标的交互分析来看，Rowley 等人（2000）[95]通过对半导体和钢铁产业的样本分析发现，网络关系强度与密度对企业的资产回报率具有联合的影响，两个产业区别的创新导向又会对研发网络特征与绩效的关系产生调节作用；Padula（2008）[96]通过对美国移动通信行业的经验研究说明聚集研发联盟和稀疏研发联盟并非是企业非此即彼的外部知识获取战略，企业提高创新绩效最有效的技术网络嵌入是包含稀疏网络嵌入和密集网络嵌入的二元并行式网络嵌入；Gilsing 等人（2008）[97]发现结构洞、密度以及技术距离三者会对探索式创新产生交互的影响；Liu（2011）[98]通过对我国台湾光电产业专利研发网络的研究发现桥位置对创新绩效的正向影响仅出现在网络密度较大的情形。也有学者分析研发网络结构效应中的中介和调节机制，如 Kim（2014）[99]对供应链中的研发联盟的研究显示，关系嵌入在结构嵌入对购买商企业的正向影响中起到部分中介作用；Lee 等人（2015）[100]通过美国生物、制药、医用设备三大产业的研发联盟的经验研究发现网络中心性正向调节技术多样性与企业绩效的关系；钱锡红等人（2010）[101]发现企业知识获取、消化、转化和应用能力对网络中心位置与创新绩效的关系起到正向调节的关系。

从集群层面来看，学者的研究聚焦于对影响集群绩效的研发网络结构指标的识别，以及对于二者关系中的影响因素的分析。Eisingericha 等人（2010）[102]指出集群技术研发网络中的主要网络指标为网络关系强度和网络开放度，并通过考察加拿大和奥地利两国的八个产业集群后发现环境不确定性会强化网络开放度与集群绩效的正向关系而弱化网络关系强度与集群绩效的正向关系。王松和盛亚（2013）[103]将网络内部因素和网络外部因素分别归纳为网络合作度和网络开放度，通过对长三角地区三个集群的回归分析得出技术环境不确定性正向调节网络开放度与集群绩效的关系，而市场竞争环境不确定性正向调节网络合作度与集群绩效的关系。郭元源等人（2014）[104]则从集群中科技中介的网络位置视角分析其对集群绩效的影响，研究发现位于网络中心并占有丰富结构洞的科技中介会通过完善搜索认知、交流吸收功能而促进产业集群绩效。

从区域层面来看，学者则从不同的区域创新绩效指标、网络结构影响区域创新绩效的内在机理和不同层次的网络视角拓展相关研究。Fleming 等人（2007）[105]通过对区域专利研发网络的研究发现集聚系数和较短的特征途径长度对区域专利数量有正向的影响；Guan 等人（2016）[106]则以 Malmquist – DEA 求出的国家 R&D 效率指标作为区域创新绩效的指标，运用面板数据模型得出研发网络中的结构洞、度数中心度、接近中心度和中间中心度与国家研发效率呈正相关关系；于明洁等人（2013）[107]运用随机前沿方法，发现网络规模、开放型、结构洞、链接对区域创新效率存在不同程度的影响。刘凤朝等人（2015）[108]通过对生物医药和电子信息领域技术交易网络的经验研究发现，知识吸收能力对区域间技术交易网络与区域创新产出关系存在调节作用。对于不同层次的研发网络，陈子凤和官建成（2014）[109]分别考察了国际专利合作和国外专利引用对国家创新绩效的影响，发现前者对专利申请数量和专利被引用次数均有促进作用，而后者仅对创新质量具有促进作用；Guan 等人（2015）[110]对国家间专利研发网络、城市间专利研发网络结构与创新绩效的关系的研究得出国家间专利研发网络会对城市间专利研发网络与创新绩效的关系产生调节作用。

总体而言，学界对研发网络的研究主要集中在网络成因和演化的研究、网络中的创新扩散和知识转移、网络结构对创新绩效的影响机理等几个方面。其中，网络成因的研究主要是基于不同的理论视角验证相关的前置因素，网络演化的研究主要是从案例研究分析演化的动因以及运用社会网络方法定量描述网络演化的形态；网络的效应研究落脚于企业如何利用网络提升竞争优势这样的核心问题而受到学界持续的关注，结构主义的分析构成主流的研究范式。然而，这些研究问题在低碳技术创新背景下却未得到应有的研究分量，与网络化趋势和"可持续三重底线"战略意义日益凸显的低碳技术创新实践地位难以匹配。

1.3.3 文献评述

综合分析低碳技术创新和研发网络领域的现有文献，可以得到以下结论：

（1）低碳技术创新与研究网络的交叉研究是近年来的研究热点也是亟待解决的理论和实证问题。首先，现有的零散研究已证明低碳技术创新网络成因的理论视角[111]、网络的结构效应[112]都与一般技术创新网络存在差异，说明二者的交叉研究本身就具有差异性挖掘的意义；其次，现有研究多是基于产业集群或单一行业视角对低碳技术创新网络展开研究的，考虑到低碳技术创新是典型的跨产业的系统创新，基于单一行业或局部区域的研究难以避免片面性，而伴随着信息技术和电子数据库蓬勃发展的专利分析，提供了客观、基于技术需求而非行业界定的低碳技术研发网络方法，使低碳技术研发网络的分析具备可行性；最后，国内外相关研究的侧重点有所差异，前者多是基于演化经济学思想的建模分析，后者则从产业、技术层面进行了一些实证和案例的探索。因此，借鉴其中的建模思想和经验研究的分析范式，从LCET-CN的生成、演化和效应视角展开研究，可以揭示我国低碳技术创新的扩散、研发网络的良性演化、低碳技术创新依托研发网络实现路径突破的共性规律。

（2）缺乏从复杂适应系统视角、运用多主体交互模型（Multi-agent models）分析低碳技术创新背景下研发网络的生成机制。首先，现有针对传统产业集群低碳技术采纳、扩散的研究主要运用复杂网络演化博弈的方法展开分析[51,52]，这种方法受制于网络静态化的严苛假设，且对于网络的连接机制是基于即成的假设,缺乏对于节点连接原理和过程的刻画;其次,现有研究对低碳技术创新网络运作的建模分析是基于整体网层面进行的[54],无法反映具有异质性微观主体之间的交互活动;最后,面向复杂适应系统的多主体交互模型提供了依托网络拓扑结构来研究异质性主体之间相互影响、连接关系的复杂性及其"涌现"特征的有效途径[113],具有分析研发网络生成机制的前景性。

(3)鲜有研究从组织自我中心网络的角度分析研发网络的演化规律,在低碳技术创新的研究背景下更是空白。无论是演化动因或演化形态,大多数研究是从网络层分析研发网络的演化动力或形态,缺乏对于核心组织属性的揭示,而核心组织通过网络位置影响其他组织的吸收和学习能力,对网络创新速率和绩效都产生显著影响[114]。此外,现有研究也较少关注组织间关系的演化特征,而组织间关系层与组织层和网络层都是网络动态演化的表征对象,对网络演化的影响或作用机制具有一定的指示意义[115]。

(4)对于低碳技术创新背景下研发网络结构如何作用于技术创新的实证研究较为匮乏,特别是缺乏不同网络结构指标交互视角的分析。基于结构嵌入、关系嵌入或认知嵌入的单层次的分析具有片面性,而综合考虑整体网、行动者位置、合作伙伴关系特征及其交互作用的分析研究是对社会网络结构效应更全面的反映,也符合现有研究对从网络层、组织层、组织间关系层以及层次间交互研究网络效应的趋势。此外,技术创新(探索式创新和利用式创新)的差异及其对学习能力和绩效的不同指示意义已得到了学者的认可,说明研发网络的结构效应在不同创新类型中的区别具有考察的意义。因此,分析研发网络的三重结构及其交互对两类技术创新的影响是对网络结构效应在低碳技术创新背景下的深入挖掘。

1.4 研究内容和研究方法

1.4.1 研究内容

基于对 LCET-CN 生成机制研究、演化规律的归纳和结构效应分析以及优化企业网略策略和政府政策定位的研究目的,本研究首先运用文献研究的方法建立 LCET-CN 的系统特征分析,为全文提供关键概念界定和理论基础支撑;其次,构建基于复杂网络的多 Agent 模型,并辅以模拟仿真来分析系统优化过程,揭示了研发网络中组织间合作的动力机制和随时间演化的涌现状态,从而甄别出整体网、行动者位置和合作伙伴关系三大社会网络结构特征在 LCET-CN 中的相对重要意义;再次,运用社会网络分析方法研究 LCET-CN 三大社会网络结构的演化规律,为网络结构效应的实证研究奠定了具有丰富网络特征异质性的样本基础;接下来,在推演理论模型和提出研究假设的基础上,运用面板数据计数模型验证网络结构特征对探索式创新和利用式创新的独立的和交互的影响,揭示网络结构效应的一般规律;最后,作为对一般规律的有益补充,运用耦合分析揭示提升 LCET-CN 中技术创新水平的企业网络策略和政府网络治理方向,并在此基础上提出管理启示和政策建议。章节具体内容如下:

第1章导论。对国内外低碳能源技术创新、研发网络的相关研究进行梳理、归纳和总结,明确研究目的、意义和框架。

第2章界定 LCET-CN 及其社会网络结构的相关概念并剖析网络生成、演化和效应的理论基础。界定低碳能源技术的内涵、外延与特征;厘清 LCET-CN 的构成,包括对 LCET-CN 行动者和网络关系模式的甄别,以及对 LCET-CN 区别于一般创新网络特征的探讨;梳理 LCET-CN 生成、演化、效应的相关理论;界定研究主线 LCET-CN 的社会网络结构特征指标。

第3章构建了 LCET-CN 的生成机制模型并通过模拟仿真揭示网络涌现属性。探讨 LCET-CN 的复杂适应系统属性,明确采用基于多 Agent 的建模与仿真来构建 LCET-CN 的生成模型。从研发投入、知识吸收、知识生成、创新和利润规则刻画组织在网络中知识增长与绩效提高的机制,采用 Matlab 的差分演化算法对优化问题求解并模拟仿真,揭示研发网络的涌现属性在 LCET-CN 和传统技术导向型研发网络中的区别,甄别出整体网、行动者位置和合作伙伴关系三类社会网络结构特征在 LCET-CN 中的相对重要意义。

第4章创建以联合申请专利为特征的 LCET-CN 并揭示网络结构特征的演化规律。挖掘专利数据,建立基于联合申请专利数据的研发网络,并运用社会网络的统计软件 UCINET 从网络整体结构、行动者位置、合作伙伴关系特征等方面分析 LCET-CN 的演化特征,总结出网络的复杂网络特征以及在中心行动者和合作关系上的演化规律,从而为实证研究奠定基础。

第5章分析LCET–CN的结构影响技术创新的机理并提出研究假设。通过文献梳理和理论模型的推演分析LCET–CN的三类社会网络结构特征对探索式创新和利用式创新所产生的独立的与交互的影响机理,提出相应的研究假设。

第6章构建面板数据计数模型并实证验证LCET–CN的结构效应。说明样本选取和变量测度的数据采集、处理的步骤与方法,构建计量模型并分析其原理及适用性。最后汇报实证分析的结果,揭示LCET–CN结构影响二类技术创新的一般规律。

第7章基于耦合分析确立提升LCET–CN结构效应的网络策略与政策定位。基于行动者位置和合作伙伴关系特征交互效应、整体网与行动者位置特征交互效应的三维曲面图得出二维矩阵,表示交互类型与技术创新水平的耦合关系,并分别归纳提升技术创新水平的企业网络策略及实现路径、政府网络治理方向和相关政策,从而提出管理启示和政策建议。

第8章是全书的总结与研究展望。对全书进行总结,归纳创新点并提出不足及未来研究展望。

1.4.2 研究方法

本研究是沿着LCET–CN的系统特征—LCET–CN的生成机制研究—LCET–CN的结构演化分析—LCET–CN结构对技术创新影响的理论机理分析—LCET–CN结构影响技术创新的实证验证—LCET–CN中技术创新提升的启示和建议的研究主线展开的。研究过程中运用的方法包括文献研究、多Agent模拟仿真、社会网络分析、理论模型推演与研究假设、面板数据计数模型的计量分析法以及耦合分析。

(1) 文献研究

通过网络数据库收集大量文献,广泛阅读,包括Elsevier、Sciencedirect、中国全文期刊网等国内外重要数据库,由此获得了关于低碳能源技术创新、研发网络、社会网络、复杂适应系统、网络演化、网络嵌入性理论等方面的文献。通过对文献的整理,评述了现有研究成果,为界定研究问题与内容奠定了理论基础。

（2）多 Agent 建模和模拟仿真

分析基于多 Agent 建模与仿真方法在 LCET – CN 中应用的适用性，构建 LCET – CN 的生成模型。从研发投入、知识吸收、知识生成、创新和利润规则刻画组织在网络中知识增长与绩效提高的机制，运用 Matlab 的差分演化算法求解优化问题并模拟仿真，从而揭示研发网络的涌现属性在 LCET – CN 和传统技术导向型研发网络中的区别。

（3）社会网络分析

运用社会网络分析法的理论与方法对研发网络的演化特征进行定量刻画。采集自 2006 年以来低碳能源技术领域的联合申请专利数据，并转化为行动者/行动者矩阵。利用 UCINET 6 软件对网络矩阵中包含的合作关系数据进行定量的分析。采用 NETDRAW 软件对网络矩阵所包含的合作关系进行视觉化处理，生成研发网络图谱。在对不同阶段研发网络图谱进行对比的基础上，归纳出研发网络的演化趋势、关键行动者位置、合作关系变化规律。

（4）理论模型推演与研究假设

运用网络嵌入性理论分析 LCET – CN 的整体网、行动者位置、合作伙伴关系特征对技术创新的影响机理，通过对 Nooteboom（1999）[116] 提出的认知距离与创新价值的经典模型的拓展和推演，厘清三个层次因素之间的交互对技术创新的影响，并在此基础上提出研究假设。

（5）计量模型

面板数据分析：为了研究 LCET – CN 的结构效应，构建 215 家企业的 757 个企业年观察值的面板数据。面板数据包含企业的研发网络结构特征数据、专利申请数据、企业特征数据、行业和时间虚拟变量。根据理论模型和样本数据的特征，本研究选取随机效应面板数据模型为基础模型。

计数模型分析：依据被解释变量的特征，选用计数模型对研究问题进行计量分析。本研究依据相关检验选取计数模型中的负二项回归模型作为主模型，并用零膨胀回归模型做稳健性检验。

（6）耦合分析

基于实证分析的显著性回归画出网络特征交互效应的三维曲面图，运用二维矩阵显示出三维曲面图所对应的技术创新水平与网络特征交互类型的耦合关系。在此基础上，归纳出提升 LCET – CN 结构效应的企业网络策略及政府网络治理对策。

本研究的技术路线如图1-1所示。

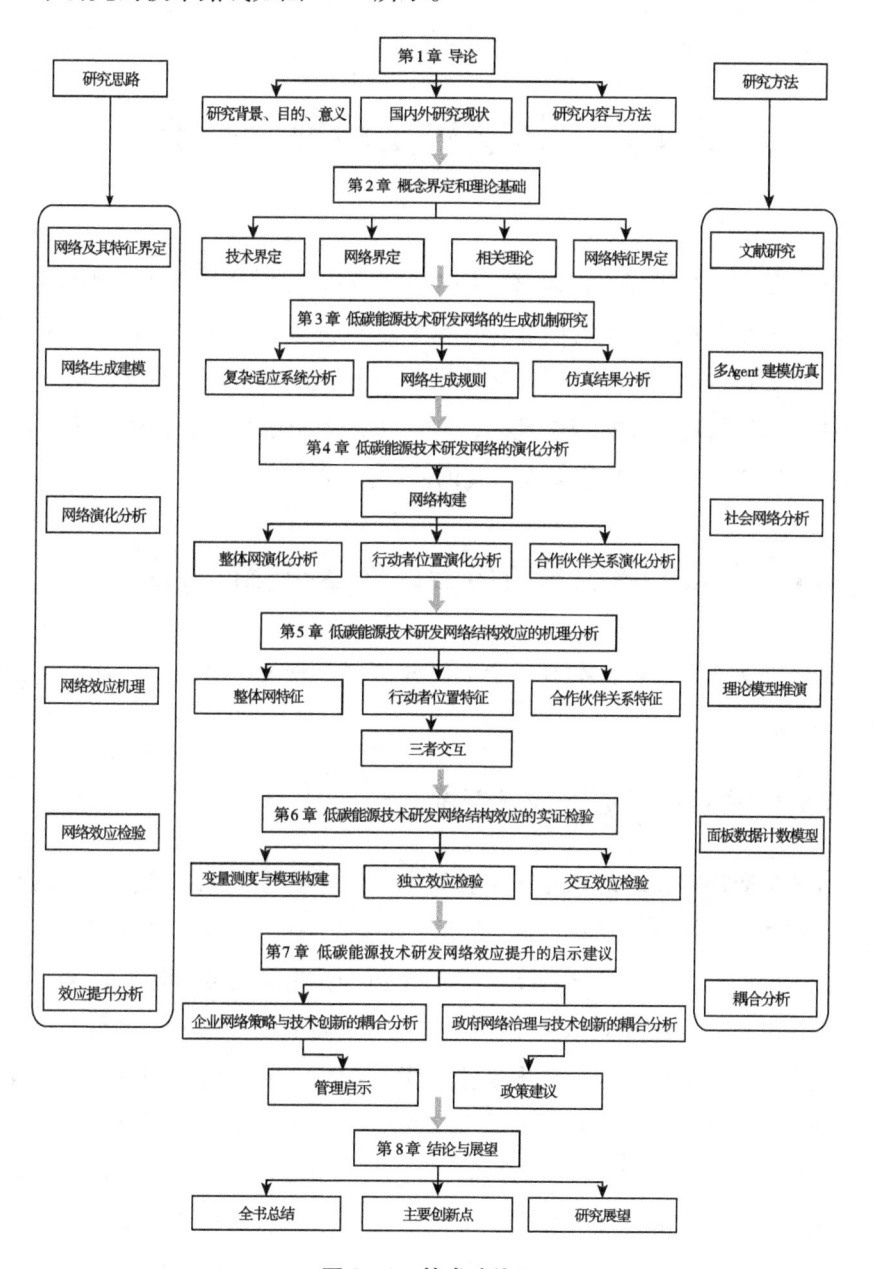

```
研究思路                    第1章 导论                          研究方法
   │           ┌──────────────┼──────────────┐                    │
   ▼       研究背景、目的、意义  国内外研究现状  研究内容与方法          ▼
网络及其特征界定              │                                 文献研究
              第2章 概念界定和理论基础
           ┌──────┬──────┴──────┬──────┐
         技术界定 网络界定  相关理论  网络特征界定
                     │
       第3章 低碳能源技术研发网络的生成机制研究
网络生成建模   ┌──────────┼──────────┐              多Agent建模仿真
         复杂适应系统分析 网络生成规则 仿真结果分析
                     │
       第4章 低碳能源技术研发网络的演化分析
                  网络构建
网络演化分析  ┌──────────┼──────────┐              社会网络分析
         整体网演化分析 行动者位置演化分析 合作伙伴关系演化分析
                     │
       第5章 低碳能源技术研发网络结构效应的机理分析
网络效应机理  ┌──────────┼──────────┐              理论模型推演
         整体网特征  行动者位置特征  合作伙伴关系特征
                     │
                  三者交互
                     │
       第6章 低碳能源技术研发网络结构效应的实证检验
网络效应检验  ┌──────────┼──────────┐              面板数据计数模型
         变量测度与模型构建 独立效应检验 交互效应检验
                     │
       第7章 低碳能源技术研发网络效应提升的启示建议
效应提升分析  ┌──────────────┴──────────────┐        耦合分析
         企业网络策略与技术创新的耦合分析  政府网络治理与技术创新的耦合分析
              │                              │
           管理启示                        政策建议
                     │
                第8章 结论与展望
           ┌──────────┼──────────┐
         全书总结   主要创新点   研究展望
```

图1-1 技术路线图

第 2 章 概念界定和理论基础

低碳能源技术研究方兴未艾，学术界对其的探讨和界定也在不断发展。本章首先对低碳能源技术的内涵、外延和基本特征进行界定；然后分析研发网络的行动者和关系模式，概括其特征；接下来分析了低碳能源技术研发网络生成、演化及其效应的理论基础，最后从社会网络结构特征的角度对研发网络进行界定。本章的内容是本研究的基础。

2.1 低碳能源技术的内涵、外延与特征界定

低碳能源涉及面广，本节基于本研究需要，对其内涵、外延及主要特征进行界定。

2.1.1 低碳能源技术的内涵界定

发展低碳能源技术的核心在于提高能源效率和清洁能源结构，实现低耗能、低排放、低污染的目标[117]。从开发的技术是否带来负面环境影响的角度看，低碳能源技术可以划分为狭义和广义两类：狭义的低碳能源技术是指研发在能源开发、输送及能源使用与排放的各个环节中，均不产生负面环境影响的技术；广义的低碳能源技术是指研发在能源开发和消耗利用环节中相比于现有的化石能源（煤、石油）利用模式而言，不产生环境污染或负面环境影响程度大幅度降低的技术，如风能、太阳能、生物能、洁净煤等[118]。本研究采用广义的低碳能源技术定义，并将其进一步划分为可再生能源技术、非可再生能源技术以及节能储能技术：前二者致力于降低能源消费的碳排放比重，即能源结构的清洁化，节能储能技术着力于降低单位产出的能源消耗，即提高能源利用的效率。可再生能源技术是指开发能源消耗后在一定条件下能够得到循环和再生的资源技术；非可再生能源技术既涵盖开发处理得到污

染程度较低的化石能源或对不可再生的替代能源的开发利用[118];节能储能技术则是以开发电能、热能的有效储存以及能耗降低为主要目标的技术。

总体而言,低碳能源技术是指降低温室气体排放、能源消耗和环境负面影响以及对于能源系统重新设计的技术。

2.1.2 低碳能源技术的外延界定

低碳能源技术的外延可以从其分类以及与近似概念的辨析来界定。表2-1列出了本研究中低碳能源技术分类及其子类的描述。

表2-1 低碳能源技术分类及描述

大类	子类	描述
非可再生能源技术	核能	通过聚变反应、裂变反应、核电站产生电能。主要包括两部分:一部分利用核能生产蒸汽的核岛,包括反应堆装置和回路系统;另一部分是利用蒸汽发电的常规岛,包括汽轮机发电系统
	整体煤气化联合循环发电	将煤气化技术和高效的联合循环相结合的先进动力系统。它由两大部分组成,即煤的气化与净化部分和燃气-蒸汽联合循环发电部分;既有高发电效率,又有极好的环保性能,是一种有发展前景的洁净煤发电技术
	燃料电池	将存在于燃料与氧化剂中的化学能直接转化为电能的发电装置,其过程不需要燃烧,NO_x及SO_x等排出量少,环境相容性优
	垃圾发电	对分类垃圾进行两种处理:一是对燃烧值较高的进行高温焚烧,在高温焚烧中产生的热能转化为高温蒸汽,推动涡轮机转动,使发电机产生电能;二是对不能燃烧的有机物进行发酵、厌氧处理,最后干燥脱硫,产生一种气体叫甲烷,也叫沼气,再经燃烧,把热能转化为蒸汽,推动涡轮机转动,带动发电机产生电能
	废热利用	对机械、电力设备、低效的工业流程中损失的热能的再利用,包括设计直接回收设备和间接回收设备;直接回收设备如热交换器可直接将废热载体的热能通过换热器转化给需加热的流体;间接回收系统是通过适当介质作为系统内热能的传导

续表

大类	子类	描述
可再生能源技术	水能	运用水资源产生能量，包括水力发电、潮汐发电、船运中水动能利用
	海洋能	对海洋中各种能量的应用，包括存在于海洋中的各种物理过程接收、储存和散发的能量，表现为潮汐、波浪、温度差、盐度梯度、海流等形式
	地热能	将地热能转化为电能、热泵、机械能生产或直接运用的技术；与风能和太阳能的区别在于能源的供应在其生命周期中较为稳定且无碳排放
	风能	将动能转化为机械能的无碳排放技术，主要应用技术包括风力涡轮发电，也包括机动车电推进和船运中的风力发动机应用
	太阳能	将太阳能转化为电能的技术，主要包括光伏发电（利用半导体的光电转换效应将太阳能直接转化为电能的固态发电技术）和聚光光热CSP（利用汇聚的太阳光将热量接收器中的介质加热到极高温度，然后将这部分热量转化为机械能，再从机械能转化为电能）
	生物燃料	从生物原料，诸如作物及其废弃物、木材、植物油及类似原料提取燃料的技术，包括提取生物气体、液体、固体燃料和生物质发电，生物燃料技术涵盖原料、处理到分布各个环节的生产技术
	生物质能	生物质液化或气化的机制和热化学过程，将工农业和生产中产生的各类废弃生物质转化成清洁能源，具有良好的环境效益
储能节能技术	电能保存	针对不断增长的新能源装机和电网消纳能力不足的矛盾，研发有助于增强电网调峰能力的电网储能技术，从而对冲在不同时间段由于新能源发电不稳定而对电网产生的冲击；主要包括机械、化学、电磁储能
	热能保存	热能在高温或低温下的临时储存。热能通常利用太阳能主动集热板、热电联产发电站收集后再转移于隔热能源池中备用。该技术进一步提高了可再生能源资源可行性，并与电能保存具有类似的优点
	节能照明	节能照明是指以取代白炽灯为目的的所有能源高效利用解决方案，如 LED、OLED、PLED
	低碳建筑	在建筑材料与设备制造、施工建造和建筑物使用的整个生命周期内，减少化石能源的使用，提高能效，降低二氧化碳排放量
	机械能利用	所有用于通过能源亚类互换从而减少整体系统能源输入量的技术或方法

注：根据相关文献整理而得。

从表 2-1 的低碳能源技术分类及描述可以看出，低碳能源技术与可再生能源技术和新能源技术三者之间既有区别又有联系。低碳能源技术和可再生能源技术有交集，但低碳能源技术还包括非可再生能源技术和储能节能技术。同时，低碳能源技术也与新能源技术有区别：新能源技术是处于开发技术的研究阶段或者刚开始开发利用且有待大范围推广、传统能源之外的各种能源的开发利用技术[118]；而低碳能源技术除了包含新能源技术，还包括对传统化石能源的节能减排处理，如洁净煤技术和提高能源利用效率的节能储能技术等。因此，低碳能源技术的外延大于可再生能源技术和新能源技术。低碳能源技术、可再生能源技术和新能源技术三者关系如图 2-1 所示。

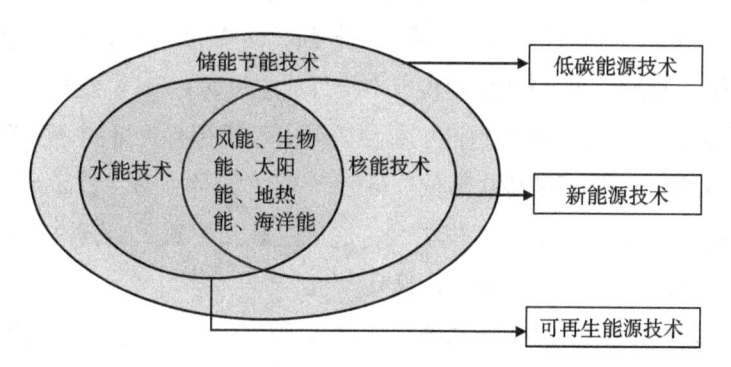

图 2-1 低碳能源技术与相近概念的外延辨析

2.1.3 低碳能源技术的特征界定

作为低碳经济的基础，低碳能源技术已成为世界各国技术竞争的焦点，它具有以下几个主要特征：

（1）低碳能源技术是跨行业、学科交叉性强、多领域融合的综合性高技术。

它涉及电力、交通、建筑、冶金、化工、石化、汽车等重点能耗行业，也同生物、化学、新材料、物理、电子、能源等多学科存在交叉，既包括对现有技术的升级又包括对高新技术的研发，如能源部门关注的低碳技术就涉及节能技术、煤的清洁高效利用、油气资源和煤层气的探测开发、可再生能源和新能源利用技术、CO_2 捕获和埋存（CCS）等领域的减排新技术[119]。因此，低碳能源技术创新是涉及多环节、多参与者的系统创新，如垃圾发电技术的四个关键环节——垃圾收集和存放、焚烧系统、燃烧后物质的填埋和处理、渗出液和炉渣的无害化处理，就涉及环保设备制造产业、可再生能源产业和市政基础建设部门的协同创新。

（2）低碳能源技术是具有较高研发风险、较大市场不确定性的复杂技术。

低碳能源技术的高研发风险主要反映在成本和技术风险两方面：低碳能源技术属于新兴技术，这类技术在初始阶段需要投入大量的资本，例如，生物燃气中的沼气工业厌氧菌培育平台就需要巨额资金的投入；而低碳能源的技术前沿性和复杂性又决定了技术研发的高风险，例如，我国在光伏发电遇到最大技术问题就是装备制造和基础材料生产上的技术水平低，因此高端技术长期受制于发达国家，关键设备和原料依赖于进口，造成"市场在外"的局面[120]。同时，新兴技术市场不确定性较强，面临诸多未知风险，例如，我国海上风电 2.5MW 和 3MW 的单位成本比目前主流的 1.5MW 整机 4000 元/kW 的单位价格高出 25%～40%，其主要原因是大型零部件产业链不成熟，造成规模效应欠佳，不得不维持在高位价格运行[121]。总体而言，技术水平低导致生产成本高，进而抑制市场规模扩大，这反过来又导致了运营高成本并抑制了企业技术投入的意愿，形成恶性循环[122]。

（3）低碳能源技术是具有较高潜在经济价值的环保、安全、绿色技术。

低碳能源技术的潜在价值包括显性价值和隐形价值两部分。显性价值包含内部显性价值和外部显性价值：前者是低碳技术开发或低碳产品生产者获得的价值，包括从节能提效、循环利用引起的经营成本下降和企业形象提升，清洁生产设备、低碳产品市场占有率的提高以及可观的低碳技术转让费等[123]；后者是低碳能源技术使用者和消费者获得的效应，如企业使用电能、热能储存技术节约电费成本，消费者通过隔热建筑和节能灯具降低生活开支等。隐形价值是给未支付低碳能源技术开发成本的群体的价值部分，即低碳能源技术的正外部效应，这包括技术创新带来的温室气体排放的减少、大气污染的控制、生态恶化的遏制以及生存环境的改善。

2.2 低碳能源技术研发网络构成分析

本节从低碳能源技术研发网络的角度分析研发网络的参与者、网络中的关系模式及其主要特征。

2.2.1 低碳能源技术研发网络行动者

尽管 LCET–CN 中组织类型与一般技术研发网络无异，包括企业、高校与科研机构等组织，但却在面向低碳能源技术创新的背景下具有特殊的含义和更细致的分类。

（1）企业

企业既是合作研发诉求的提出者，也是合作研发成果的市场转化者和创新收益获取的主体，因此在研发网络中具有主导地位。具体而言，在 LCET–CN 中，企业的类型包括低碳能源技术制造企业、低碳能源原料和设备的供应商、低碳能源开发商、传统能源生产者、能源输送/电网管理企业和能源密集型用户企业，这些企业在研发网络中的目的和重要性都存在差异，如表 2–2 所示。

表 2–2　LCET–CN 中的企业类型及描述

企业类型	在网络中的经营目标	在研发网络中的重要性
低碳能源技术制造企业	依据政策风向重点开发某类低碳能源技术，持续进行研究开发和技术成果转让，从而获益于核心自主知识产权为基础的经营活动	非常重要，代表了研发网络中技术前沿方向，具有较大的创新灵活性，但受限于规模与财务能力
低碳能源原料和设备供应商	通过提供技术含量较高的或者与企业现行系统兼容性高的低碳技术关键设备或稀缺的原材料以及加工处理来获利	非常重要，不仅是技术信息的关键来源，也决定了其他企业进行低碳转型的成本和效率，局限在于某些原料控制者如农民或农产品公司并不能很好地自我识别或调动
低碳能源开发商	通过勘探能源资源、开采具有环境收益的自然矿藏，并利用低碳能源建立发电站以收取运营收益	重要，因其在国家能源战略中的示范地位具有较高的技术开发动力和实力，局限于其市场控制的需求和与政府保持一致带来的低效
传统能源生产者	应对政策标准调整生产活动向节能高效、低污染排放转型或逐渐过渡到对低碳能源的利用	重要，其创新态度决定了现有大部分的能源供应的低碳演变，但受到较大的组织变革阻力
能源输送/电网管理企业	通过降低集中输电的能耗以及增加电网消纳能力提高效益	较重要，是低碳能源技术实现的关键，但受制于所有制而动力不足
能源密集型用户企业	主要为满足国家能耗标准及相关环境政策的刚性需求，其次是节能提效和循环利用的目的	非常重要，对于能耗和企业存续相关的环境政策高度敏感，具有较大的变革动力，局限于组织效率

(2) 高校及科研机构

高校和科研机构在研发网络中起到知识输入和人才输入的作用，从而促进创新知识扩散和科技成果转化：其知识输入的作用主要体现在高校和科研机构是研发网络外部知识的主要供给渠道；其人才输入的作用主要反映于高校和科研院所可通过教育、培训及成果转化等方式，推动技术知识在网络中扩散[124]。在合作研发的模式中，高校和科研机构对技术开发的重要性更大，因为结合企业对市场需求和产品性能信息的掌握和高校对产业基础和前沿技术的研究能力能带来更大的整合效应[44]。

(3) 其他

除企业、高校、科研机构外，政府、行业协会也对研发网络的生成和发展存在重要影响。其中，政府对研发网络的影响包括：一是通过优惠税收条件、上网电价、减排费等补贴方式和低碳领域科研项目经费的支出对网络中行动者给予经济激励，创造创新的条件；二是通过技术标准、制度规章、排放政策的制定引导网络中技术发展路径、增加合作的意向；三是通过自身附属公共部门和事业单位直接参与到研发合作，起到带头示范的作用。行业协会是企业参与行业发展重大事件、了解行业形态、接触行业同仁的重要平台，它通过协调产业内研发网络的竞争环境促进研发网络的良性发展，在政府和企业之间构建非正式沟通渠道，提供环境管理规定及相关可行措施、环境技术备选方案等方面的信息，并辅以信息技术及相关培训服务。相关研究也发现行业协会对企业在环保方面的表现和对清洁能源的采用有正向的影响[125]。

2.2.2 低碳能源技术研发网络关系模式

以研发网络的参与主体作为关系模式的划分依据，可将合作关系模式划分为企业间合作、产学研合作、三重螺旋关系以及其他合作关系。

(1) 企业间合作

企业是技术研发和创新收益获取的主体，企业间合作也构成研究研发网络合作关系模式的起点。企业间合作既包括由于产业链上供需关系而自然形成的研发网络和产业链上的合作无法满足创新所需资源时企业和产业链以外合作组织有意识的研发网络的构建[126]。在我国低碳能源技术研发的背景下，前者主要反映于产业链关系，后者包含企业间的技术合作、基于特定项目的合作和企业间技术联盟。

产业链关系反映的是从原材料一直到终端产品制造的各生产部门的完整链条，其实质是产业中企业的供给与需求关系。以核电产业链为例（如图2-2所示），其相关企业包括核电基建、核电运营、设备制造和铀原料供应企业四大类，而设备制造企业又可细分为配套设备、核岛主设备、原材料供应、常规岛主设备四大类。核电行业设备众多，技术复杂，产业链上的合作所带来新材料和新技术研发的重要性愈加明显，如中国核电工程有限公司不仅与杭州汽轮机股份有限公司、上海阿波罗机械制造有限公司合作，保证核岛主设备中压水堆水泵的供应，还与中国同位素有限公司及大连天瑞机电设备有限公司合作对铀原料进行处理和运输。

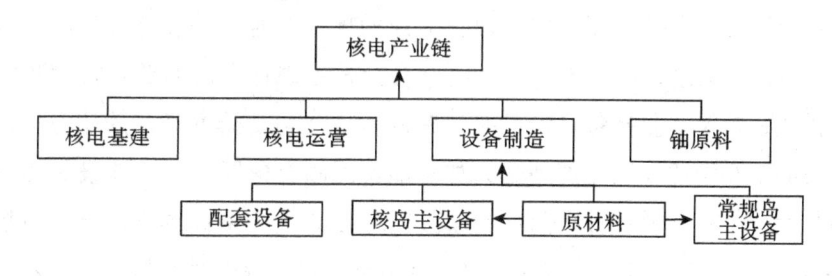

图 2-2 核电产业链

资料来源：改编自张帅等人（2011）[121]，第58页，图2。

企业间技术合作是企业与产业链外企业为满足共同技术问题的解决而产生的合作。例如，上海电气集团在降低海上风电运行全生命周期成本的动机下，与在火电项目上有20年合作经验的西门子公司在前期的机组载荷计算，后期的安装、运营、维护方面展开联合设计的合作模式❶。

基于特定项目的合作是企业间为获取特定知识、市场而展开的偶然合作关系。例如，新能源开发企业凯盛集团与英国维灵克能源公司共同签署了在英国开发200MW光伏地面电站项目和8000套新兴房屋绿色小镇建设合作协议❷。

技术联盟反映的是企业间长期的战略合作关系。例如，晋能集团与全球最大清洁能源开发商SunEdison组成战略联盟，合作开发具备大规模量产能力

---

❶ http：//mt.sohu.com/20160505/n447864357.shtml
❷ http：//www.ne21.com/news/show-70944.html

的 N 型单晶硅异质结太阳能电池及组件,进而推动光伏发电成本降低 20% 以上[❶]。

(2) 产学研合作

产学研合作是 LCET – CN 中的主流创新模式,这不仅因为高校/科研机构在技术性知识和前沿学科研究资源的优势和企业对市场供需和渠道资源的优势能形成互补共赢,提高创新成功的概率,也因为低碳能源技术研发的高度复杂性凸显了学研方在技术雏形阶段的知识生产、产品中试以及对于突破性的创新变革中的关键地位。产学研合作在 LCET – CN 中的主流方式体现为课题委托、联合开发、人才联合培养与交流和共建研究机构:①课题委托是企业挖掘学研方知识资本和高校检验科研成果应用性的产学研合作模式,是由企业提出研发诉求并出资委托学研方完成的项目,通常是规模和科研实力有限的民企产学研合作的主要方式;②联合开发是现行主流的低碳技术产学研合作模式,针对企业具备一定的研发资源基础及与学研方对接的能力,且二者具有共享知识成果意愿的情形,如华能集团联合中国核工业建设集团公司和清华大学,建设成具有中国自主知识产权的 20 万 kW 高温气冷堆示范核电站[❷];③人才联合培养与交流是打破人才流动限制、提升学科教育与技术发展衔接的产学研合作方式,主要表现形式为学生实习实践基地建设、引进人才平台搭建、知识技能培训以及企业员工委托培养等形式;④共建研究机构是产方和学研方整合人力、物力、财力构建共同研发平台的合作模式,主要形式为联合实验室构建,如武汉钢铁集团和华中科技大学以研发冶金行业前瞻性的能源与动力工程为目的建立的 WISCO 联合实验室[❸]。

(3) 三重螺旋关系

产学研合作关系没有考虑到政府这一重要角色,因此学界又提出"三重螺旋"的概念来表示大学、产业和政府紧密联系构成的螺旋体作为创新的核心单位,面向市场需求、围绕知识生产与转化的主题、推动创新交叠上升而形成的三重螺旋关系[127]。其螺旋的本质在于大学、产业、政府三方模糊其边界、转化其职能、形成合力:如大学可以通过孵化器成为企业创办者,产业

---

❶ http://business.sohu.com/20160225/n438442498.shtml
❷ http://www.cpnn.com.cn/zdyw/201412/t20141222_773274.html
❸ http://www.cnr.cn/2004news/internal/200808/t20080821_505076227.html

可以通过创办企业大学提供教育的功能，政府可以通过建立研究基金成为风险投资者[126]。大学/研究院衍生企业、企业建立研发/培训机构和官产学三边关系构成了低碳能源技术创新中几种典型的三重螺旋关系。

大学/研究院衍生企业是为提高大学技术转移和科技成果产业化效率而由大学/研究院成立的企业：例如，南京海河科技有限公司是依托江苏海河大学的水资源高效利用与国家工程研究中心的力量而衍生的水资源开发与管理技术提供及工程咨询企业❶；又如，燃料电池领域的大连融科储能技术发展有限公司是由中国科学院大学化学物理研究所和大连博融控股集团共同出资组建，从事储能解决方案及液流储能电池工程化、产业化的高技术企业❷。

企业建立研发/培训机构是企业由生产者向教育者职能转化的重要渠道，例如，华能集团成立技术经济研究院发挥战略研究、决策支持和管理研究中心的功能，通过博士后科研工作站在能源政策、战略、市场和企业管理方面的研究为高层提供决策思路❸。

官产学三边关系则反映了官产学三方通过形成实体或虚拟性混合组织而构成的正式或非正式的合作关系[126]。例如，上面提到的南京海河科技有限公司，是在长江三峡投资发展有限公司的注资下，依托海河大学和中国长江三峡工程开发总公司共同建立起来的，因此是实体性质的正式官产学合作机构❹；又如，国家半导体照明工程研发及产业联盟受益于科技部和国家发展与改革委员会的支持，依托半导体照明联合创新国家重点实验室在技术研发、标准研制、成果转化等方面开展工作，也属于实体性质的正式官产学合作机构❺。同时，表现为技术联盟、论坛、研讨会等官产学共同参与的合作机制是促进低碳能源技术领域创新扩散的虚拟性质的、非正式的合作关系形式。

(4) 其他

除企业间合作、产学合作和三重螺旋关系外，行业协会也是 LCET – CN 中重要的参与主体。杨燕等人（2013）[128]以格兰富的生态创新实践研究得出，在传统的三螺旋创新主体之外，行业协会等非政府组织通过行业协会会员间

---

❶ http：//www.ctgpc.com.cn/xwzx/news.php? mnewsid = 66230
❷ http：//www.rongkepower.com/index.php/Index/index/language/cn/
❸ http：//www.chng.com.cn/n31533/n31685/n31763/n154102/c156079/content.html
❹ http：//www.ctgpc.com.cn/xwzx/news.php? mnewsid = 66230
❺ http：//csa.china – led.net/

的对话和业务合作在知识的扩散、绿色产品市场的培育以及产品研发阶段起到重要作用，这主要因为行业协会作为政府和企业之间的沟通桥梁，在专业知识网络的构建、商业网络与机会的揭示、行业规则制定的决策和与政府对话机会的增加方面发挥重要的影响。此外，企业与行业协会合作也能促进企业充分利用行业协会在公共信息平台、标准化生产基地和绿色技术创新上的辅助作用，提高环保声誉以形成绿色竞争力[14]。

2.2.3 低碳能源技术研发网络特征

相比于普通的技术研发网络，低碳能源技术的研发网络具有一些更突出的特征：

（1）较强的政策依赖性

LCET-CN 的发展依赖于政府在供给型政策工具（创新要素提供）、环境型政策工具（财政税收、法规管制）和需求型政策工具（政府公共采购）上的灵活和持续的运用。政府在促进相关要素的聚集、合作条件的创造、网络的良性发展中起到基础支撑作用。

（2）较强的利益相关者影响

低碳能源技术的市场前景具有不确定性，公众对低碳产品接受度的提高需要一个过程。而低碳市场的培育则需要通过认知和对话等多种手段，包括通过各种渠道发布可持续发展年报、发起各类环保活动、利用行业协会等平台积极参与政治对话[128]。这说明，低碳能源技术创新过程中的知识生产、应用扩散需要更广泛的利益相关者在商业网络、知识网络和政府对话中发挥作用。

（3）较大的网络异质性

低碳能源技术创新涵盖面较广，既包括对传统技术的改造升级，如洁净煤技术，也包括对全新技术范式的探索，如生物燃料技术。这决定了 LCET-CN 在不同技术类别上也呈现出较大的异质性，表征于与产业发展共演而体现出的阶段性特征、合作伙伴选择依据、合作网络成员的关系模式。因此，不同技术类别的 LCET-CN 呈现出在网络参与者构成、节点连接机制上、核心成员影响力或网络权利上的差异。同时，LCET-CN 既体现出空间集聚性和地域根植性，又不局限于此，是组织在跨越地理和产业边界的、更广泛的知识空间内的自组织过程，不同层次的网络也存在差异。

2.3 低碳能源技术研发网络的理论视角剖析

本节从低碳能源技术研发网络的生成、演化及效应三个角度剖析其理论基础。

2.3.1 低碳能源技术研发网络生成的理论基础

现有文献对可持续发展中产生的创新网络的成因解释主要集中在交易成本理论、资源依赖理论、组织学习、制度理论和演化经济学理论，其中交易成本和资源依赖理论提供了网络形成的经济学解释，制度理论则提供了网络成因的行为学解释，组织学习是介于经济学和行为学中间的解释，演化经济学理论则提供了网络成因的系统分析。

（1）交易成本理论

Coase（1937）[129]的交易成本理论明确了企业跨边界活动以生产和交易成本的最小化为目的，相应的治理结构选择取决于不同治理结构完成特定交易的效率比较。Williamson（1985）[67]将交易成本的影响因素归结为资产专用性、不确定性和交易频率三个维度：当这三者较高、适中、偏低时，企业出于降低交易成本的考虑应分别采用科层组织、介于科层和市场之间的中间组织（如网络）、市场三种治理结构。大量研究证明网络在缄默知识的转移、一致性规范的形成、声誉及惩罚机制的构建上具有优势，因此降低了机会主义倾向，提高了网络成员的信任，促进了知识流动和资源整合[130,131]。交易成本理论也被用于可持续研究背景下的组织间关系研究，如交易成本是绿色采购和绿色供应链生成的重要因素，因为这两种跨组织边界的绿色管理行为约束了供应商的机会主义行为，降低了环境规制的履约成本[132,133]。

低碳能源技术的系统性决定了参与研发的企业专业化程度高，企业资产专用性程度高，而其技术前沿性和复杂性又决定了技术交易的频繁性，结合技术前景和市场化的高度不确定性使得研发网络是一种更有效的创新方式。

（2）资源依赖理论

资源依赖理论认为企业的生存和发展依靠创新，而创新依赖于知识、技术、组织资源的获取、使用和整合[134]。创新资源的分散性和稀缺性又决定了单个企业不可能也不必内化所有需要的资源，而研发网络给企业提供了一种较低成本地从外部获取、整合资源的渠道。在环境问题的解决上，资源依赖对跨边界的组织创新行为也具有显著的解释作用。低碳能源技术的学科交叉性使得单个组织无法满足创新所需的全部资源，或者是产生这些资源的成本过高，企业需要通过合作整合必需的知识、技术、资源来保证持续的创新。同时，低碳能源技术具有前沿性、探索性，这使得缄默知识产生和转移的频率高，研发网络有利于知识自愿性和非自愿性的溢出。低碳能源技术创新相比一般技术创新涉及更广泛的利益相关者，而研发网络能给企业带来环境相关政策、市场需求、技术开发和推广上的信息和资源优势。

（3）组织学习理论

知识作为组织资产和竞争优势来源已得到了学者的共识，而网络被视为组织获取知识、提升学习能力的有效制度安排[135]，这不仅因为网络提供了多样化的外部知识来源，提高了知识创造、共享、转移的概率[136]，也因为网络有利于组织间的交互式学习，并在此过程中促进组织吸收能力的提升[137]。组织学习也被强调于可持续发展与组织间关系的研究中，例如，Remmen 和 Holgaard（2004）[138]从产品生命周期视角构建生态创新的动态过程模型，刻画了企业与产品供应量上的原材料供应商、分销商、零售商、废物处理企业、用户等利益相关者在价值链上的互动、交流、学习过程。杨燕等人（2013）[128]将生态创新中的组织学习划分为创新机会的组织学习过程和企业在创新活动中进行知识生产、应用和扩散的组织学习过程，指出后者中的组织学习模式与一般创新无本质差异。杨静等人（2015）[139]则指出组织学习是生态创新与绩效的权变机制，探索式学习和利用式学习两种模式的组织学习会对生态创新与绩效产生倒 U 形的调节关系。

低碳能源技术的创新具有高度复杂性，体现在科学、技术、学习、政策和需求之间的复杂互动与反馈，而网络的价值在于提供了组织学习的可能，使企业与产品价值链、科研院所、政府和非政府组织进行信息、知识、资源交换。

（4）制度理论

随着新型经济体崛起，以制度理论为框架分析企业行为特别是制度因素在多大程度上以及以何种方式对企业行为产生影响正成为一种研究范式[115]。

制度理论的核心在于解释组织场域内制度同形和制度规范的建立[116]，并着重关注嵌植于社会与政治环境之中的组织遵守制度和规则的价值与恰当性[117]。制度环境对组织形态结构或行为的合法性、社会认可性以及资源获取所产生的影响则称为制度压力，反映于强制压力、规范压力和模仿压力[118]。对于企业的低碳技术创新实践，强制压力源于政府和监管机构的行政指令、强制要求或者法律法规的强制力；规范压力源于专业化，而专业化的核心是组织重要的外部利益相关者所形成的行业内规范标准；模仿压力源于组织对行业内领先企业或者密切关联企业的效仿学习[119]。Qu等人（2015）通过对中国生态产业园的调研问卷数据构建结构方程，探索了中国生态产业园生成的影响因素，并证明体现于环境管理系统、能源消耗要求、污染排放标准、ISO 14001认证和环境影响评估的规制压力是推动中国生态产业园生成并发展的首要因素。Shah（2015）则通过对跨国合资企业的环境绩效的实证研究说明规范压力和模仿压力是跨国企业选择合资对象的重要影响因素。

对于低碳能源技术的创新，研发网络所带来的信息和资源优势有利于组织形成对于规制的一致性行动规范，也是组织应对规范压力和模仿压力的一种适应和生存机制。

（5）演化经济学理论

演化经济学借鉴生物进化和自然科学的最新研究成果，区别于主流经济学过分追求形式逻辑的均衡分析方式，以动态的、演化的视角分析经济现象和规律[140]，对经济系统的创生、变异、扩散和结构演变进行科学的研究[141]。演化经济学将时间演变和空间分布因素引入网络的研究，认为创新网络是一种跨组织边界的学习关系，提供了分析研发网络演化过程的有益视角[142]。在时间维度上，演化经济学涉及技术创新与网络演化的共生关系，主要是从技术创新的微观基础知识扩散视角建模描述创新网络生成、演变及其中核心企业成长的共生演化关系，其解释在于组织寻求新知识以及知识需求的变化是网络生成和结构变化的原因，而溢出效应和支付正效应是前提条件[143]。例如，黄玮强等人（2009）[144]通过建立企业创新网络的自组织演化模型分析网络动态演化规律、企业间的知识溢出与网络结构的关系，发现稳定状态下的创新网络为小世界网络，适中的知识溢出效率可提高行业的收益水平。在空间维度上，演化经济学关注产业集聚现象以及其中的技术扩散、知识溢出和合作竞争协同演化机制[141]。例如，徐莹莹和綦良群（2016）[53]利用复杂网络演化博弈方法，以无标度网络作为扩散载体，模拟仿真低碳经济情景下潜在技术创新采纳企业的微观决策互动机制涌现的企业集群宏观扩散现象，得出低碳技术的扩散取决于收益，网络规模负向影响扩散速度，实施碳税、投入补贴和惩罚措施均能提高低碳技术创新扩散深度。

演化经济学中的知识扩散视角在 LCET - CN 的生成机制上具有研究前景，而演化经济学的主流分析工具演化博弈论和复杂适应系统理论（CAS），特别是 CAS 中的新工具多智能体建模（Multi - agent Modeling）提供了一个有益的研究起点。

2.3.2 低碳能源技术研发网络演化的理论基础

现有文献对于研发网络演化动力和形态解释的理论视角主要包括复杂网络理论、社会资本理论和经济地理学理论。

（1）复杂网络理论

Watts（2003）[145]指出网络演化动力主要分为指代网络节点与联系增减的网络自身的动力和指代网络节点行为变化的网络上的动力，复杂网络主要是对网络自身的动力进行研究的理论，探讨网络形成的动力学特征和动态演化机制。复杂网络强调系统的结构并从结构角度分析系统的功能，而系统的结构则是对网络中大规模节点及其连接之间性质的反映[146]。运用复杂网络理论于创新网络的研究视角，主要包括统计特征、结构模型和网络上的动力学行为三个层次：首先，复杂网络理论提供了刻画网络动力特征的指标体系，如 Newman（2001）[147]、Barabási 等人（2002）[148]基于科研论文合著的实证数据，度量了研发网络在度分布、集聚系数、平均路径长度以及加权拓扑结构上的统计性质；其次，复杂网络理论通过规则网络、小世界网络、无标度网络等经典模型的提出揭示了网络演化的动力机制，如高霞和陈凯华（2015）[79]通过信息同技术产业的联合申请专利构建研发网络，发现该网络具有明显的无标度特征，网络演化的动力机制是增长机制和优先连接性；最后，复杂网络理论的网络系统行为模型揭示了网络治理及行为优化的影响因素及其机理，如张宏娟和范如国（2014）[51]基于复杂网络演化博弈理论，从微观异质性主体的预期学习和自适应特征视角构建产业集群低碳演化模型，发现集群异质性主体的低碳偏好、集群复杂网络的外部效应、低碳策略的采用成本和技术兼容性是推广低碳技术的重要影响因素，又如徐莹莹和綦良裙（2016）[53]运用复杂网络演化博弈方法，并以无标度网络为扩散载体，分析了低碳技术在集群扩散的影响因素，发现碳税、投入补贴和惩罚措施均能提高扩散深度，而网络规模对这三种措施具有不同影响的调节。

（2）社会资本理论

社会资本理论通过揭示合作创新伙伴的选择机理，是节点行为即网络上的动力的重要研究视角。社会资本作为社会结构中的信任、规范与网络[149]，是企业网络资源、关系资源与网络运作能力的有机结合[150]。社会资本的核心——信任、合作、预期与规范正是研发网络的内在要求，这也奠定了社会资本作为研发网络演化动力来源的基础。首先，社会资本理论的关系维度解释了合作创新伙伴选择的依据，历史直接或间接联系的社会资本是网络连接的基础[151]，而不同创新模式与强弱关系的匹配及协同演进是网络演化的推动力，如蔡宁和潘松挺（2008）[152]通过对海正药业技术创新网络的案例研究发现，强弱关系分别与侧重于探索式创新和利用式创新的阶段相对应，企业选择不同的技术创新模式也需要网络关系强度的动态变化；其次，网络中核心节点的形成依赖于先赋型社会资本，先赋型社会资本是由亲缘、同乡、家庭社会威望以及企业与其投资各方关系带来的资本，这种资本由于亲缘、地缘关系网络而带来较高程度的信任、共同行为准则和非正式关系网络，是核心节点形成的重要基础[153]；最后，蕴含于特殊网络结构的社会资本是推进网络演化的动力，如 Burt（1992）[154]将内部结构紧密，而相互间关系松散的不同网络子群的结构洞界定为特殊的、带来异质性资源和信息控制优势的社会资本，冯科等人（2014）[155]通过对汽车行业合作构建的创新网络的研究发现，创新网络从早期以小型结构洞为主的态势，逐渐转化成为极少数大型结构洞与大量小型结构洞并存的态势，这从侧面反映出结构洞带来的潜在收益促进了网络中该类结构的增长。

（3）经济地理学理论

经济地理学是研究经济区位、空间集聚及与地理环境互动关系的学科[153]，经济地理学有关创新网络演化动因研究主要借鉴了生态中的"惯例"和"共同演化"概念，从邻近性视角对区域创新网络的演化机制进行探索[156]。Glückler（2007）[157]运用达尔文的进化论从三个机制解释组织间网络的演变规律：首先是选择机制（Selection），即网络中关系的选择是稀缺性关系竞争性分配的结果，选择依据包括外生性环境和内生性资源及其变化情况；其次是保留机制（Retention），即网络中现有关系的强化和网络结构的稳定主要取决于组织的路径依赖、优先连接、根植性和多重连接强化的效应；最后是变异机制（Variation），主要是指区域内或区域间网络的连接和断连是区域创新的推动力量。Hansen（2014）[158]通过对丹麦清洁技术产业集群的创新网络研究发现，地理邻近性是组织间以产品开发和知识创造为目的而形成网络的重要考虑因素，而较大的地理距离则发生于以市场进入和成本缩减为目的而形成网络的组织之间。经济地理学对创新网络演化形态的分析多是从产业集群生命周期视角出发的，运用案例分析网络在不同发展阶段的形态和特征[156]：Gay 和 Dousset（2005）[76]通过对法国生物技术集群网络的结构演化研究发现，网络逐渐由多个中心节点演变为拥有前沿技术的企业是网络中企业的优先连接对象，成为少数度数中心度较大的节点，网络整体呈现小世界特征；吕国庆等人（2014）[159]通过对东营市石油装备制造业产业集群的研究发现，创新网络演化可以分为初始、裂变、集聚和重组四个阶段，地理、社会、认知邻近对创新网络结网与知识流动产生综合的影响。

综合以上理论剖析可得，从整体网特性（拓扑结构）、行动者位置特征（节点行为）、合作伙伴关系（社会资本和邻近性）分析 LCET – CN 的演化具有研究前景，是在组织自我中心网络演化层面的有益补充。

2.3.3　低碳能源技术研发网络效应的理论基础

本研究基于结构主义的分析范式探索研发网络对二类技术创新的影响，在此主要从探索式创新和利用式创新所指代的二元式创新概念的厘清和研发网络结构效应的主要理论视角对嵌入式理论的梳理来建立理论基础。

（1）探索式创新和利用式创新

学界对探索式创新和利用式创新的研究始于二元式创新观点的提出，而二元式创新概念的厘清可以从其起源、维度关联、与相近概念的辨析以及测量几个方面分而述之。

二元式创新源于学界提出运用协调和平衡的理念来解决企业管理中效率

和柔性、变革与稳定的悖论。Duncan（1976）[160]首先引入二元组织（Organizational Ambidexterity）的概念用来隐喻组织兼顾看似冲突地提高现有资源效率的渐进式变革和适应动态环境的突变式变革的特征。在二元组织的理论基础上，March（1991）[161]首次提出以追求新知识为目的的探索式学习和以充分挖掘现有知识基础的利用式学习是二元组织中的两种基本学习形式。在此启发下，Danneels（2002）[162]正式定义二元式创新为探索式创新和利用式创新，前者是为抓住新的市场机会而从事的偏离现有知识技术轨道的颠覆式创新，后者是为巩固现有市场、提高效率而优化现有知识和技能的改良式创新。

探索式创新和利用式创新作为二元式创新中的基本维度，在创新过程和对组织属性的要求上都存在差别，表2-3对两列创新的差异进行了总结。探索式创新与利用式创新的显著差异也说明二者之间存在特定关系。国内外学者对这种关系的代表观点包括对立观和互补观。从对立观来看，March（1991）[161]指出对立关系的本质是组织资源的稀缺性；同时，两类创新存在路径依赖和自我强化，这表征于探索式创新的"能力陷阱"和利用式创新的"成功陷阱"；此外，二类创新在组织惯例和思维模式上也具有明显差异，这也使同时进行二类创新存在困难。对立观的结论是二元式创新的两个维度具有时间上的交替性。这也得到了部分国内学者的支持，例如张玉利和李乾文（2009）[163]从技术生命周期的视角指出二类创新在企业的不同发展阶段体现出不同的地位，在企业创始阶段激进式的产品创新和竞争性的产品设计最为有效，而渐进式的产品和过程创新则在后主导设计阶段更为有效；刘春玉（2008）[164]从知识循环的视角指出探索式创新和利用式创新随着知识的固化、归纳化、微调和交互的演进会实现交替转换。从互补观来看，Gupta等人（2006）[165]指出探索式创新和利用式创新可以同时在组织互补性的领域（如技术和市场）中实施，二者产生相辅相成的影响；Cao等人（2009）[166]则提出二类创新相互促进，一方面利用式创新的熟练可以促进组织对现有知识资源的重组效率，并提高其发现和吸收新的外部知识的能力，另一方面探索式创新的展开也会提高互补性领域利用式创新的规模经济性，这是因为探索式创新内化的外部知识和资源拓展了组织的能力范围。

表2-3 探索式创新与利用式创新的对比

	探索式创新	利用式创新
创新目的	提高对动态环境的适应性,满足长期发展需求	提高现有资源利用效率,满足短期生存的需求
创新过程	广度的知识搜索、实验和承担风险、增加创新和灵活性、扩大新知识吸收	深度的知识挖掘、精炼、选择、高效的实施和执行、减少变异,提高效率
创新基础	偏离原有知识范式的多样性新知识	既有知识和资源的拓展和演绎
创新绩效	高不确定性的长期市场或创新绩效	确定性程度较高的短期市场或创新绩效
创新成果	突破现有知识边界的新技术、新工艺、新产品	优化、加强现有的工艺、技术、产品、组织结构
组织结构	规范化、集权化、等级化	灵活的、扁平式、有机式
思维模式	追求变革	追求效率
风险偏好	风险偏好型,失败容忍度高	不愿承担风险,失败容忍度低

注：根据现有文献整理而得。

相近概念的辨析对于二元式创新的内涵分析也是不可缺少的部分,特别是考虑到现有文献中经常使用激进式创新、渐进式创新来指代具有表2-3中两类性质的创新类型。Greve（2007）[167]认为探索与利用较之于激进与渐进,所适用的边界并不一致,前者针对单个组织而言,而后者面向整个行业；Li等人（2008）[168]将探索式创新等同于激进式创新,而利用式创新等同于渐进式创新；袁野等人（2016）[169]则指出激进式和渐进式创新的划分依据是创新对应的技术激进程度,而探索和利用式创新的划分依据是创新过程中企业既有能力的利用程度。尽管学界对探索/开发式创新和激进/渐进式创新的边界和依据具有不同的看法,但普遍的观点是二者在创新本质上具有通用性,共同反映出组织的战略主动性、外部环境适应性以及综合利用既有资源和能力的程度：激进/渐进式创新具有探索/利用式创新的性质,而探索/利用式创新也类似一种激进/渐进式创新[170,171]。

从探索和利用式创新的衡量方式来看,现有研究主要从创新投入、过程、产出三个角度对两类创新进行衡量,具体指标和衡量方法如表2-4所示。其中,由创新投入[171]和创新过程中的内容分析[172,173]来衡量二元式创新主要由国内学者采用,而创新产出的专利统计[97,174,175]以及描述创新过程的量表衡量[168,176,177]则是国内外学者普遍采用的二元式创新衡量方式。专利统计的优点在于数据易得、技术分类明确,而其缺点是无法对企业的创新进行全面的衡量;量表衡量的优势在于已有成熟量表可供借鉴[177],但其受限于截面数据的性质而不利于因果推断。

表2-4 探索式创新和利用式创新的衡量

衡量方式	主要指标	衡量方法
创新投入	研发阶段投资 R 和开发阶段支出 D($R=0$、$D>0$ 为利用式创新;$R>0$,$D=0$ 为探索式创新)	年报的内容分析法
创新过程	关键词(挖掘、选择、作业、效率、执行、实施、贯彻对应利用式创新;探索、追求、寻求、改变、冒险、试验、试探、新发现对应探索式创新);李克特5级或7级量表	年报的内容分析法;调研数据分析
创新产出	是否属于新技术领域的专利数量(属于新技术领域的专利数量为探索式创新;不属于新技术领域的专利数量为利用式创新);专利引用(引用专利广度对应利用式创新,引用专利的频度对应探索式创新)	专利统计

注:根据现有文献整理而得。

(2)基于嵌入理论视角的研发网络结构效应

嵌入理论是学界在对有限理性和"社会人"的一致认同上,折中新古典经济学的"社会化不足"和古典经济学的"过度社会化"而提出的社会关系对经济活动影响的理论;相应地,嵌入的本质是经济主体既不可能脱离社会情景,也不会完全按照社会规则和行为角色规范行事,而是在动态的社会关系中实现自身多重目标[178]。Granovetter(1985)[179]明确提出了嵌入特别是在组织间网络这一嵌入情景下对经济行为和绩效影响的命题,将嵌入划分为关系嵌入和结构嵌入。关系嵌入是指嵌入于网络中的二元关系的特征(信任、优质信息共享、共同解决问题的安排)[180],主要由互动频率、感情强度、互惠交换和信任程度来衡量[181];结构嵌入是指嵌入于网络中关系的结构特征,它一方面关注网络的整体结构如网络密度,另一方面强调组织作为网络节点的位置特征,如中心度[182]。Granovetter对于嵌入划分的这一经典框架也成为研究网络结构对经济行为和绩效影响的重要起点,被后来大部分研究所沿用。

从嵌入对经济行为的作用机理来看,关系嵌入带来知识获取效应和治理效应,前者是指关系嵌入的信任、关系专用资产投资有利于隐形知识的获取,后者是指强关系制约了机会主义，增强了互惠和共同解决问题的制度安排；结构嵌入主要影响组织可利用资源程度以及特定网络位置的获得效应，前者是指组织可以从网络中获取的信息数量，后者是指占据中心位置和结构洞位置的组织可以获取的信息优势和资源利用能力[178]，如 Burt（1992）[154]提出结构洞位置在信息传递中的控制优势。

从嵌入对经济行为的作用效果来看，演化观、嵌入间的交互和经济活动类型都对二者关系的方向产生影响：Uzzi（1996）[183]从演化的视角提出了嵌入影响绩效的"嵌入悖论"，即嵌入对企业绩效的正向影响存在一个临界值，这是因为过度嵌入会减少企业获取外部新信息的机会；嵌入间的交互则是指关系嵌入和结构嵌入不是彼此独立的，而是存在互相影响的关系，如 Rowley 等（2000）[95]指出在高密度的网络中，结构嵌入与关系嵌入具有替代性；经济活动的类型的一个典型视角是探索式创新和利用式创新中嵌入的影响，企业如何有效嵌入网络来实现对其生存和发展至关重要的两类创新是学界持续的和存在较多争议的研究热点[178]。

研发网络是技术活动嵌入各种正式和非正式关系中形成的制度安排，其结构对二元式创新的影响研究既包括各种嵌入的独立视角研究，也包括多种嵌入整合视角的研究。从独立视角研究来看，关系嵌入影响二元式创新的基础在于强关系和弱关系分别带来影响和信息两类资源：强联系带来的影响可以促进信任，进而提升组织间知识传递意愿、降低知识搜索成本，这对隐形知识的获取、共享、利用尤为显著，因此强联系有利于利用式创新；弱联系体现为交往频率低、渠道趋向公共性的联系，因此能以较低的成本获取异质性的信息，因此有利于探索式创新[181]，这也得到蔡宁和潘松挺（2008）[152]案例研究的证实。结构嵌入影响二元式创新的依据在于结构洞一方面提供非冗余的信息，提高了信息的多样性，另一方面增加了暴露于机会主义行为中的危险，因此对探索式创新的影响程度会高于利用式创新，如章丹和胡祖光（2013）[184]通过63个技术创新网络的实证研究发现结构洞有利于探索式创新，而对利用式创新影响不显著。除关系嵌入和结构嵌入以外，认知嵌入也成为近年来研究研发网络结构效应的重要视角，它主要反映于组织间技术距离，影响机理在于技术距离存在一个最优值，既可以增加新颖信息的来源，又不至于负面影响企业对外部知识的吸收能力，如 Nooteboom 等人（2007）[185]通过分析指代合作关系的技术距离对探索式创新的影响发现二者呈现倒 U 形的关系。

从多种嵌入整合的视角来看，学者在对探索式创新和利用式创新所需的知识属性存在显著差异的认同下，指出组织的位构与网络整体特征对二元式创新存在互为补充的关系：探索式创新面临的是全新的，没有明确目的和可演绎的知识基础，因此对异质性、互补性知识的吸收提出了更高的要求，而利用式创新是对现有知识的演绎和拓展，需要长期稳定的信息流以及复杂知识的深入挖掘，因此需要高效的隐形知识的传递[64]；这种差异使决定了研发网络中中心地位的企业位构所带来的优势（适应性学习、异质性资源获取、控制力）和劣势（网络规则的束缚、创新路径的锁定、知识吸收难度）对二类创新影响方向或程度存在差异；而网络整体特征通过影响异质性知识获取的程度或隐性知识传递的效率又会对企业位构与二类创新的关系产生强化或弱化的作用。例如，漆文璐和蒋军锋（2015）[186]发现网络密度增加信息冗余度并提高隐性资源流动速度，因此负向调节企业中心性与探索式创新的关系，正向调节企业中心性与利用式创新的关系；联结强度降低了隐性资源传递的成本而提高了企业吸收异质性知识的能力，因此与网络密度相比，对二类创新产生相反的调节作用。又如，曾德明和文金艳（2015）[64]认为高知识距离一方面通过提高可接触异质性知识的机会强化企业中心度对探索式创新的影响，另一方面加大知识吸收难度而弱化企业中心度对利用式创新的影响。

由二元式创新和嵌入性理论的梳理可见，研究不同层次嵌入因素的交互对二元式创新的影响是两类理论交叉的研究热点，这在具有丰富网络异质性的 LCET – CN 中具有较大的研究空间。而系统的理论模型推演和大样本经验研究则是对 LCET – CN 结构交互效应的深入挖掘。

2.4　研发网络的社会网络结构特征界定

社会网络结构是研发网络的重要特征，对研发网络的内在属性存在根本影响，本节讨论社会网络分析的适用性和可行性，界定研发网络的社会网络结构特征。

2.4.1 社会网络分析的适用性和可行性

社会网络是指社会行动者及他们之间关系的集合，行为人（actors）即节点和关系（ties）是社会网络的两个基本元素：其中节点可以是自然人、非正式群体或正式组织，关系一般定义为两个行为人或对点之间的特定接触与连接，它可以是定向的或非定向的互动关系[187]。社会网络分析则是对特定空间范围内社会网络的关系结构及其属性加以分析的一套规范和方法，其目的在于探索关系特征对组织的影响[188]。社会网络从概念的提出到现今理论化的过度经历了近百年的时间：20世纪90年代以前社会网络分析滋生社会科学方面的经典理论，如"关系契约"论、"市场网络"论，"嵌入性"理论、"社会资本"论和结构洞理论；到20世纪90年代后期在Watts和Strogatz（1998）[189]、Barabási和Albert（1999）[190]在复杂网络领域开创性研究的推动下，社会网络分析的工具和理论模型实现了突破性进展，其量化性和科学化水平显著提高；特别是在近年，伴随着网络专用分析软件的开发，社会网络分析已成为一门在社会科学和自然科学领域百花齐放的理论方法和分析工具[191]。

鉴于本研究的研究对象是LCET-CN的生成、演化和效应，而社会网络分析在经济管理领域主要围绕网络的生成、网络的结构和网络的效应三大主题展开[191]，因此社会网络分析是契合本研究研究对象的研究方法。具体而言，网络的生成研究是对内外部因素影响社会网络形成机理的探索，主流的方法是在基于机会和基于利益两种理论解释路径下通过随机图理论、社会网络数据建立统计模型、相关性分析和实验的方法来解释网络的生成[191]，而本研究对研发网络的生成解释则是利用研发网络的复杂适应系统性，运用演化经济学的分析工具进行多Agent建模，建立基于合作利润最大化目标的研发网络中知识与利润生成规则，并依据仿真数据对影响网络生成演化的网络结构因素进行甄别，这种研究方法与社会网络分析中的实验方法是相互对应的；网络的结构研究则是借助社会网络分析方法工具箱的丰富性，对网络结构的经验性事实（stylized facts）进行推断[191]，这对本研究研发网络的演化研究奠定了分析工具、理论和模型的基础；最后，社会网络分析是网络效应即网络结构对经济决策和行为影响后果的分析前提，因此也是本研究中分析研发网络结构对技术创新影响的实证研究的基础。总体而言,社会网络分析奠定了网络生成、结构和效应三个问题构成的分析环的理论和方法基础,合适于本研究的研究对象。

社会网络分析在本研究的研究情景中的可行性主要反映于社会网络数据的可得性和社会网络因素的可量化性两方面:伴随着信息技术和电子数据库的蓬勃发展,社会网络数据的获取瓶颈已逐渐克服,科研成果特别是专利数据在社会网络分析中已获得了广泛的应用,而对联合国知识产权组织公布的国际专利分类绿色清单中的低碳能源技术代码及相关专利中联合申请专利数据的挖掘使本研究在研究情景下的社会网络数据具有客观性;社会网络分析在社会科学和自然科学中应用的交叉融合使其量化水平不断提高,因此从分析工具、理论和模型方面为本研究提供了具备可操作性的途径。

2.4.2 研发网络的社会网络结构特征

社会网络结构对信息和知识的扩散[192]、社团凝聚性[193]、知识池[194]及世界范围的互动现象[145]等研究具有重要价值,特别是对于创新绩效差异的揭示逐渐成为学界的共识,涌现出大量的研究成果:包括网络结构整体特征的分析角度研究[195-197],行动者在网络位置的分析角度研究[110,198,199],合作伙伴关系的分析角度研究[181,200],以及跨层次交互因素的分析角度研究等[97,201]。这些研究体现了社会网络关键的结构指标在创新研究中的指示意义。下面阐述分析网络整体特征、行动者位置特征以及合作伙伴关系的内涵和维度。

(1)网络整体特征

描述网络整体特征的维度众多,包括网络规模、密度、集聚性、可达性、连通性、中心势等,其中凝聚性在衡量网络整体结构中的重要性已得到学者的普遍认可[202]。凝聚性是指一个网络全部参与者通过社会关系联系在一起的程度:高凝聚性通常意味着权利与信息的集中、行动者的不平等、网络结构对个别节点的敏感性以及整体网络的派系性,而低凝聚性则对应网络中权利和信息的分散、行动者平等以及网络结构的均匀性[203]。适度的网络凝聚性有益于社会资本的积累[204]以及应用性研究的展开[205],而过高的凝聚性,即过度嵌入则通常伴随着探索性创新的抑制[206]以及信息的冗余性[207]。凝聚性的主要衡量指标包括网络密度和集聚系数[202]。

1）网络密度

网络密度是指社会网络结构中节点联结的稠密程度，表征为网络中联系的数目以及网络整体的完备性，它通过网络中实际存在的关系连接数：m 与网络中可能存在的最大关系连接数目［无向网络中此值为 $n(n-1)/2$，有向网络中此值为 $n(n-1)$，n 为网络中的节点数目］之比来进行度量。因为研发网络为无向网络，因此网络密度表达式为 $Density = 2m/[n(n-1)]$，取值范围为［0，1］：0 代表网络中不存在相互联系的节点，1 代表网络为完备网络。网络密度通常与行动者态度、行为等产生的影响以及网络中社会资源的交换流通程度密切相关。

2）网络集聚系数

网络密度是凝聚性的必要条件而非充分条件，这是因为凝聚性的决定因素往往不是关系的密度，而是关系的模式。如图 2-3 所示，对于具有相同规模和密度的三个网络，由于封闭三角形与"三元组"总量的比例存在差异，其集聚系数也不相同。因此需要反映节点的合作伙伴之间也是合作伙伴的百分比，即用集聚系数进行考量。集聚系数（C）是一种局域网络结构的指标，它包含两种界定方式：一种是平均局部密度为网络中各个点密度系数的均值；另一种是传递性比率为"封闭三方组"的数量与"三方组"总量之比[203]。本研究选择第二种集聚系数进行分析，这一方面是因为反映传递性比率的集聚系数是对 Coleman（1988）[204] 经典文献中闭合结构概念的一个度量，而依据社会资本理论，封闭的结构有利于信息共享从而减少信息传递的市场失灵，同时便于制裁和形成声誉，这使信任或合作关系破裂的影响扩大，从而使创新个体趋于避免导致不良声誉的行为，因此，传递性比率与创新绩效有明显的关系；另外，平均局部密度的计算与节点度相关，这与行动者位置特征指代变量度数中心度高度相关，因此在能提供的额外变量信息上价值不如传递性比率。在反映传递性的概念上，如图 2-3 所示，三角形的个数均为 1，而"三方组"（三角形少一条边）的数量从各个节点出发计算的数量对应于第一、第二、第三个图，分别为 9、10、12，因此依据集聚系数计算公式：

$$C = 3 \times N_\triangle(i) / N_3(i) \qquad (2-1)$$

其中，$N_\triangle(i)$ 为包含节点 i 的三角形总数；$N_3(i)$ 为包含节点 i 的"三方组"总数；C 的取值范围为［0，1］[208]。而从图形上来看，第一个图中可形成的三角形的比率最高，意味着信息的传递性最好，因此具有三个图中最高的集聚系数。

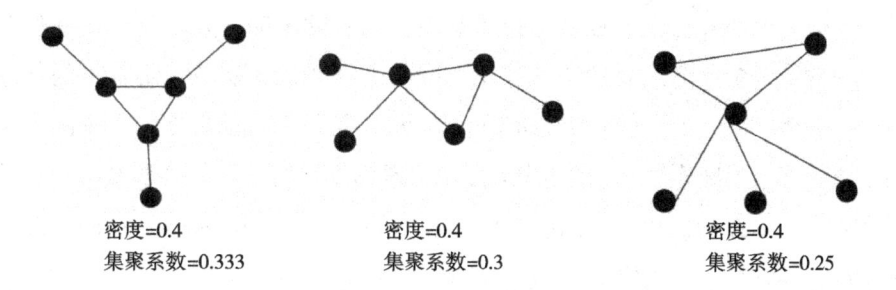

密度=0.4
集聚系数=0.333

密度=0.4
集聚系数=0.3

密度=0.4
集聚系数=0.25

图2-3　密度相同但集聚系数不同的对比图

（2）行动者位置特征

社会网络的另一个基本结构属性是行动者与其他行动者之间连接的模式。一个充满弱联系，或者行动者之间平均路径较长的研发网络在应对外界振荡时往往不如强联系或平均路径较短的网络的反应速度及时有效。因此测量行动者在网络中的路径数量及长度有利于揭示网络的这些重要趋势。行动者位置即是通过测量焦点行动者相对于其他行动者路径的数量和长度的指标，依据网络路径的数量与长度判断焦点企业的机会和限制，有利于理解网络整体的行为和潜在可能性[209,210]。较为有利的网络位置也意味着行动者在信息察觉、资源控制、知识获取上的优势，从而影响技术创新绩效。然而，对于"有利位置"的界定没有统一的标准，特别是对于不同的创新类型，"有利位置"的内涵也不一致。因此，有必要从多角度对位置的权利提供准确且恰当的衡量，社会网络的中心性分析则提供了最常用的行动者位置分析方法。中心性分析刻画行动者在网络中权利的中心地位程度，主要包括度数中心度、中间中心度和接近中心度三个指标，分别指向交往活动、交往的控制、信息传递的独立性和有效性的具体研究背景[211]。

1）度数中心度

度数中心度是与焦点行动者直接联系的其他行动者的个数；一般而言，在网络中处于高度数中心度的行动者通过与网络中较大部分行动者之间更频繁的交流活动，相比网络边缘的行动者有更多跨组织边界的学习、获取、利用和传播知识和信息的机会[212]，而关键信息和知识的获取能力又决定了组织的竞争力[210]。

2）中间中心度

中间中心度是衡量经过焦点节点的其他点对的捷径（shortestpaths）的数目，表征为行动者在多大程度上位于其他行动者的中间，处于较多中间位置的行动者通常会具有重要的中介作用，因其可以通过控制或曲解信息的传递而影响群体[213]。由于结构洞（structuralholes）是两个行动者之间由中间人所建立的非冗余的联系[210]，中间中心度也常常作为结构洞指数来测量行动者的资源和信息的控制优势。中间中心度通过中间性比例（betweennessproportion）来衡量，其计算公式为[154]

$$betweennesscentraility = \sum_{j}^{n}\sum_{k}^{n}SP_{jk}(i)/SP_{jk}, j \neq k \neq i, 并且 j < k \quad (2-2)$$

其中，SP_{jk}代表点j和点k之间存在的捷径数目；$SP_{jk}(i)$表示经过点i的点j和点k之间的捷径数目；而$SP_{jk}(i)/SP_{jk}$则代表点i处于j、k两点之间捷径的中间性比例，加总符号代表中间中心度需累加点i相对于图中全部点对的中间度。中间中心度越大，行动者在网络中的地位越重要。

3）接近中心度

接近中心度是指一个节点到达其他所有节点的捷径距离之和，它反映节点在网络中位置的居中程度[203]。接近中心度越小，意味着该行动者能以更低的成本、更短的时间、更少的信息中转联系其他行动者，因此接近中心度是从时间、成本效果角度衡量点中心性的一个概念[214]。接近中心度相比度数中心度而言加入了对间接联系的考虑，但由于研发网络并非全联通，因此接近中心度无法测量[64]，因此后文选取度数中心度和中间中心度作为位置特征指标分析其对二元式创新影响的机理。

（3）合作伙伴关系特征

从现有研究来看，反映合作伙伴关系的指标可概括为两类：第一类是从合作关系的角度构建的指标，包括协同、信任和合作历史等；第二类是从任务的角度出发构建合作伙伴关系指标，包括资源互补性和学习动机等[215]。前者主要反映于合作关系强度，后者则可以体现为邻近性。

1）关系强度

合作创新的研究多是基于关系嵌入的视角进行分析，强调组织的外部联系对创新绩效的影响[216]，而关系强度是关系嵌入分析中最重要的视角[217]。

关系作为一种社会资本的概念,强调网络行动者之间基于互惠的预期而产生的二元联系,表征为关系双方在优质信息共享和联合解决问题过程中的相互理解、信任和承诺的程度[218];关系强弱的判断依据主要是联系频率、感情强度、互惠交换以及信任[181]。关系强度作为合作伙伴关系特征的重要维度,一方面在于学者对于其与二元式创新的关系进行了持续的讨论,得出了很多有益的研究成果:魏江和郑小勇(2010)[181]从组织学习视角,得出无论是促进知识吸收利用的强联系还是带来多样化、新颖性知识的弱联系,都会对二元式创新产生影响,区别在于组织学习在前者关联中发挥中介作用而在后者关联中起到调节作用,这揭示了关系强度对二元式创新的影响机制;徐磊和向永盛(2012)[219]则从空间视角验证了集群内外商业网络和技术网络的关系强度,对集群内大企业和中小企业的探索性和利用性创新的作用有显著差异;施放等人(2014)[220]从时间视角验证关系强度在模仿复制的阶段,相比创造模仿和自主创新阶段发挥更显著的作用。另一方面,关系强度与其他网络特征的交叉研究也逐渐引起了学界的关注,如 Hulsink 等人(2009)[221]指出弱连带和结构洞对创新的发现和探索式创新有利,而强连带和高密度网络能对利用式创新发挥作用;特别是对于低碳技术创新的研究背景,Roscoe(2015)[56]建立了三阶段供应链的理论框架,将关系强度与关系对象、行动者位置特征的对应关系甄别出来,验证了关系强度是 LCET-CN 研究中具有前景性的视角。

2)技术距离

关系强度是对关系本质特征的刻画,邻近性通过对合作双方异质性程度的衡量,是另一个重要的合作关系情景因素,近年来在创新研究、组织合作研究中占据了重要地位[222];此外,现有文献已证明邻近性是联系频率的负函数[223],说明邻近性具有与关系强度相当的分析价值。邻近性的维度包括组织邻近、制度邻近、认知邻近、技术邻近、地理邻近等,其中与企业技术创新密切相关的三个维度是技术距离、组织距离、地理距离[224]。本研究选取代表合作研发双方技术相关性程度的技术距离作为合作伙伴关系特征的指标,源于三方面的考虑:第一,地理距离通常作为合作创新或联盟的前因变量[225],组织距离适用于对于合作创新的组织背景较为多样性的情景,针对本研究运用低碳能源技术联合申请专利信息的检索,企业与科研院所的合作占据很大比例，与王元地等人（2015）[226]对战略性新兴产业的专利许可研究的组织特点符合，因此组织距离讨论的价值较小；第二，技术距离是与吸收能力和创新价值高度相关的因素[185]，其与技术创新的关系已具有一定的研究分量[224]，而与其他网络特征的交叉研究也逐渐引起学界的关注[227,228]；第三，低碳能源技术创新具有成长性与技术不确定性特点，而技术距离与创新的关系对技术不确定性较敏感[228]，因此适用于本研究的研究情景。

2.5 本章小结

本章首先通过对低碳技术创新及相关科技文献的梳理，界定了低碳能源技术的内涵、外延和特征，说明研究对象界定的客观性；进一步，分析了LCET-CN中的网络行动者以及这些行动者之间的企业间合作、产学研合作、三重螺旋以及其他的研发网络关系模式，并指出了低碳能源技术研发区别于一般技术创新研发网络的特殊性在于更强的政策依赖性和利益相关者影响以及更大的网络异质性，说明LCET-CN的研究问题是具有客观依据的、全新的、具有特殊性研究意义的课题，值得深入探讨。接下来，系统剖析了本研究三大主题，即LCET-CN的生成、演化和效应研究的相关理论，奠定理论基础：其中，LCET-CN生成的理论包括交易成本理论、资源依赖理论、组织学习理论、制度理论和演化经济学理论，而演化经济学理论相比其他对网络成因因素剖析的理论，是对网络生成过程、网络结构变化和网络属性涌现的揭示，其主流分析工具为复杂适应系统理论（CAS）中的多智能体建模（Multi-agent Modeling）提供了分析LCET-CN生成的有益起点；LCET-CN演化的理论基础包括复杂网络理论、社会资本理论和经济地理学理论，而综合三个理论从整体网特性（拓扑结构）、行动者位置特征（节点行为）、合作伙伴关系（社会资本和邻近性）分析LCET-CN的演化具有研究前景，是对组织自我中心网络演化层面的有益补充；LCET-CN效应的理论基础则包括效应客体二元式创新理论和网络结构效应的主要理论嵌入性理论，而研究不同层次嵌入因素的交互对二元式创新的影响是二类理论交叉的研究热点。最后，对贯穿全章的研究主体LCET-CN的社会网络结构特征进行了界定，这包括对社会网络分析工具适应性和可行性的介绍以及在此体系下结构特征的界定。

第3章 低碳能源技术研发网络的生成机制研究

LCET-CN具有典型的复杂适应系统特征，不仅因为研发网络在创新主体、创新层次、技术复杂性、创新目的、创新组织、知识的学习和适应上具有较高的复杂性[229]，也因为研发网络中的创新是由与外部物质、能量和信息进行高交流度的组织学习来实现的，而组织学习本身就是复杂主体自适应的过程[230]。对LCET-CN生成机制的分析是依托网络的拓扑结构来研究异质性主体之间的相关影响以及网络中节点的连接机制和过程，并揭示研发网络中组织间合作的动力机制和随时间演化的涌现状态。在本章中，首先从复杂适应系统理论探讨LCET-CN的四个属性和三个机制，说明运用基于Agent的建模对研究LCET-CN生成的适用性和针对性；接下来构建基于Agent的LCET-CN生成模型，通过模拟仿真结果对比分析LCET-CN与传统技术导向型研发网络涌现属性的区别，揭示出整体网特征、行动者位置特征以及合作伙伴关系特征在LCET-CN中的相对重要意义。

3.1 低碳能源技术研发网络的复杂适应系统分析

本节从LCET-CN的四大特征（聚集性、非线性、流、多样性）以及三大机制（标识、内部模型、积木）分析LCET-CN的复杂适应系统特征，说明基于Agent的建模方法的针对性和适用性。

3.1.1 低碳能源技术研发网络的复杂适应系统特性

复杂适应系统理论的创始者John H. Holland将复杂适应系统定义为用一定规则描述的、相互作用的异质性主体组成的系统，这些主体通过学习和经验的累积来调整自身的结构和行为的方式来适应环境中其他主体，主体的适应性也是复杂系统的复杂性来源[231]。依据 Holland 的理论，复杂适应系统具有聚集性、非线性、流、多样性四种基本性质[231]，同时具备四种特征的系统可以认为适用复杂适应系统的理论和方法。

(1) 聚集性

LCET-CN 的聚集是指企业、科研机构、高校、专业低碳科技服务机构等组织由于资源共享、知识技术互补的关系而形成的聚集体，这种聚集体产生了高于孤立个体效应之和的整体效应，这是因为研发网络培育了互惠互利的信任机制，加强了协作效应，而网络中的知识溢出又降低了孤立个体获取专业知识的成本，促进了主体的适应性学习能力[232]。

(2) 非线性

LCET-CN 的非线性是指网络中主体连接的多层次性和创新过程的非线性。前者是由于不同的创新主体的目标和权利存在差异，同时主体之间的交互又受到竞争环境、历史经验和关系基础的影响，从而使主体间关系不是因果或线性的依赖关系，通常具有正向或负向的反馈性质[232]。例如，在低碳技术领先企业和配套企业的关系中，一方面领先企业通过技术示范效应和技术权利嵌入促进网络中低碳资源的流动和共享以及低碳技术的竞争，另一方面配套企业则会通过产业链上的协作促进领先企业的低碳战略实践[233]。创新过程的非线性一方面是指研发网络中的知识溢出机制、学习机制、竞争与合作机制、领导者机制和网络文化机制相互作用反馈[234]，另一方面是指低碳技术研发具有高度的不确定性，因此其投入产出具有非线性特征。

(3) 流

复杂适应系统的流是指系统主体之间物质、能量、信息的流动，流是主体适应外部随机刺激的重要条件[232]。除了知识、技术、人力、物力等形式的流，创新思想和实验结果的交换在 LCET-CN 中也比较普遍，这是因为研发网络的重要目的在于对低碳共性技术和关键技术的搭建开发和整合平台，推动标准和专利池的建设[235]。研发网络中的资源流动会对创新绩效和行为产生重要影响：一方面，因为资源流动通过规模经济或速度经济产生了乘数效应，例如，新能源汽车技术研发网络的发展会带动车身制造、涡轮增压开发、材料成形、电池等相关产业信息的流通和资源互补；另一方面，资源流动保证了合作创新的成果在网络成员之间的流动和共享，带来潜在的交叉激发效应[236]。

(4) 多样性

研发网络的多样性是其作为复杂适应系统的具体表现,体现于网络结构、网络主体、网络交互层面[232]。LCET-CN 的多样性从其基于网络交互模式的类型划分上可见一斑。如图 3-1 所示,根据信息的流动和主体交互的约束效力将 LCET-CN 分成四类,每种网络在创新主体的社会身份和工作身份上的构成存在差异,这也意味着主体在创新目标、能力、资源利用效率等方面具有区别;同时,以光伏产业和低碳高新技术产业为代表的网络分别体现了正式关系中的供应商网络和知识联盟,而低碳建筑和官产学研为代表的网络则体现了非正式关系中知识扩散、技术和人员交流;此外,网络结构也会随着资源互补性的变化发生链接上的变化和成员的进入或退出。

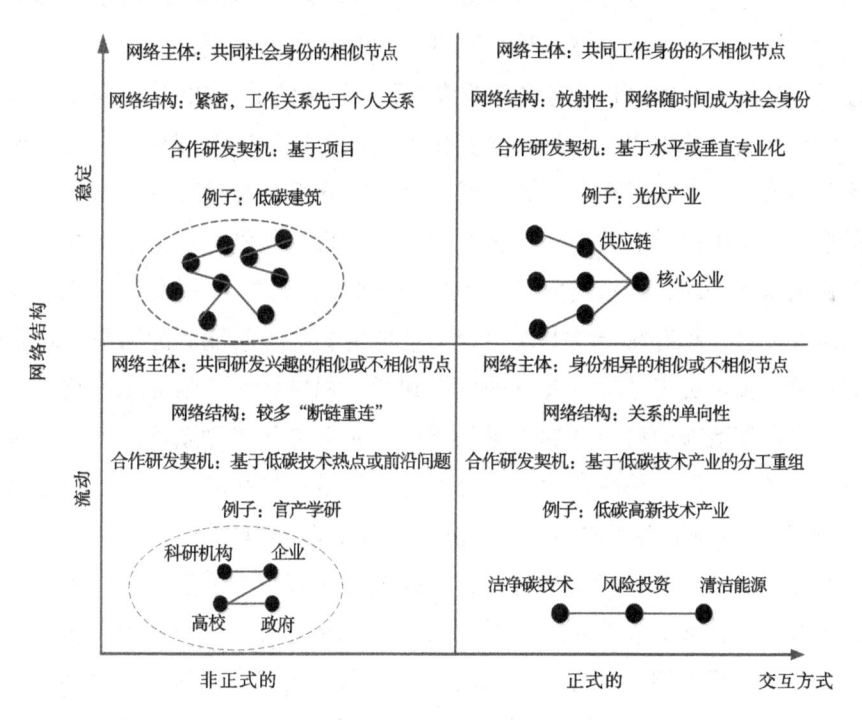

图 3-1 基于网络交互模式的 LCET-CN 类型划分

资料来源:改编自倪外 (2013)[233],第 136,图 5。

3.1.2 低碳能源技术研发网络的复杂适应系统机制

复杂适应系统机制可以看作通过标识进行聚集，通过积木生成内部模型，通过内部模型引致层层涌现的动态系统作用机理[237]，即标识、内部模型和积木是复杂适应系统的三大机制。

标识是为了聚集和边界生成而普遍存在的一个机制[231]。在 LCET – CN 中，标识是主体进行知识搜索和筛选研发伙伴的基础，它包括个体层次的资源、能力、名誉、领域专业化程度，以及组织交互作用层次的产业技术、组织文化口号、可持续发展目标、资源规模、专业技术优势、地理环境等[232]。标识通过引导资源供需的匹配而促成了异质性的个体向研发共同体的聚集。

内部模型是适应性主体对外部刺激感知和反应的机制，反映为主体在适应性反应过程中合理调整自身内部结构以及结构最终的变化[238]。研发网络中主体的内部模型是主体探测到环境变化和其他主体战略的信息后，通过对自身资源、能力、组织运作、市场、国家政策的分析以及对既有知识和历史经验的借鉴来做出应对的改变，这种改变是自身行为规则即机制的调整，反映于资源的重新调配、创新或生产活动细节的重新规划等[232]。例如，某风电装备制造企业获知政府在研发方面出台了可再生能源与新能源的国际科技合作计划项目，依据历史经验沉淀下的规则判断可积极寻找与国外先进技术企业的合作来承接政府的科研课题，进一步地，如果"技术创新能力不强，技术转移条件苛刻，则采用联合设计的合作模式"是从过往的合作经验中更新出的规则[239]，则企业会倾向通过联合设计提高自身创新能力。

积木是复杂适应系统的构件，积木的组合代表环境适应机制，积木的重新组合代表复杂适应系统的演化[232]。研发网络由企业、高校和科研机构等几大互相作用的积木组成，分别发挥着创新需求和实践、创新供给的功能，而这一层积木又由若干中间层积木构成，如企业由技术部、生产部、销售部、财务部、采购部等积木构成。同一层次及不同层次间积木的组合多样性反映了复杂适应系统的运行机制。例如，研发网络中的三重螺旋关系本质上就是积木的重新组合，原因在于大学、产业、政府三方模糊其边界、转化其职能、形成合力，大学通过孵化器成为企业创办者、产业通过创办企业大学提供教育的功能、政府通过建立研究基金成为风险投资者[126]。除了物理积木，体现于人才、资本、知识、制度、信息等形式的、经过经验检验的、对创新活动有效的、重要的非物理积木组合也应得到重视[232]。标识、内部模型和积木机制强调了复杂适应系统的层次：当主体发生层次跨越时，下一层次的积木作为内部模型封装为整体参与上一层次的相互作用，而上一层次积木间的互相影响成为新的聚集体中起决定性作用的主导因素，事物由此而呈现出新的特征，形成涌现[238]。

总体而言，LCET-CN 也是以聚集性、非线性、流和多样性为特征，以标识、内部模型及积木为微观机制的复杂适应系统。

3.1.3 Agent 建模仿真在复杂适应系统中的应用

伴随着计算机技术的发展，基于 Agent 的建模仿真（Agent based modeling，ABM）逐渐作为研究复杂系统的主要研究范式被运用于传染病学、经济学、社会学等领域[240]；特别是在经济系统研究中，ABM 弥补了传统数理分析的不足。这是因为 ABM 从大量异质性微观主体出发，通过仿真建立多主体（Multi-Agent）之间交互以及所产生的各种决策如何影响系统演化的统计模型，并运用复杂适应系统的涌现属性来揭示经济规律，从而克服传统数理模型对主体完全理性和同质性的设定，建立对经济系统自组织性和宏观-微观的关联性的认识[113]。ABM 分析具有三个前提条件：第一，主体在同一个共同的环境中活动，如研发网络中对主体运行的知识空间的假设；第二，主体参照一定的规则进行活动，这些规则即前文中所指出的依据已有知识或历史经验沉淀下来的规则；第三，规则的制订是对内部模型关键机理的刻画，且对主体行为的描述具有普适性[240]。ABM 的分析过程始于对系统的基本构造元素（Agent）的设定，再运用现有理论对其行为进行数学刻画，最后运用计算机仿真让大量自适应的 Agent 互动，"自上而下"地生成一个人工经济系统并观察系统的涌现属性，因此提供了从研究微观层面的动态性到研究宏观层面的复杂系统的有效途径[241]。

ABM 已被广泛运用于经济系统的研究中，主要包括组织行为和学习演变、复杂网络形成和特征、组织即特定市场分析和 ABM 模型的现实市场检验与算法优化等[113]，其中创新网络研究领域的运用主要集中在对创新扩散和预测、创新绩效的影响上。对创新扩散的研究包括不同网络结构对创新效率的比较[242]、网络拓扑结构特征对创新扩散的影响[243]，以及在网络扩散机制上对传统 Bass 模型的衍生拓展和其他演化算法[244]；对创新扩散预测的研究则通过 ABM 仿真模拟得到训练数据构建模型，再通过现实市场的测试数据检验模型[245]；对创新绩效的影响研究则是生成基于社会资本或知识扩散规则的网络演化模型，分析网络内生变量对知识增长或创新绩效的影响[196]。

由此可见，ABM 是分析复杂适应系统的有效分析范式，对其运用的拓展可以从算法的优化、研究情景的变化等视角出发，因此下文构建了基于 Agent 的研发网络生成模型，并对这种网络涌现出的性质给出解释。

3.2 基于 Agent 的研发网络生成模型

为验证 LCET–CN 的生成机制，需要构建一个基于 Agent 的合作研发模型：在模型中，企业、大学、研发机构等组成固定数量（N）的研发群体，并在特定的知识空间中逐期产生新的知识，知识空间是反映组织之间认知距离的二维度量空间；每一个组织在每一时期都需要做出如何将研发预算分配于产生创新知识和吸收现有知识的决策；每一时期知识的产生都会反映于两种典型创新形式——利用式创新和探索式创新，前者大量存在于产业界且主要影响创新收益，后者较为少见，且对创新收益的影响具有很高的不确定性，而对知识和能力边界有颠覆的影响，因此会影响组织在知识空间中的重新定位。为了简化模型与增强仿真的可实现性，拟做出如下假设：

假设 1：合作关系的形成取决于短期利润优化的决策。

假设 2：合作关系在每一时期会重新产生，而前一时期形成的合作关系也许不再继续。

假设 3：网络中组织的数量是固定的，没有新成员的加入，也没有成员的消亡与脱离。

假设 4：合作取决于组织之间的知识互补性，而与组织之间的信任等情感因素没有关联。

在控制规则方面，基于 LCET–CN 的研究侧重，重点考察研发投入规则、知识吸收规则、知识生成规则以及创新与利润生成规则。

3.2.1 研发投入规则

借鉴 Savin 和 Egbetokum（2016）[170]的决策模型，对于每一个组织 i，其研发预算将在自身知识创造的研发投入（rdi_i^t，与总研发预算 RD_i 的比例为ρ_i^t）和外界互补性知识的获取与学习投入，即吸收能力的投入（aci_i^t）中分配：

$$RD_i = rdi_i^t + aci_i^t = \rho_i^t \times RD_i + (1 - \rho_i^t) \times RD_i \quad (3-1)$$

ρ_i^t取决于外部知识的广度和复杂性，而外部知识的广度与复杂性又与认知距离呈比例关系。由于低碳能源技术具有系统性，往往需要多种技术的互补，企业不仅需要在自身具有技术能力优势的技术上进行技术能力的进一步挖掘，即投入 rdi_i^t 于自身的核心技术；也需要吸收引进外部先进技术，与自身技术系统集成，包括对设备的引进和相关人员的培训，即投入aci_i^t。

3.2.2 知识吸收规则

知识的吸收是建立在组织之间具有一定的认知距离的基础上的。认知距离决定了组织是否可以从合作对象获取互补性的知识。认知距离区别于知识扩散和知识溢出两种情形。知识扩散是指在合作中知识源有意识地、自愿地给知识受体转移的知识量；知识溢出则是指只要组织双方在一定的认知距离内且知识源与知识受体具有一定的知识势差，产生的知识源向知识受体无意识的、非自愿的知识转移[229]。由于本研究的组织都是分布于二维知识空间内的点，因此，两点之间的距离，即认知距离也可以用欧式距离（Euclidean distance）来表达。在知识扩散和知识溢出两类情形下，认知距离分别表达为

$$d_{ij} = \sqrt{(v_{i1} - v_{j1})^2 + (v_{i2} - v_{j2})^2} \quad (3-2)$$

$$d_{iek} = (\sum_{i \in H_i} d_{ih}) / H_i \quad (3-3)$$

其中v_i和v_j为组织 i 和合作组织 j 的知识存量。d_{ij}为自愿性知识扩散情形中的认知距离，它独立且随机分布于网络中的组织，其取值范围为 [0，1]。d_{iek}为知识溢出情形中组织 i 与知识源组织的认知距离。H_i是组织 i 可以吸收到外部知识的所有企业的集合，这个集合的确定又是以一定的认知距离 d_{ih} 为半径、以组织 i 所在的点为圆心所形成的圆内，即在组织 i 以认知距离为限制条件而形成的知识可理解范围内。式（3-3）的含义在于组织 i 在知识溢出下

的认知距离是它与可以吸收到知识的外部组织的认知距离的平均值。需要说明的是,本研究中的核心变量技术距离即为认知距离的指代变量,虽然认知距离的内涵范围大于技术距离,但因为本研究的被解释变量是用专利衡量的,从而可以用来衡量技术距离;事实上认知距离在营销、生产和运营维度上的可衡量性还存在争议,而技术距离则是更具有可操作性的认知距离指代指标。

组织 i 和组织 j 合作带来的知识共享价值可以反映为新颖性价值(是认知距离的增函数)与可理解性(是认知距离的减函数)的乘积:

$$an_{i,j} = (\alpha \times d_{ij})(\beta_1 - \beta_2 \times d_{ij}) = \alpha \times \beta_1 \times d_{ij} - \alpha \times \beta_2 \times d_{ij}^2 \quad (3-4)$$

其中 α 为认知距离带来的新颖性价值系数,β_1 为不存在合作时组织的理解能力,β_2 为合作后认知距离对理解能力的削减系数。由于组织对外界互补性知识的获取与学习投入(aci_i^t)会增加从认知距离挖掘出的新颖性价值,因此将 aci_i^t 反映于式(3-4)表达为

$$an_{i,j} = \alpha \times \beta_1 \times d_{ij} + \alpha \times \beta_1 \times d_{ij} \times aci_i^\phi - \alpha \times \beta_2 \times d_{ij}^2 \quad (3-5)$$

其中 $\phi \subset (0, 1)$,代表了对于吸收能力投入的递减边际收益率。在组织现有的吸收能力水平下,通过式(3-5)对 d_{ij} 求导可得到知识共享价值最大情况下的最优 $d_{ij} = (1/2 \times \alpha \times \beta_2) \times [\alpha \times \beta_1 \times (1 + aci_i^\phi)]$,$an_{i,j}$ 的最大值为 $(1/4 \times \alpha \times \beta_2) \times [\alpha \times \beta_1 \times (1 + aci_i^\phi)]^2$,吸收能力可以表达为知识共享价值 $an_{i,j}$ 的归一化值,表达式为

$$ac_{i,j} = \frac{\alpha \times \beta_1 \times d_{ij} + \alpha \times \beta_1 \times d_{ij} \times aci_i^\phi - \alpha \times \beta_2 \times d_{ij}^2}{\frac{1}{4 \times \alpha \times \beta_2} \times [\alpha \times \beta_1 \times (1 + aci_i^\phi)]^2} \quad (3-6)$$

由式(3-5)可以看出,认知距离与知识共享价值呈现倒 U 形的关系,而对于吸收能力投入则可以使组织在知识空间中选择更多的合作伙伴。当 $d_{ij}=0$ 时,$ac_{i,j}$ 因为没有可供吸收的新知识而为 0。而当吸收能力投入为 0 时,吸收能力也可能因为认知距离的存在而大于 0,这是因为处于相同行业的组织具有共性的知识和较小的认知距离,即便不对吸收能力进行投入也可以吸收合作伙伴的知识。根据式(3-6),可以将知识溢出情形下的吸收能力表达为

$$ac_{i,ek} = \frac{\alpha \times \beta_1 \times d_{iek} + \alpha \times \beta_1 \times d_{iek} \times aci_i^\phi - \alpha \times \beta_2 \times d_{iek}^2}{\frac{1}{4 \times \alpha \times \beta_2} \times [\alpha \times \beta_1 \times (1 + aci_i^\phi)]^2} \quad (3-7)$$

知识扩散情形中的吸收能力与知识溢出情形中的吸收能力的唯一区别在于认知距离 d_{ij} 和 d_{iek}。

3.2.3 知识生成规则

组织 i 在 t 期的知识存量（k_{it}）既取决于自身研发投入的回报 $[(rdi_i^t)^\partial$，∂ 为创造性 RD 的回报率，$\partial \in (0, 1)]$，也取决于知识扩散和知识溢出获取的知识。知识扩散中获取的知识即组织 i 在合作中通过吸收能力（$ac_{i,j}^t$）对合作对象知识投入（rdi_j^t）的知识获取部分 $[(\delta_c \times ac_{i,j}^t \times rdi_j^t$，$\delta_c$ 为知识扩散系数，$\delta_c \in (0, 1)]$，它与组织之间的联系强度呈正比，表现为 $\varepsilon \times link$。知识溢出即组织 i 获取的来自于合作对象或者非合作对象的非自愿的、无意识的知识流出，它在组织 i 的知识生成取决于知识溢出（ek_i^t）和相应的吸收能力（$ac_{i,ek}^t$）。因此，知识生成为

$$k_i^t = (rdi_i^t)^\partial + ac_{i,j}^t \times \delta_c \times rdi_j^t + ac_{i,ek}^t \times ek_i^t \quad (3-8)$$

知识溢出（ek_i^t）是组织 i 的潜在知识获取对象集合 H_i 的研发投入之和与知识溢出系数 $[\delta_n, \delta_n \in (0, 1)]$ 的乘积，δ_n 反映了技术领域整体的非排他性，受到专利体系或内部知识产权保护体系有效性的影响。ek_i^t 表达为

$$ek_i^t = \delta_n \times \sum_{h \in H_i} rdi_h \quad (3-9)$$

因此，处于知识空间中心地位的组织比处于边缘地位的组织拥有更多的溢出获取途径。由于知识溢出产生的知识增量小于知识扩散的知识增量，因此 $1 > \delta_c > \delta_n > 0$，$\delta_c + \delta_n$ 反映为组织 i 外部知识获取系数。

3.2.4 创新与利润生成规则

由于组织在知识空间中的演化取决于学习和创新两个方面，学习来自于知识扩散中获得的知识，依据 Cowan 和 Jonard（2004）[246]，知识增量是知识势差和扩散系数的乘积，反映于知识存量 v_i 的变量。知识势差在二维知识空间可表示为两点坐标的距离，而扩散系数为 $\varepsilon \times link$。因此，知识存量的下一期值可以表示为

$$v_{i1}^{t+1} = \sqrt{(v_{i1} - v_{j1})^2 + (v_{i2} - v_{j2})^2} \times \varepsilon \times link + v_{i1}^t$$
$$v_{i2}^{t+1} = \sqrt{(v_{i1} - v_{j1})^2 + (v_{i2} - v_{j2})^2} \times \varepsilon \times link + v_{i2}^t \quad (3-10)$$

从创新推动组织在知识空间的演化来看，成功的探索式创新会对知识可

吸收范围内的组织产生重新定位的效应。利用式创新只是对技术现状起到维持和更新的作用，从而只影响组织的创新收益或者利润，而探索式创新则通常会引起技术范式的转变从而带动组织在知识空间的位置的改变。这种重新定位的影响取决于知识可吸收范围内组织获得的知识溢出，表达为

$$v_{h1}^{t+1} = v_{h1}^{t} + \delta_n \times d_{ih}^{t}$$
$$v_{h2}^{t+1} = v_{h2}^{t} + \delta_n \times d_{ih}^{t}$$
(3-11)

利用式创新作用于提升组织的竞争优势，可定义为组织 i 对生成知识的收益占有，因此与生成知识的投入成正比；同时，如果生成的知识来自于合作，组织能占有的收益又会与合作伙伴在知识扩散中获取的知识成反比，因此，利用式创新的利润可以表达为

$$\prod_i^{利用} = \begin{cases} \dfrac{(k_i^t)^{cooperation}}{1 + \lambda \times \sqrt{(v_{i1} - v_{j1})^2 + (v_{i2} - v_{j2})^2} \times \varepsilon \times link} & 组织\,i\,与组织\,j\,合作, i \neq j \\ (k_i^t)^{alone} & 组织\,i\,没有合作, 即\,i = j \end{cases}$$
(3-12)

其中，λ 为避免量纲不统一而设置的比例系数，它可以调节合作伙伴在知识扩散中获取的知识值的大小，使其不至于过大而影响利润值。对于探索式创新的利润，由于其为随机发生且不频繁，因此其利润函数与利用式创新的区别在于加入二元变量对收益确定性进行调整，表达为

$$\prod_i^{探索} = \theta \times \prod_i$$
(3-13)

其中，θ 为 0-1 二元变量，1 代表创新成功，0 代表创新失败，在仿真中，逐期随机将 θ 赋值为 1。

3.3　Matlab 仿真分析

本部分对前述模型进行仿真，首先讨论优化规则，然后说明仿真过程，最后给出仿真结果的分析。

3.3.1　优化规则

组织需在每期对创新投入的比重 ρ_i^t 进行决策，均衡投资于吸收能力的利润

边际产出和投资于创新投入的利润边际产出，使其相等，即

$$\frac{d\prod_i}{daci_i} = \frac{d\prod_i}{drdi_i} \tag{3-14}$$

式（3-14）的含义在于组织在最大化知识生成量的目的下，必须权衡研发预算在自身知识创造上的投入和吸收能力上的投入比例：如果投入于吸收能力的边际回报高于投资于自身研发的边际回报，组织会追加对吸收能力的投入；当投入于自身研发的边际回报高于投资于吸收能力的边际回报，组织会追加自身研发的投入，而均衡状态即是二者回报相等的情形，即组织无法在已有的研发预算水平下做出更高回报的决策。

每个组织在每期都会对所有潜在合作者的p_i^t进行基于预期的判断，然后得到合作和非合作情况下知识的生成量k_i，再通过式（3-12）求出利润最大化时应选择的合作对象。由于需要优化的微分方程复杂度高、非线性强，并存在多局域最小值，解决合作和非合作情况下的优化问题需要探索式优化技术。本研究选取差分演化算法（Differential Evolution，DE），它是由Storn等人于1995年提出的。DE是一种模拟生物进化的随机模型，主要用于求解连续变量的全局优化问题，具有较强的全局收敛能力和鲁棒性，且不需要借助问题的特征信息，适于求解一些利用常规的数学规划方法无法求解的复杂环境中的优化问题。其主要工作步骤与其他进化算法基本一致，主要包括变异（Mutation）、交叉（Crossover）、选择（Selection）三种操作：算法的基本思想是从某一随机产生的初始群体开始，利用从种群中随机选取的两个个体的差向量作为第三个个体的随机变化源，将差向量加权后按照一定的规则与第三个个体求和而产生变异个体，该操作称为变异；然后，变异个体与某个预先决定的目标个体进行参数混合，生成试验个体，这一过程称为交叉；如果试验个体的适应度值优于目标个体的适应度值，则在下一代中试验个体取代目标个体，否则目标个体仍保存下来，该操作称为选择；在每一代的进化过程中，每一个体矢量作为一次目标个体，算法通过不断地迭代计算，保留优良个体，淘汰劣质个体，引导搜索过程向全局最优解逼近[247]。

3.3.2 仿真过程

因为现有研究多将网络规模设置为60~120，如禹献云等人（2013）[196]

和 Savin 和 Egbetokum（2016）[170]，在仿真中将网络节点数量设置为 100。在每一期模拟开始时，100 个企业将会给予一个固定的 R&D 预算，然后被随机分配于 [0, 1] * [0, 1] 的知识空间。合作研发模式的决策依据是合作双方的合作研发利润均大于其自身独立研发时的利润。独立研发一般基于以下两种情况：①组织与其他组织认知距离很大，超过了认知半径；②组织自身研发投入很高，而认知半径内组织研发投入较低，可吸收知识量很小。需要说明的是，认知距离 d 的取值范围是根据式（3-6）和式（3-7）得到的，d 的取值范围是 [0, 0.15]。网络的断连源于探索式创新对技术边界的推动或利润的变化使原来的合作关系在下一期中止。

因为仿真得出的实验数据是具有相对意义而非绝对意义的数据，因此，从 LCET-CN 和传统技术导向型研发网络的对比分析来揭示涌现性质。两者的主要差异在于知识扩散系数 δ_c 和知识溢出系数 δ_n。较大的 δ_c 和较小的 δ_n 说明由于技术不成熟，知识缄默性程度高，网络中组织知识交换的意愿较强，知识扩散程度高而知识溢出较少[248]。在 LCET-CN 中，低碳能源技术具有前沿性和探索性，使得缄默知识产生和转移的频率较高，知识扩散程度较高（较大的 δ_c）；而技术的新兴性使网络中的知识存量水平整体偏低，知识溢出程度较低（较小的 δ_n）。而较小的 δ_c 和较大的 δ_n 则说明技术发展到一定阶段，由于知识编码化的程度已提高，组织倾向于内部技术潜力的挖掘，行业知识溢出也较多[249]，传统技术导向型研发网络中较低的知识扩散倾向（较小的 δ_c）和较高的搭便车程度（较大的 δ_n）偏向于这种情况。此外，调整 δ_c 和 δ_n 是基于这两个参数对网络连接机制影响考虑的，而网络中的其他参数设置是用于提高模型收敛性，其本身不具有指示意义。为保证结果的稳健性，对两种情况进行仿真：①固定 δ_c 为 0.3，设置 δ_n 的步长为 0.005；②固定 δ_n 为 0.05，设置 δ_c 的步长为 0.05。分别对两种情况下的 15 种和 17 种 δ_c、δ_n 的组合进行仿真，每种组合仿真 10 次，每次运行 200 期，且删除每次运行的前 100 期数据来排除初始参数设置的影响。仿真步骤如图 3-2 所示，初始参数设置如表 3-1 所示。

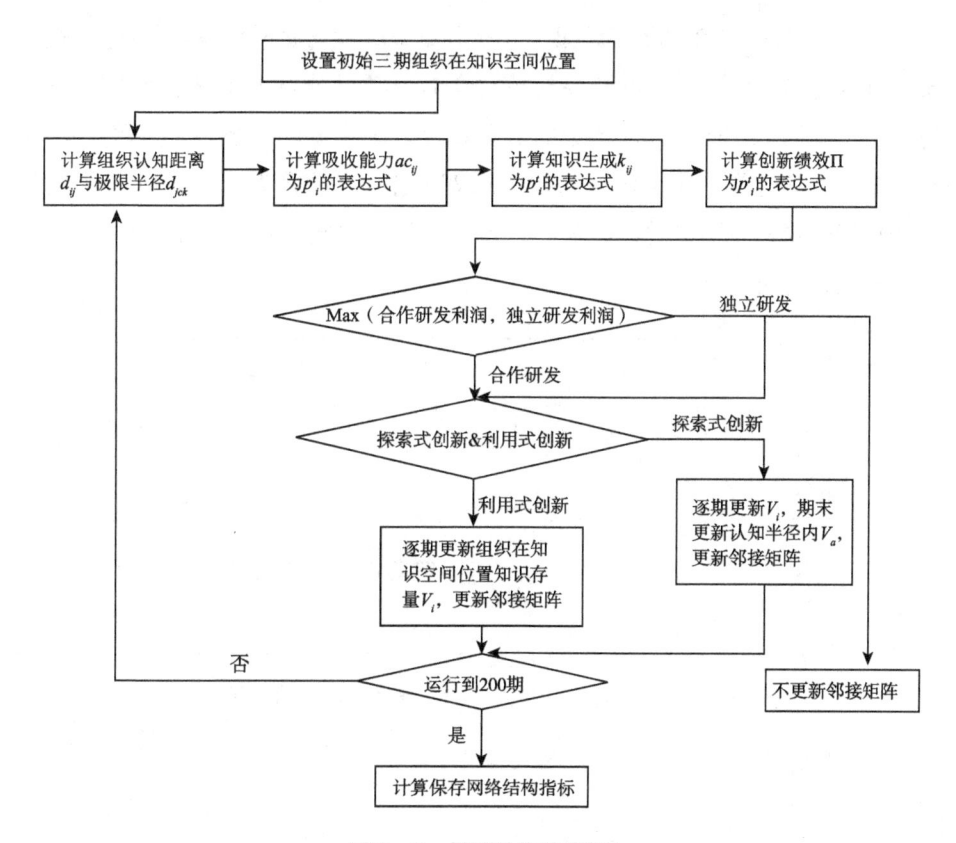

图 3-2 模型仿真流程图

表 3-1 仿真模型中的参数设定

参数名称	符号	设定值
研发预算	RD_i	10
认知距离带来的新颖性价值系数	α	$\sqrt{2}/50$
不存在合作时组织的理解能力	β_1	$\sqrt{2}/40$
合作后认知距离对理解能力的削减系数	β_2	1
自身研发投入的回报率	∂	0.5
吸收能力投入的递减边际收益率	ϕ	0.5
比例系数	λ	0.1
知识扩散系数	δ_c	[0.1, 0.9]
知识溢出系数	δ_n	[0.03, 0.1]
认知距离的前三期赋值	d	[0, 0.15]
知识扩散系数与关系强度的比例系数	ε	0.1
弱、中、强的关系强度	$link$	[0.2, 0.5, 0.7]

65

图 3-3 反映了在第 3 期、第 100 期和第 200 期仿真时组织的知识空间分布。可以看出,代表组织的点在初始状态时是随机分布于知识空间内的;在仿真运行到第 100 期时,大部分的点呈现出一定程度的聚集性,少数点运动到知识空间的边缘;而当仿真期数达到 200 时,点的聚集特性更加明显,这种变化符合现实中网络的演化规律,说明本研究中对于网络生成规则的建模和参数的设置是合理的。

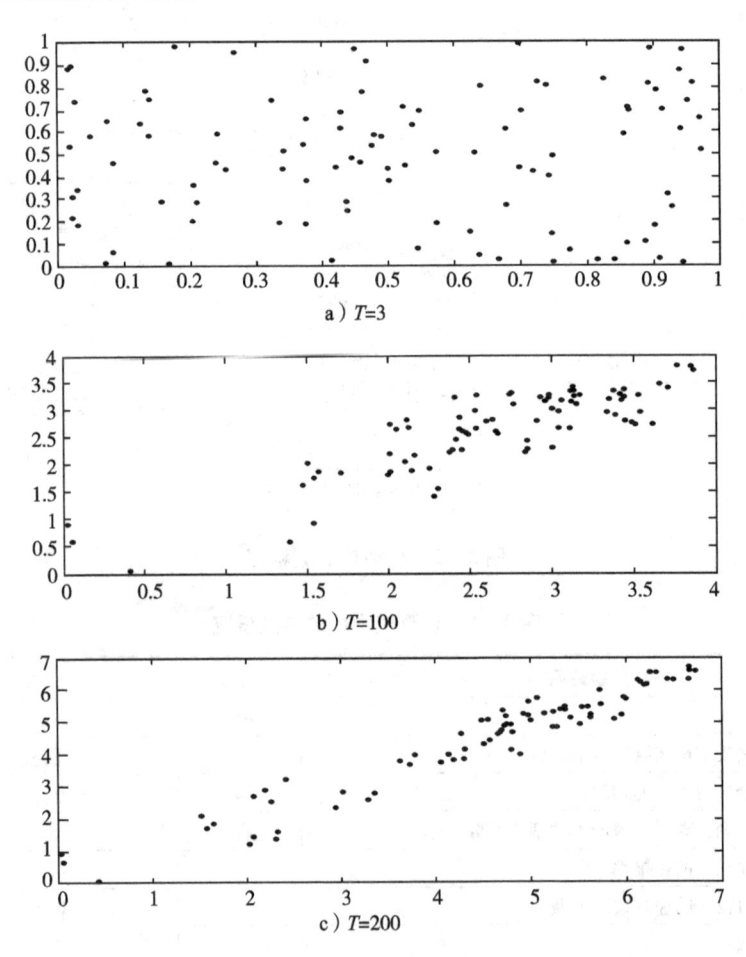

a) $T=3$

b) $T=100$

c) $T=200$

图 3-3　组织在知识空间分布图

注:图 3-3a、图 3-3b、图 3-3c 分别表示第 3 期、第 100 期、第 200 期的知识空间图。

3.3.3 仿真结果

仿真的目的在于揭示研发决策优化模型生成的网络的涌现性质,包括网络整体性质和组织层面的性质,前者是对拓扑结构的分析,后者是对组织嵌入网络结构效应的分析。

首先,对研发网络的集聚系数和特征途径长度进行分析。这两个指标是网络小世界性的判断依据[189];其中,特征途径长度为连接任何两个点之间最短途径的平均长度。从图3-4可以看出:当固定δ_n(见图a和图b)或δ_c(见图c和图d)时,生成网络的集聚系数均明显高于同等规模(相同节点和连线数)的随机网络,特征途径长度则在两类网络中相当,说明生成的研发网络具有小世界性[189],且考虑二类指标在5%和95%分位数上的值也不影响结论的稳健性;同时,可以发现集聚系数在传统技术导向型研发网络(δ_n较大或δ_c较小)中高于LCET-CN(δ_n较小或δ_c较大),这验证了Rowley等人(2000)[95]的经验发现,即在传统技术导向型研发网络中三角结构所反映的集聚性更有助于组织的技术挖掘,其网络的传递性会高于新兴技术研发网络。

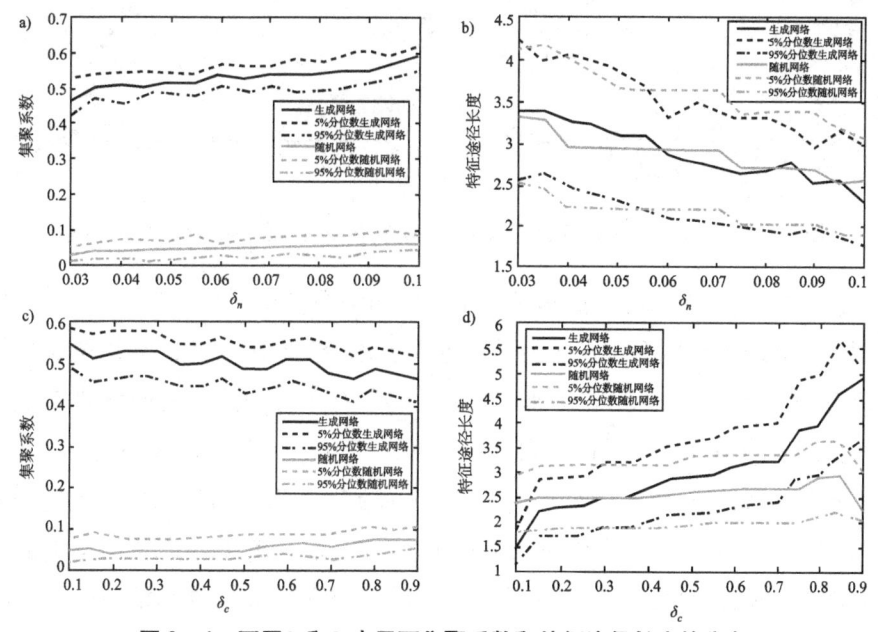

图3-4 不同δ_n和δ_c水平下集聚系数和特征途径长度的分布

注:实线代表10次仿真结果的中位数,虚线代表仿真结果的5%和95%分位数值。

虽然有文献指出无标度网络属于小世界网络，但两者在集聚系数与随机网络的差异程度、网络构造的动态和静态性、度分布、"核心节点"、社区结构特征上存在显著差异[250]，因此通过节点中心度的幂分布检验来进一步判断生成的研发网络是否具有无标度特征。具体而言，将节点中心度和其在网络中的排序在双对数坐标下进行统计分析，利用最小二乘法回归判断系数的显著性（见表3-2），并结合图形分析拟合曲线是否符合幂律分布（见图3-5）[251]。

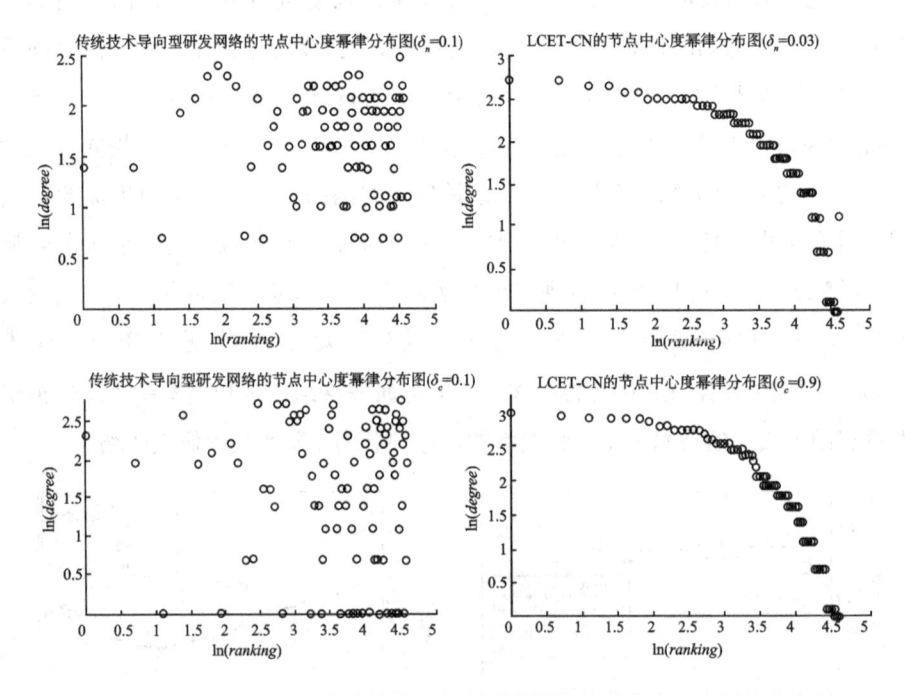

图3-5 LCET-CN和传统技术导向型研发网络的节点中心度幂律分布图

由表3-2可知，传统技术导向型研发网络中（$\delta_n = 0.1$ 和 $\delta_c = 0.1$），节点度数与其排序对数的OLS回归系数均不显著，结合图3-5的传统技术导向型研发网络节点中心度幂律分布图可知，传统技术导向型研发网络并未体现出无标度网络特征。相反的，表3-2 LCET-CN中（$\delta_n = 0.03$ 和 $\delta_c = 0.9$），ln（ranking）的回归系数均为负，且在1%的显著水平下通过系数 t 检验；模型拟合优度均高于0.8，F值也在1%的水平下显著；图3-5的散点图也呈现出厚尾的幂律分布特征，因此可以判断LCET-CN为无标度网络。从而验证了Savin和Egbetokun（2016）[170]的研究结论，说明在LCET-CN中，由于学习效应和探索式创新的发生，组织在知识空间的重新布局时有发生，驱使组织建立较多的合作关系，带来较高的度数；同时 LCET-CN 中技术研发不确定性程度高，组织为适应动态的技术环境更新合作对象的比率也高于传统技术导向型研发网络，限制了具有较高度数组织的数量，形成了少数节点拥有大量连接的无标度网络特征。

表 3-2 生成网络节点中心度及其排序的双对数 OLS 回归结果

	传统技术导向型研发网络		LCET-CN	
	$\delta_n = 0.1$	$\delta_c = 0.1$	$\delta_n = 0.03$	$\delta_c = 0.9$
C	0.02	0.04	-0.82**	-0.85***
R^2	0.002	0.0013	0.8854	0.8706
F	2.87	2.57	601.71	583.99

注：C 为系数值；R^2 为调整后 R^2；F 为 F 统计值。

进一步，绘制出两类网络合作企业比例随时间变化的趋势图（见图 3-6），可以看出，LCET-CN 的组织合作比例虽高于传统技术导向型研发网络的组织合作比例，但却呈现出更大的波动性，验证了上文对 LCET-CN 无标度网络特征的解释。

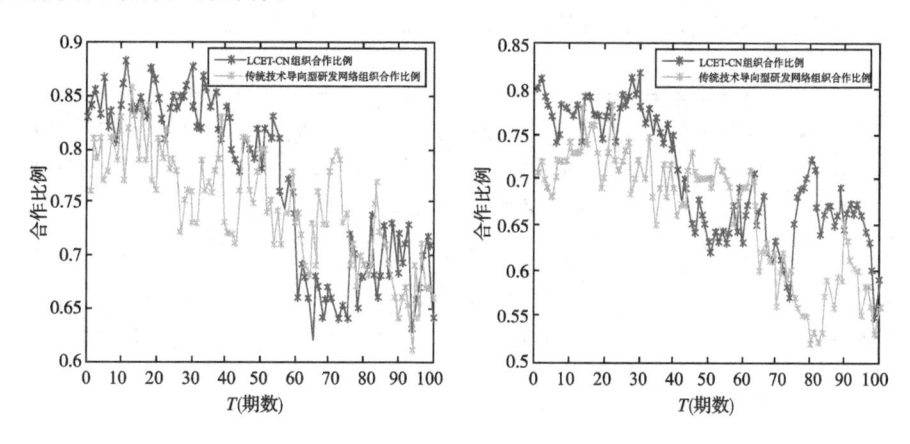

图 3-6 LCET-CN 和传统技术导向型研发网络中合作企业比例变化

注：左图以 δ_n 为产业划分依据，右图以 δ_c 为产业划分依据。

除了网络整体特征，组织嵌入网络的结构效应也是分析涌现性质的重要维度，而通过不同 δ_n 和 δ_c 组合的设定也使组织嵌入网络结构特征的效应，即反映为利润的创新绩效在 LCET-CN 和传统技术导向型研发网络中的比较分析具有价值。

首先分析组织所嵌入的研发网络的整体特征指标（密度和集聚系数）与创新绩效的关系。结果显示为创新绩效与整体特征指标的相关系数在每种δ_n和δ_c组合下10次仿真的中位数（实线）和5%、95%分位数值（虚线）（见图3-7），系数值均通过t检验以保证其在1%水平下的显著性。从图3-7a、b来看，在不同的知识扩散水平δ_c或知识溢出水平δ_n下，集聚系数与创新绩效在LCET-CN（δ_n较小或δ_c较大）和传统技术导向型研发网络（δ_n较大或δ_c较小）中均呈现出正相关关系，而中间地带的相关性却不显著异于0。从图3-7c、d来看，密度与创新绩效的相关系数整体低于集聚系数与创新绩效的相关系数，但趋势相同。说明无论是对于LCET-CN还是传统技术导向型研发网络，较高密度和聚集性的网络都是有利的结构。

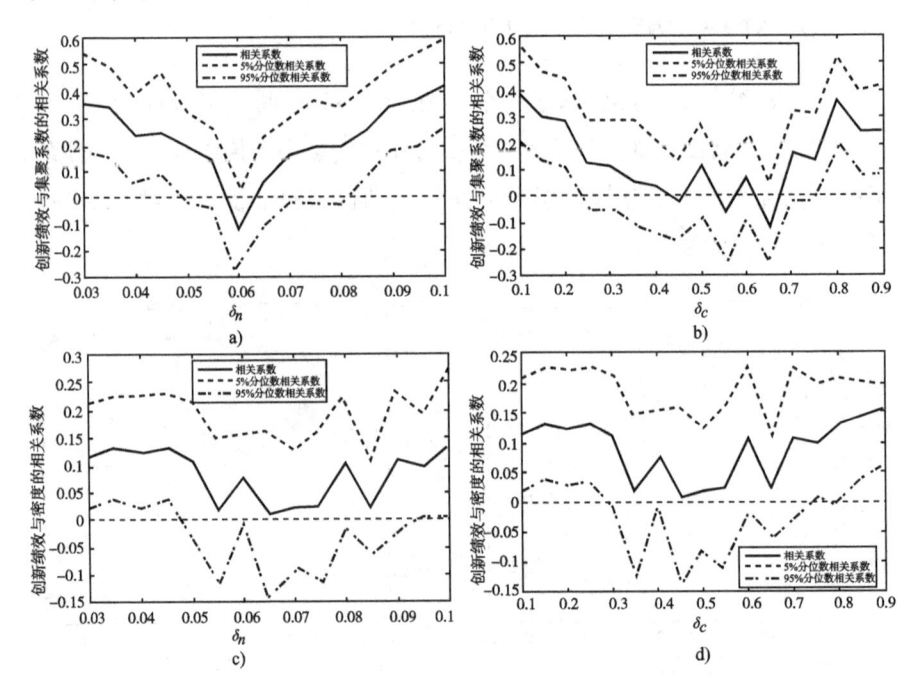

图3-7 不同δ_n和δ_c水平下组织嵌入网络的整体特征与创新绩效的相关性

注：实线代表10次仿真结果的中位数，虚线代表仿真结果5%和95%分位数值。

接下来分析组织嵌入网络的位置与创新绩效关系的涌现性质。图3-8列出了当知识扩散系数δ_c或知识溢出系数δ_n变化时创新绩效与度数中心度以及中间中心度的关系；由图3-8a、b可以看出，在δ_c和δ_n的各个水平下，创新绩效与度数中心度的相关性均为正，而LCET-CN（δ_n较小或δ_c较大）中的相关系数高于传统技术导向型研发网络（δ_n较大或δ_c较小）中相关系数；图3-8c、d所反映的趋势与图3-8a、b相似，区别在于创新绩效与中间中心度的整体相关性均低于其与度数中心度的相关性。由此看出网络位置所带来的优势在LCET-CN中更为显著，这可以解释为传统技术导向型研发网络中知识编码化程度较高且更易获取，占据结构洞或核心位置体现为一种非效率[252]。

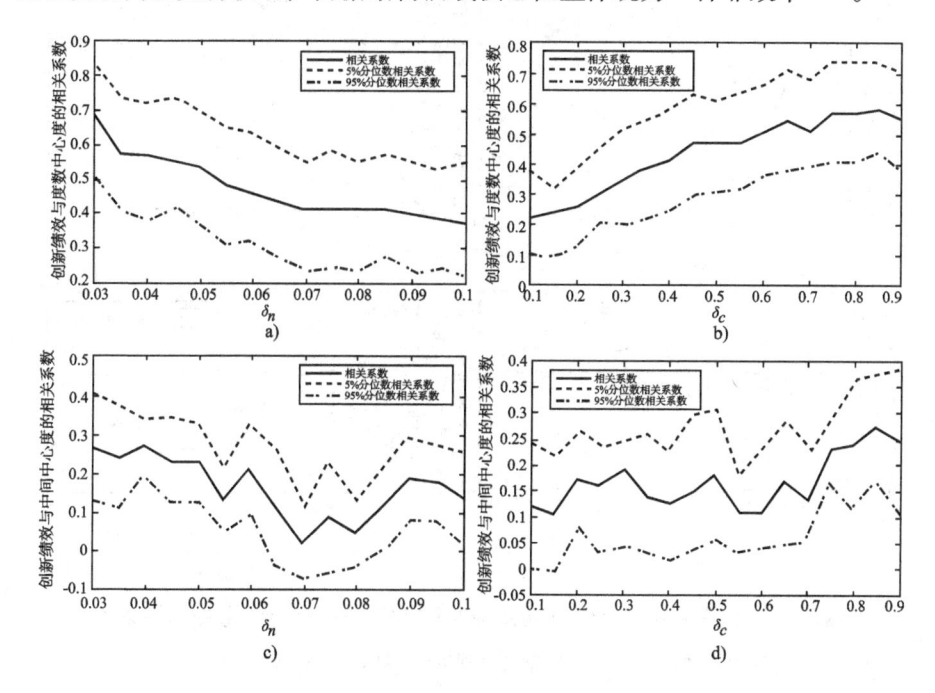

图3-8 不同δ_n和δ_c水平下组织嵌入网络位置与创新绩效的相关性

注：实线代表10次仿真结果的中位数，虚线代表仿真结果5%和95%分位数值。

最后，组织嵌入网络的合作伙伴关系特征作为决定吸收能力和利润的重要变量，也是考察生成网络涌现属性的重要维度。图3-9列出了当知识扩散系数δ_c或知识溢出系数δ_n变化时创新绩效与关系强度 link 以及认知距离d_{ij}的关系：由图3-9a、b可以看出，在δ_c和δ_n的各个水平下，创新绩效与关系强度的相关性均为正，而LCET-CN（δ_n较小或δ_c较大）中的相关系数高于传统技术导向型研发网络（δ_n较大或δ_c较小）中的相关系数，由于关系强度在本模型中是由合作次数衡量的，实验结果说明对于技术复杂程度很高的LCET-CN，合作频度的提高更有利于缄默知识的吸收。从图3-9c、d可以看出，创新绩效与认知距离的相关系数在LCET-CN（δ_n较小或δ_c较大）中显著为负，而在传统技术导向型研发网络（δ_n 较大或 δ_c 较小）中，创新绩效与认知距离的相关系数接近 0，验证了 Gilsing 等人（2008）[97] 对于认知距离与创新绩效的负向线性关系结论，同时说明这种负向关系在 LCET-CN 中较为明显，可能的解释在于较大的认知距离对组织吸收能力的负面影响在 LCET-CN 中更大。

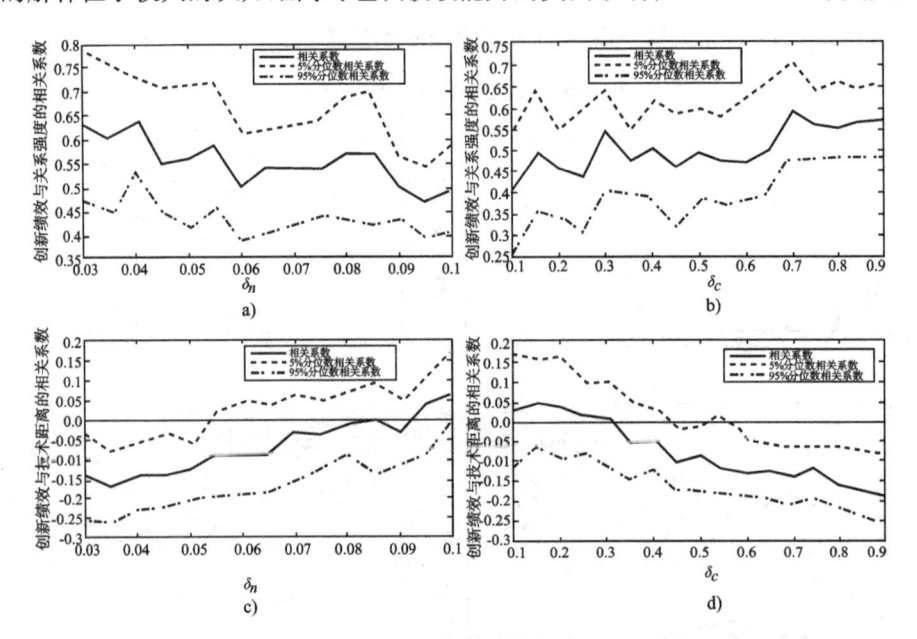

图 3-9 不同 δ_n 和 δ_c 水平下组织嵌入网络关系特征与创新绩效的相关性

注：实线代表 10 次仿真结果的中位数，虚线代表仿真结果 5% 和 95% 分位数值。

综上所述，按照优化规则生成的研发网络整体上具有小世界网络的特性，且对以知识扩散和知识溢出水平为依据划分的不同网络类型具有稳健性。无标度网络特征只反映于 LCET-CN 中，而没有体现在传统技术导向型研发网络中；说明在 LCET-CN 中，较大的技术波动性和较高的组织在知识空间的重新布局频率驱使组织建立较多的合作关系，带来较高的度数；同时，新兴技术研发网络中，技术研发不确定性程度高，组织为适应动态的技术环境更新合作对象的比率也高于传统技术导向型研发网络，限制了具有较高度数组织的数量，形成了少数节点拥有大量连接的无标度网络特征。从组织嵌入网络结构的涌现性质来看，无论是对新兴产业还是对传统技术导向型研发网络而言，组织嵌入网络的密度和集聚系数越高越有利于提高创新绩效；组织占据结构洞位置和拥有较多的直接联系与创新绩效正向相关，且这种正向影响在 LCET-CN 中更为显著；组织嵌入网络的关系强度和认知距离也通过吸收能力分别在正向和负向上影响创新绩效，且在 LCET-CN 中的影响程度高于传统技术导向型研发网络中的影响程度。

3.4 本章小结

本章在揭示 LCET-CN 中组织间合作的动力机制和随时间演化的涌现状态的目标下，首先，从复杂适应系统理论论述 LCET-CN 的四大复杂适应系统特征（聚集性、非线性、流、多样性）以及三大复杂适应系统机制（标识、内部模型、积木），从而说明基于 Agent 的模型对本系统的适用性和针对性。其次，运用知识扩散和吸收能力的相关原理生成研发投入规则、知识吸收规则、知识生成规则和创新与利润生成规则用于揭示组织间合作的动力机制，并在此基础上构建了基于复杂网络的多 Agent 模型，该模型的实质是将网络连接机制转化为一个动态优化模型。接下来，利用 Matlab 的差分演化算法对优化模型求解并模拟仿真。最后，通过对仿真数据的统计分析揭示生成网络在网络整体和组织层面的涌现属性。结果表明：在以知识扩散和知识溢出系数为依据的划分下，LCET-CN 和传统技术导向型研发网络都具有小世界网络的特性，而无标度网络特征只体现于 LCET-CN 中；组织嵌入较高密度或集聚系数的网络有利于提高创新绩效，组织占据网络中心位置和结构洞位置，或与合作伙伴建立较大关系强度的合作会对创新绩效带来正面的影响，这种影响在 LCET-CN 中较为显著，认知距离对创新回报的负向线性影响只存在于 LCET-CN 中；而涌现属性的对比可以得出研发网络的社会网络结构效应在 LCET-CN 和传统技术导向型研发网络中存在影响程度和方向上的区别，因此也构成了具有分析意义的视角。接下来的章节将从经验事实层面对仿真的结论进行佐证和拓展，包括一方面从联合申请专利数据构建 LCET-CN，分析研发网络在整体网、行动者位置、合作关系三个层面上的演化特性，另一方面实证分析三层次结构特征对两类技术创新的独立的、交互的及非线性的影响。

第4章 低碳能源技术研发网络的演化分析

第3章对 LCET-CN 中的合作动力机制和涌现属性进行了分析,从理论上说明了 LCET-CN 为什么出现以及三重社会网络结构在 LCET-CN 中的重要意义。本章从经验事实分析的角度来揭示 LCET-CN 如何发展,即 LCET-CN 在三重社会网络结构上具有的演变特征,这不仅是通过经验数据对基于仿真数据的 LCET-CN 复杂网络特征推断的验证,也可以加深利益相关者和政策制定者对网络的整体特征、中心行动者以及合作关系变化的内在要求的了解,从而能准确评估 LCET-CN 的发展阶段,制定针对不同行动者的区别化的激励政策,强化组织针对合作关系演变控制的相关能力培育。同时,对于企业而言,研究 LCET-CN 的构建和演化也有利于企业判断潜在的合作伙伴,了解低碳能源技术的发展趋势,形成创新的网络观。

4.1 研发网络的构建

本章基于经验数据对 LCET-CN 进行分析,演化特征分析的准备工作包括:数据获取、数据整理、样本统计、研发网络构建和方法的阐释。

4.1.1 数据来源

用于研发网络构建的常用数据包括:针对企业间战略性创新联盟的美国 SDC Platinum 数据库中的联盟数据[253]、针对技术交易的技术许可备案数据库(The Cooperative Agreements and Technology Indicators Databases,CATI)[254]以及针对组织间合作创新产出的联合专利申请数据[64,174,255]。通过对比数据库特征发现,联合专利申请数据具有更高的数据可得性。同时,相对于调研数据来说,联合申请专利数据更好地反映了企业参与到研发网络并转化为创新绩效的时间滞后性。基于上述优势,本研究选取联合申请专利数据作为构建研发网络的数据来源。

具体的联合申请专利数据获取，是通过国内首家专利电子商务平台——佰腾网来实现的❶。佰腾平台是我国工业和信息化部认定的"国家中小企业公共服务示范平台"和国家知识产权局认定的"全国知识产权服务品牌机构"，历经6年发展，已成为国内应用范围最广、功能最全的专利信息应用平台，为用户提供专利申请、搜索、专利预警、专利管理等一系列服务。选取佰腾平台进行专利检索具有数据来源的权威性以及检索内容的全面及时性。需要说明的是，本研究并没有将现有文献中常用的检索渠道"国家重点产业专利信息服务平台"作为主要数据来源，一方面是因为通过对技术代码检索后的合作专利数据比较可以看出，佰腾平台的数据集合相比"国家重点产业专利信息服务平台"涵盖更多的样本；另一方面则是因为通过佰腾平台高级检索功能可以获得包括专利号、名称、申请日期、分类号、申请权人、摘要等多组相关数据，便于对相关字段提取信息进行数据处理。

低碳能源技术专利代码的确定是以联合国知识产权组织（WIPO）公布的国际专利分类绿色清单（IPC）中的关于节能减排技术部分的专利代码为标准，并借鉴Albino等人（2014）[2]的研究对其进行分类整理而得到的，相关专利代码见附录。

4.1.2 数据整理与样本统计

数据整理的步骤如下：

1. 检索下载专利

通过佰腾网高级检索界面逐一输入低碳能源技术的专利代码（见附录），下载每个IPC代码所包括的所有专利数据，生成表4-1中包括非可再生能源、可再生能源和储能节能技术三个大类的19个子类下的专利总量数据。其中，机械能利用、海洋能和核能燃料三种技术子类未能检索到专利。

2. 筛选出合作专利数据

通过专利数据观察发现联合申请的专利具有共同特点："申请（专利权）人"列中均含有";"字符，用来作为不同申请人之间的分隔符号。因此，利

---

❶ http://so.baiten.cn/

用字符串函数对含有";"的专利条目进行筛选,可统计生成每个技术类别下的联合申请专利数据,生成表4-1中的合作专利数量。

3. 样本初筛

依据现有文献的筛除标准,对具有下列几种特征的专利进行样本删除:

1)移除具有个人与个人、个人与组织联合申请专利的条目,仅保留组织与组织间的专利条目[256]。

2)如果专利中申请权人仅包含母子关系组织,也予以删除,以排除母子机构因业绩需要、成本分担等非创新驱动因素的影响。

3)删除外资企业合作申请的专利。

条件筛选后的合作专利数量如表4-1中第六列"组织对组织专利量"所示。

表4-1 LCET-CN 的样本统计

技术大类	技术子类	专利总量	合作专利数量	合作专利占比(%)	组织对组织专利量	组织间专利占合作专利之比(%)	机构数	合并标识	合并后机构数
储能节能技术	机械能利用	N	N	N	N	N	N	N	N
	低碳建筑	66032	3335	5.13	219	6.57	46	1	46
	绿色照明	3668	1098	30.00	79	7.19	27	2	27
	电能保存	4399	491	11.25	68	13.85	23	3	80
	热能储存	6299	48	0.80	35	72.92	15	3	80
	电耗测量	20701	9645	46.6	132	1.30	28	—	—
可再生能源	太阳能	34765	2373	6.81	88	3.71	66	4	71
	风能	23609	2674	11.32	130	4.86	58	5	58
	地热能	14319	1084	7.60	103	9.50	16	—	—
	水能	15539	1078	6.98	50	4.64	15	—	—
	海洋能	54	N	N	N	N	N	N	N
非可再生能源	生物燃料	32425	3149	9.76	189	6.00	42	6	74
	生物质能	1600	363	22.71	85	23.42	32	6	74
	整体煤气化联合循环发电	2292	132	5.82	70	53.03	22	3	80
	垃圾发电	30934	2823	9.16	191	6.77	55	7	95
	废热利用	21195	1755	8.34	103	5.87	20	3	80
	燃料电池	33728	2262	6.76	134	5.92	37	8	41

续表

技术大类	技术子类	专利总量	合作专利数量	合作专利占比（%）	组织对组织专利量	组织间专利占合作专利之比（%）	机构数	合并标识	合并后机构数
非可再生能源	核能燃料	25	N	N	N	N	N	N	N
	核工程	19578	1570	8.02	267	17.01	42	9	42

注：N代表该技术类别下未能检索到专利；组织对组织专利数量为经过筛选后的合作专利数量；组织间专利占合作专利之比为筛选后的组织对组织的专利数量占总合作专利数量的比例；—代表因样本量及合作组织之间关系的考虑，未纳入最终样本考虑的水能、地热能以及电耗测量。

通过对组织间专利的样本进行重复值删除可以得到表4-1中第八列"机构数"，即合作专利中的参与组织个数。由表4-1的"合作专利占比"一列可以看出，合作比例最大的五项低碳能源技术依次为绿色照明、生物质能、风能、电能保存和生物燃料。当删除母子公司、个人与组织、个人与个人合作样本、外资企业合作的样本后（反映于表4-1中的"组织间专利占合作专利之比"列），合作比例最大的五项低碳能源技术变为热能储存、整体煤气化联合循环发电、生物质能、核工程以及电能保存。

图4-1列出了低碳能源技术各个子类逐年的样本数量变化，反映了样本随时间变化的趋势。为方便观察，将子类的样本变化趋势分为五类，分别对应五张子图：

年份趋势类别1反映低碳能源技术中主流的核能、太阳能、生物燃料相关技术的合作数量总体上呈现出稳步增长的趋势，并于2014年达到合作数量的一个峰值，与体现出近年来政策对这些技术扶持力度的持续加大相对应。

年份趋势类别2中风能和燃料电池的逐年合作专利数量较类别1波动较大，其峰值位于2013年，与国家能源局在2013年出台的解决弃风限电问题的政策[1]和促进燃料电池汽车发展并对相关产品提供补贴的政策相对应。

年份趋势类别3反映了绿色照明、电能保存、整体煤气化联合循环发电三类低碳能源技术在各年的合作数量分布不均，也无明显的增长趋势，这与三类技术整体样本量偏小有关。

年份趋势4反映了几类合作专利数量变化趋势较为平缓，增幅较小的低

[1] 参见《中国风能风电行业发展现状分析与市场前景预测报告（2015—2020年）》。

碳能源技术。其中，地热能、损失热能回收技术处于起步的阶段，专利存量和合作专利数量都较小；而电耗测量的技术开发一般是在国家电网与其下属公司内部有合作，合作专利数量也仅在2013年，其时国家能源局对减少线路电量损失提出更高标准，技术开发表现出较大增幅；低碳建筑合作样本的下降可能源于房地产市场近年来的不景气；水能一般由大型国企水力发电站进行研发，多为职务申请，合作专利整体样本量很小。

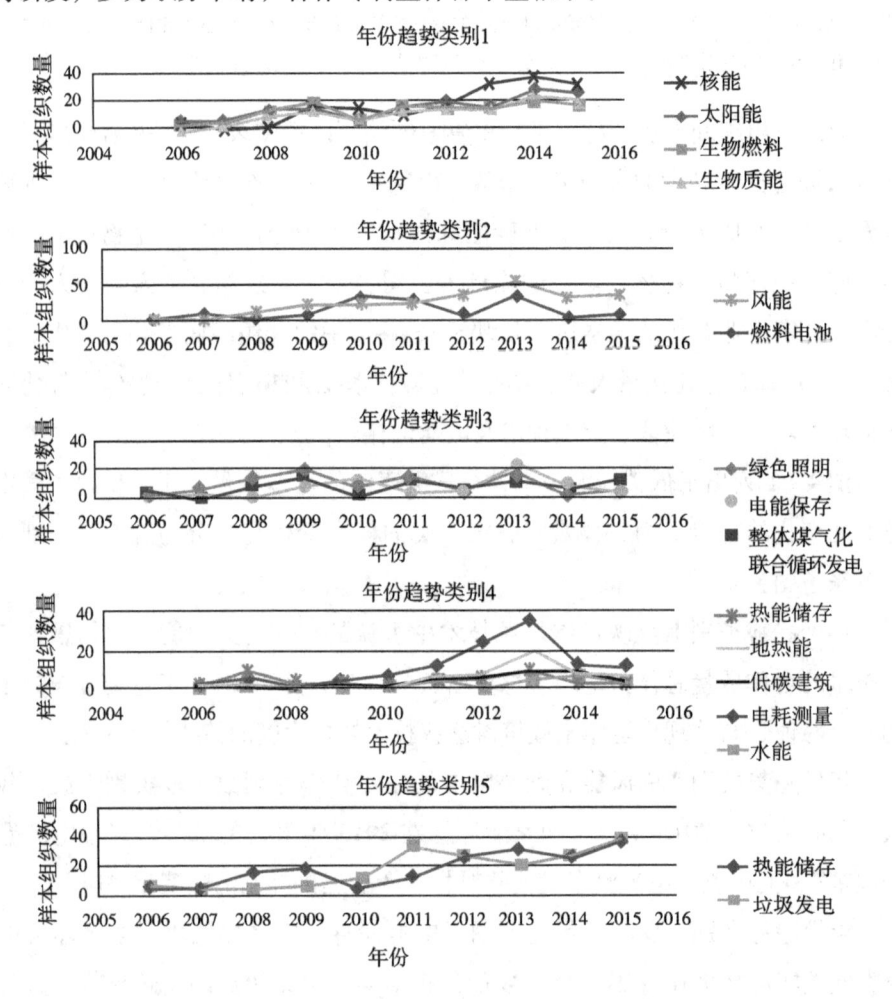

图4-1 低碳能源技术子类样本数量变化趋势图

年份趋势5则反映了两类合作专利数量出现明显上升趋势的技术类别，包含热能储存和垃圾发电技术。垃圾发电技术是减量化、无害化解决我国日益严峻的城市固废问题的关键，政府近年来出台了一系列政策支持垃圾发电产业的发展，如"十二五"规划明确提出了垃圾发电产业具有优先发展地位。热能储存则是企业提高自身效率降低成本的关键举措之一，因此得到了持续的高研发热度。

4. 样本合并

在图4-1中，某些子类别在某些年份样本量为0，为使网络构建具有足够的数据且不损失大量样本，进一步对技术子类进行合并，将技术类别归为九类，并进行标号识别，见表4-1第九列的"合并标识"。合并后的机构数目列于表4-1最后一列，类别合并的依据在于：生物燃料和生物质能的开发组织较为趋同，且存在较多共性技术，因此划分为一类；电能保存、热能储存、整体煤气化联合循环发电、废热利用四类技术都集中在能耗集中行业，其研发目标都着眼于通过现有设备的更新和改造提高能源的使用效率，存在一些相似的技术原理、技术关联和共性，因此予以合并。

同时，将三类技术样本从最终分析中移除，包括水能、地热能和电耗测量：水能和地热能样本合作专利数量较小；电耗测量合作专利的合作方组织通常是国家电网与其下属机构，降低了数据的分析价值。

4.1.3 研发网络的构建方法

对研发网络的构建主要包括以下个部分：

将九个子类的联合申请专利逐一生成包含所有年份的邻接矩阵，即以专利号为列、组织名称为行形成事件-行动者矩阵，邻接矩阵是生成研发网络的基础。图4-2显示了研发网络生成的机理。图4-2a反映了企业联合申请专利的情况，即生成事件-行动者矩阵的基础；图4-2b反映了由4-2a转化而来的研发网络，其中节点代表组织，连边代表合作关系，连边的赋值为合作的次数。

分析数据发现，大多数组织的合作专利申请起始年份在2006年，因此，本研究将数据区间定为2006—2015年。由于专利合作关系具有时间上的连续性，国内外相关文献中通常以3~5年为窗口期[94,257]，考虑到低碳能源技术的新兴性，整体样本量相对于成熟行业偏少，因此选取5年为时间窗口，以$t-2$年、$t-1$年、t年、$t+1$年、$t+2$年数据生成t年的邻接矩阵，其中须对相应年份数据进行筛选并合并重叠的组织。

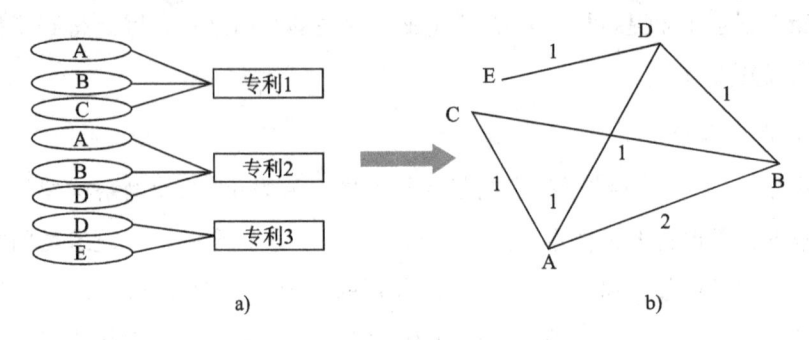

图 4-2 基于联合申请专利的网络生成

2006 年和 2007 年样本数据很少，因此将 2006 年和 2007 年数据合并为一年，从而由 2006—2011 年的数据生成 2009 年的研发网络，由 2008—2012 年的数据生成 2010 年的网络，由 2009—2013 年的数据生成 2011 年的网络，由 2010—2014 年的数据生成 2012 年的网络，由 2011—2015 年的数据生成 2013 年的网络。

4.1.4 社会网络分析软件 UCINET 的运用

本研究采用 UCINET 软件进行研发网络分析。该软件是由加州大学尔湾分校的网络分析者编写的，并由以 Borgatti、Everett、Freeman 组成的团队进行更新和拓展；UCINET 不仅可以以矩阵运算和图论为基础对社会网络进行一系列的量化运算，包括中心性分析、凝聚子群分析、角色分析和结构对等性等典型分析，还可以通过 NetDraw、Maga、Pajek 分别进行一维与二维数据、三维数据、大型网络数据的可视化分析。UCINET 是菜单驱动（menu-driver）的 Windows 驱动程序，矩阵分析功能强大，使用便利，已成为学界最流行的社会网络分析软件[258]。

在运用 UCINET 进行创新网络的相关研究中，现有研究集中在两类：第一类是运用 UCINET 计算网络的相应指标作为关键变量进行计量模型的分析，例如 Padula（2008）[201] 通过 UCINET 的 Concor 程序和中心性分析中的中间中心性指标，分析美国移动电话产业中凝聚子群及中介位置对创新产出的影响；Bellamy 等人（2014）[259] 则通过 UCINET 对供应链网络的可达性和关联度特性进行测度，指出供应链网络的可达性和关联度不仅产生交互作用，并分别在吸收能力、供应链合作伙伴创新能力的调节下作用于企业的创新绩效；赵炎和王琦（2013）[94]通过 UCINET 计算通信设备产业联盟网络的小世界特性指标集聚系数和平均路径长度，并验证了小世界特性对创新绩效存在滞后的正向影响。

第二类研究则是运用 UCINET 对网络的结构演化进行描述性分析，如 M'Chirgui（2009）[72]运用 UCINET 生成美国智能卡产业的联盟网络并分析了网络结构与技术趋势和市场结构的共演趋势；朱海燕和魏江（2009）[260]通过 UCINET 对浙江大唐袜业集群网络的密度、中介性、凝聚性与知识密集型服务机构的关系进行分析，说明了知识密集型服务机构对网络结构及其演化动力产生了关键影响。

本研究运用 UCINET6.237 版本软件进行以下操作：

（1）网络整体结构指标的计算。将 4.1.3 小节中生成的 9 大类 LCET – CN 的 2 – 模矩阵数据导入到 UCINET 中：生成组织 – 组织关系的 1 – 模矩阵数据，共得到 9 个子类在 2009—2013 年份区间的 45 个 1 – 模矩阵；统计网络基本属性指标，包括节点数、连线数、平均度、密度、集聚系数、同等规模随机网络集聚系数、最大连通子图集聚系数和特征途径长度、同等规模最大连通子图的集聚系数和特征途径长度等指标。

（2）甄别中心性行动者并绘制研发网络图谱。运用 UCINET 对度数中心度和中间中心度排名前五位的组织进行甄别，进而分析其演变特征。同时，运用 UCINET 内嵌软件 Netdraw 绘制网络图谱，对研发网络的属性变量（组织性质、组织行业、组织所有制❶）进行赋值，并对赋值关系进行颜色和形状的对应，从而区分网络中不同属性节点的关系模式和随时间变化的趋势，用作行动者位置分析的直观呈现。

（3）反映合作关系特征。借鉴刘凤朝等人（2016）[261]的研究，通过 UCINET 可视化软件在网络图谱中用节点间连线的粗细代表合作关系的频次，作为对合作关系属性变量关系强度的直观呈现。

---

❶ 企业所有制的数据来源为年报或企业网站及其新闻，所属行业数据来自于企业网站及其新闻的检索与国家统计局行业分类的对应关系，网址为 http://www.stats.gov.cn/tjsj/tjbz/hyflbz/。

4.2 低碳能源技术研发网络的演化分析

本节从网络整体结构、行动者位置和合作伙伴关系角度对 LCET – CN 的演化特征进行分析，揭示重要社会网络结构特征的演化规律。

4.2.1 网络整体结构的演化

本小节对 LCET – CN 的网络整体演化特征进行分析，包括对 LCET – CN 历年基本网络属性值的统计，也包括对网络拓扑结构（小世界网络、随机网络、无标度网络）的判断。

表 4 – 2 显示了 LCET – CN 历年的基本网络属性，包括网络规模 N、网络连边数 Ties、平均度 AD（网络所有节点度数中心度的平均值）、密度 D、LCET – CN 集聚系数 $C1$、同等规模随机网络的集聚系数 $C2$、$C1/C2$（$C1$ 与 $C2$ 的比值）、LCET – CN 最大连通子图的集聚系数 $C1^*$、同等规模随机网络最大连通子图的集聚系数 $C2^*$、LCET – CN 最大连通子图特征途径长度 $P1^*$ 以及同等规模随机网络最大连通子图特征途径长度 $P2^*$。

表 4 – 2 LCET – CN 基本属性统计

	年份	N	Ties	AD	D	$C1$	$C2$	$C1/C2$	$C1^*$	$C2^*$	$P1^*$	$P2^*$
低碳建筑	2009	25	40	3.2	0.133	0.208	0.1	2.08	0.217	0.109	2.037	2.042
	2010	38	56	2.9	0.080	0.662	0.072	9.194	0.362	0.072	1.91	1.922
	2011	38	72	3.8	0.080	0.732	0.096	7.625	0.838	0.103	2.782	2.796
	2012	36	100	5.6	0.159	0.739	0.168	4.399	0.84	0.175	1.91	1.913
	2013	34	101	5.9	0.180	0.753	0.172	4.378	0.859	0.172	1.973	1.989
风能	2009	31	45	2.9	0.097	0.251	0.115	2.183	0.361	0.124	2.893	2.908
	2010	39	64	3.3	0.086	0.268	0.059	4.542	0.37	0.064	3.87	3.871
	2011	46	91	4.0	0.088	0.365	0.067	5.448	0.466	0.069	3.102	3.115
	2012	50	104	4.2	0.117	0.287	0.072	3.986	0.496	0.074	2.971	2.99
	2013	54	123	4.6	0.086	0.297	0.075	3.96	0.498	0.083	4.395	4.4
核能	2009	15	10	2.0	0.100	0.11	0.05	2.2	0.22	0.053	2.872	2.885
	2010	20	22	2.2	0.116	0.15	0.123	1.22	0.255	0.125	2.932	2.952
	2011	22	24	2.2	0.104	0.261	0.09	2.9	0.371	0.094	1.98	1.988
	2012	25	30	2.4	0.100	0.123	0.085	1.447	0.533	0.091	3.341	3.351
	2013	36	66	3.7	0.105	0.261	0.103	2.534	0.566	0.112	2.376	2.395

续表

	年份	N	Ties	AD	D	C1	C2	C1/C2	C1*	C2*	P1*	P2*
储能	2009	44	51	2.3	0.054	0.291	0.005	58.2	0.394	0.007	2.663	2.668
	2010	48	57	2.4	0.051	0.291	0.028	10.393	0.394	0.029	2.289	2.291
	2011	63	84	2.7	0.043	0.355	0.063	5.635	0.458	0.065	2.656	2.667
	2012	78	227	5.8	0.076	0.394	0.076	5.184	0.498	0.082	2.977	2.981
	2013	75	237	6.3	0.085	0.613	0.079	7.759	0.714	0.087	4.479	4.493
垃圾发电	2009	58	54	1.9	0.033	0.333	0.019	17.526	0.436	0.02	1.59	1.603
	2010	77	98	2.5	0.034	0.602	0.024	25.083	0.309	0.03	3.09	3.106
	2011	83	107	2.6	0.031	0.393	0.022	17.864	0.797	0.026	2.789	2.803
	2012	83	121	2.9	0.036	0.285	0.034	8.382	0.693	0.039	4.482	4.486
	2013	86	128	3.0	0.035	0.34	0.031	10.968	0.741	0.036	4.931	4.936
绿色照明	2009	16	41	5.1	0.342	0.6	0.297	2.02	0.205	0.299	2.426	2.43
	2010	17	42	4.9	0.309	0.565	0.308	1.834	0.67	0.316	2.4	2.409
	2011	24	49	4.1	0.178	0.455	0.165	2.758	0.562	0.171	2.043	2.055
	2012	23	41	3.6	0.162	0.568	0.17	3.339	0.668	0.172	2.059	2.071
	2013	22	26	2.4	0.113	0.5	0.067	7.463	0.603	0.07	1.7	1.708
燃料电池	2009	25	36	2.9	0.120	0.316	0.122	2.59	0.219	0.123	2.458	2.474
	2010	24	36	3.0	0.130	0.333	0.177	1.881	0.237	0.179	1.975	1.975
	2011	33	56	3.4	0.106	0.281	0.056	5.018	0.391	0.061	2.076	2.076
	2012	34	53	3.1	0.095	0.346	0.085	4.071	0.446	0.087	2	2.005
	2013	33	42	2.5	0.080	0.292	0.103	2.835	0.598	0.109	1.786	1.796
生物能	2009	39	64	3.3	0.086	0.378	0.071	5.324	0.48	0.071	3.438	3.455
	2010	45	74	3.3	0.075	0.409	0.06	6.817	0.515	0.062	3.478	3.486
	2011	49	83	3.4	0.071	0.371	0.051	7.275	0.473	0.057	3.336	3.346
	2012	50	101	4.0	0.082	0.511	0.074	6.905	0.616	0.083	3.523	3.529
	2013	52	93	3.6	0.070	0.523	0.075	6.973	0.626	0.077	3.404	3.423
太阳能	2009	38	34	1.8	0.048	0.556	0.023	24.174	0.263	0.025	1.341	1.345
	2010	44	42	1.9	0.044	0.515	0.046	11.196	0.322	0.047	1.544	1.552
	2011	46	42	1.8	0.041	0.381	0.049	7.776	0.486	0.05	1.49	1.496
	2012	50	50	2.0	0.041	0.276	0.041	6.732	0.381	0.049	2.253	2.257
	2013	55	54	2.0	0.036	0.226	0.021	10.762	0.328	0.022	2.095	2.111

由表4-2可以看出，LCET-CN的密度和平均度在大多数技术类别中呈现逐年上升趋势，说明大多数LCET-CN的密集水平在控制网络规模的情况

下是逐步提升的,随着时间变化,LCET-CN 变得越来越密集。由于构建的 LCET-CN 是一个非联通网络,如果强行计算特征途径长度,得到的结果会因许多未连接节点的存在而难以反映实际的信息。因此,首先比较各类 LCET-CN 的集聚系数与同等规模随机网络的集聚系数,发现前者普遍大于后者,但却不是远远大于 1 的数值,因此无法判断 LCET-CN 具有小世界性[229]。进一步取各类 LCET-CN 中的最大连通成分,即网络中最大的子群体,计算其集聚系数 $C1^*$ 与特征途径长度 $P1^*$,并与具有同等规模随机网络的相应值($C2^*$ 和 $P2^*$)进行对比来分析小世界性。可见,各 LCET-CN 在 2010 年以前的小世界性并不明显,但从 2011 年开始,最大连通子图的集聚系数要显著高于随机网络,而其特征途径长度接近或稍低于随机网络的值,说明网络中最大群体的小世界性较明显。

进一步判断 LCET-CN 是否具有仿真结果显示的无标度特性:参照马艳艳等人(2012)[251]的研究方法,将节点中心度和其在网络中的排序在双对数坐标下进行统计分析,利用最小二乘回归法判断系数的显著性,并结合图形分析拟合曲线是否符合幂律分布。表 4-3 显示出最小二乘法回归结果,可以看出,九大技术类 LCET-CN 中度数中心度排序的对数的回归系数均为负,且在 1% 的显著水平下通过系数 t 检验,拟合优度均高于 0.8,F 值也在 1% 的水平下显著。同时,散点图也呈现出幂律分布的特征(见图 4-3)。为节约篇幅,仅列出了建筑节能、生物能在 2009 年和 2013 年的节点中心度及其排序的双对数回归散点图,从两个技术类 2009 年和 2013 年的对比来看,双对数回归散点图的"厚尾"特征在 2013 年显得更加明显,即节点中心度的幂律分布特征逐渐凸显,表明 LCET-CN 具有无标度网络特征,即网络中少数称之为 Hub 的节点组织拥有较多的连接,而大多数组织只有很少量的连接。

表 4-3 LCET-CN 度数中心度及其排序的双对数 OLS 回归结果

	风能	太阳能	生物能	垃圾发电	节能相关	燃料电池	绿色照明	核能	低碳建筑
C	-0.82***	-0.82**	-0.88***	-0.78***	-0.71***	-0.80***	-0.55***	-1.01***	-1.16***
R^2	0.8031	0.8854	0.7893	0.8706	0.8698	0.7931	0.7659	0.8639	0.8976
F	490.87	620.81	534.20	573.93	550.34	450.98	430.78	560.21	650.67

注:为节约篇幅,此处只列出 2013 年研发网络相关数据;C 为 $\ln X$ 系数值;R^2 为调整后 R^2。

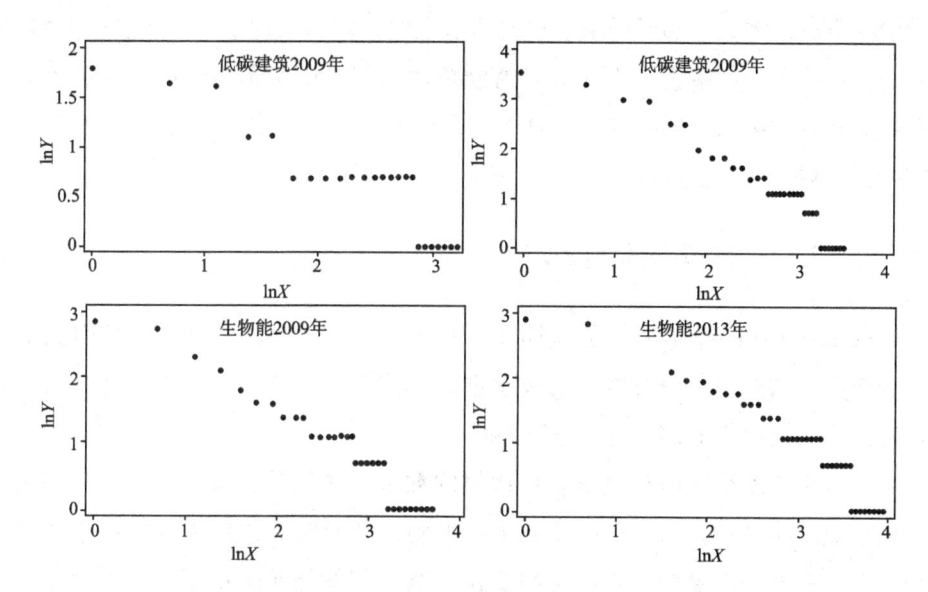

图 4-3　低碳建筑和生物能研发网络的节点中心度幂律分布图

注：图中 $\ln Y$ 均代表节点度数的对数，$\ln X$ 表示各节点度数在网络中名次的对数。

总体而言，基于经验数据的真实 LCET-CN 在整体的发展演变过程中具有以下特征：①网络规模和密集性在各技术类 LCET-CN 中呈逐年扩大之势，说明资源获取和信息传递平台的搭建，网络成员实现知识溢出的基础正在逐渐形成；②小世界性只存在于最大子群，与仿真结果对于整体网络的小世界性推断存在差异，说明实际的 LCET-CN 还存在结构缺陷，网络子群内部的信息流通效率较高，而知识和信息在整体网络的流动出现断裂，会负面作用于网络内知识效用的产生和创新绩效的提升；③网络呈现整体分散而局部紧密的特征，可能的解释在于基于技术领域或行业联系而紧密关系的群体之间缺乏"中间人"，使得网络形成大大小小、互相孤立的群体[80]；④节点中心度逐渐趋近于幂律分布，说明各技术类 LCET-CN 具有无标度网络特征，意味着存在一些核心组织，这些核心组织的行动影响到整个网络的稳定运行、网络连接数量的增加，以及由此产生的技术或知识流动的速度。

综合整体网络在演变过程中出现的特征可以推断，LCET-CN 的发展伴随着规模异质性较大的子群的形成演变，这些子群之间由于"中间人"的缺失而关系疏散；子群在很大程度上依赖于对知识和信息的流动施加重要影响的中心节点，大大增加了网络结构的不稳定性，即当出现中心节点退出网络、中心节点技术发展缓慢、中心节点封锁技术和信息的情形时，网络的系统创新将受到较大影响。因此有必要对这些核心组织进行甄别，以便把握 LCET-CN 的关键特征，这就需要对行动者位置特征进行分析。

4.2.2 网络行动者位置的演化

LCET-CN 的无标度特征说明了一些核心节点在网络中扮演关键角色，对合作伙伴乃至整个研发网络的技术创新都能施加重要影响，中心性分析可以对这些关键组织的演化特征进行刻画。

度数中心度反映的是组织合作伙伴的数量，其值越大反映出组织在网络中的焦点地位越高，而较小的度数中心度则往往意味着组织处在网络中的边缘位置。中间中心度则是指特定组织位于其他组织捷径上的程度，反映了组织位于结构洞的程度；中间中心度越高意味着组织对信息传递的控制程度越高。

表4-4列出了9种低碳能源技术类在2006—2010年、2011—2015年两个时间窗口所生成的研发网络的前五位度数中心度和中间中心度的组织。通过对这些组织的观察，可以看出关键行动者，即度数中心度和中间中心度很高的组织在更替性、度数中心度和中间中心度组织重合率变化等几个维度发生了不同程度的变化。借鉴 M'Chirgui（2009）[72]的研究方法，在对中心组织的流动性、中心性组织的重合率、中心性组织属性的演变进行特征识别的基础上，分析中心性组织演变的动力：以2006—2010年为比较基期，得出表4-5所列的9种低碳能源技术类研发网络在上述维度上的变化比率。可以看出，9种低碳能源技术类研发网络在中心组织和中介组织的更替性、科研院所在关键行动者中比例变化和两类中心性组织的重合率上发生了程度不一的变化。

表 4-4　LCET-CN 中心性指标前五位组织

年份	度数中心度 2006—2010	度数中心度 2011—2015	中间中心度 2006—2010	中间中心度 2011—2015
风能	上海市电力公司	东南大学	上海交通大学	国家电网公司
	中国海洋石油	上海南华兰陵电气	中国海洋石油	中国石油大学
	上海电力设计院	中国海洋石油	上海市电力公司	江苏神马电力
	上海电力线路器材	苏州中新伟业新技术	中国石油大学	中国海洋石油
	南京河海科技	扬州广源集团	上海电力设计院	上海交通大学
低碳建筑	浙江东南网架	贵州大学	浙江东南网架	贵州大学
	浙江大学	湖南金海钢结构	浙江大学	东南大学
	贵州大学	湖南大学	贵州大学	中铁建设集团
	江苏尼高科技	浙江东南网架	浙江展诚建设集团	科瑞克保温材料
	浙江展诚建设集团	天津大学	中国建科研究院	科瑞新型环保材料
垃圾发电	神华集团	中国石油化工	甘肃银达化工	中国石油化工
	中国矿业大学	中国矿业大学	天津大学	金川集团
	甘肃银达化工	山西潞安矿业	甘肃银光聚银化工	大连泰达环保
	中国石油化工	甘肃银光聚银化工	中国石油化工	信诺海博石化科技
	甘肃银光聚银化工	国家电网公司	天津泰达环保	兰州理工大学
绿色照明	上海蓝光科技	彩虹集团	彩虹集团公司	半导体照明中心
	彩虹集团公司	上海蓝光科技	上海蓝光科技	彩虹集团
	半导体照明中心	深圳市华星光电	深圳市华星光电	上海大学
	北京大学	创维液晶器件	创维液晶器件	西安交通大学
	上海大学	上海天马微电子	上海天马微电子	上海天马微电子
储能节能	中国石油化工	中国海洋石油	上海交通大学	中国海洋石油
	中国海油石油	空间电源研究所	中国海洋石油	国家电网公司
	上海久隆电力科技	国家电网公司	三聚环保新材料	空间电源研究所
	上海市电力公司	赛鼎工程有限公司	上海久隆电力科技	上海交通大学
	华东理工大学	科学院山西煤炭所	中国石油化工	科学院广州能源所
生物能	华东理工大学	华东理工大学	华东理工大学	华东理工大学
	中国石油化工	中国石油化工	中国石油天然气	新奥科技
	中国石油天然气	东石油天然气	中煤黑龙江煤化工	中国海洋石油
	上海锅炉厂	中国海洋石油	神华集团	中国石油天然气
	中煤黑龙江煤化工	中煤黑龙江煤化工	中国石油化工	神华集团

87

续表

年份	度数中心度 2006—2010	度数中心度 2011—2015	中间中心度 2006—2010	中间中心度 2011—2015
核能	秦山核电有限公司	中广核	秦山核电有限公司	中广核
	上海核工程研究院	四川聚能核技术工程	上海交通大学	上海核工程研究院
	上海交通大学	上海核工程研究院	中广核	中国核电
	江苏宝宸净化设备	中国工程物理研究院	上海核工程研究院	原子能科学研究院
	中国核电	材料与工艺研究所	西安交通大学	清华大学
太阳能	复旦大学	上海交通大学	复旦大学	上海锅炉厂
	清华大学	华东师范大学	半导体照明中心	上海交通大学
	华东师范大学	国家电网公司	中核动力设备	清华大学
	半导体照明中心	上海锅炉厂	东莞理工学院	桑夏太阳能
	科学院微电子所	华进半导体封装技术	清华大学	西安交通大学
燃料电池	东莞新能源	国家电网公司	科学院大连化学所	国家电网公司
	科学院大连化学所	科学院大连化学所	中国海洋石油	保定钰鑫电气科技
	新能源电子科技	中科上海硅酸盐	上海交通大学	中科院上海硅酸盐
	大连融科储能技术	上海交通大学	上海汽车工业	山东圣阳电源
	杭州大有科技发展	杭州大有科技发展	东莞新能源	上海电气集团

表4-5 LCET-CN关键行动者演变特征

技术类别	度数中心度 组织变化率	中间中心度 组织变化率	科研院所 占比变化	DC&BC重合 组织变化率
风能	80%	40%	40%~40%	60%~20%
太阳能	80%	80%	80%~50%	40%~40%
核能	80%	80%	50%~60%	60%~40%
储能节能	80%	60%	20%~50%	60%~60%
绿色照明	80%	80%	80%~30%	40%~40%
燃料电池	60%	100%	30%~40%	40%~40%
垃圾发电	40%	40%	20%~50%	60%~60%
低碳建筑	80%	20%	40%~50%	80%~20%
生物能	20%	40%	20%~50%	80%~80%

注：DC&BC重合率指代度数中心度和中间中心度前五位组织的重合率。

第4章 低碳能源技术研发网络的演化分析

M'Chirgui（2009）[72]指出，关键行动者的演变与产业或技术的发展具有共演性质。在借鉴现有低碳能源技术相关文献的基础上，本研究将9大类低碳能源技术的发展阶段划分为6大类：技术探索、产业化探索、产业链规模效应、产业链完善、产业链延伸和产业链升级。每一类别中的LCET-CN中关键行动者具有相似的演化规律，不仅为表4-5中关键行动者程度不一的演化特征提供了解释，更为关键的是揭示了关键行动者演变的动力，从而为政府制定多元化、多层次、阶段性的激励政策提供依据。接下来对6类低碳能源技术发展所对应的技术或产业阶段逐一进行分析，包括低碳能源技术相关文献的梳理以及网络图谱的可视化分析。后者不仅是对发展阶段推断的验证，也显示了关键行动者在属性上的演化。研发网络图谱的属性对应关系反映在表4-6中。

表4-6 LCET-CN图谱对应表

网络符号、形状、颜色对应表	
○	非国有所有制，其大小反映度数大小，其边框宽度反映中间中心性程度
▽	国有所有制，其大小反映度数大小，其边框宽度反映中间中心性程度
⊞	高校和科研院所，其大小反映度数大小，其边框宽度反映中间中心性程度
■	建筑业
■	黑色金属冶炼及压延加工业
■	电力、热力、燃气及水生产和供应业
■	采矿业
■	科学研究和技术服务业
■	化学原料和化学制品制造业
■	专用设备制造业
■	通用设备制造业
■	铁路、船舶、航空航天和其他运输设备制造业
⊠	石油加工、炼焦和核燃料加工业
▥	电气机械和器材制造业
⊠	计算机、通信和其他电子设备制造业
◆	非金属矿物制品业
▢	金属制品业
◇	汽车制造业

1. 技术探索阶段中的关键行动者演化动力

处于此技术发展阶段的低碳能源技术种类是储能节能技术。判别基于三方面的原因：①相比于美国和日本，我国的储能节能技术难以构成一个独立的行业类，这是因为高消耗、高污染的行业如黑色金属冶炼及压延加工业、金属制品业、非金属矿物制品业、能源供应业等众多行业均能受益于储能技术开发，利益主体不明使创新主体不明；②当前相关政策的影响仅体现于引导和示范项目的支持，并无明确的产业政策，导致了储能技术领域缺乏长期发展规划、支持标准以及监督体系[262]；③图4-4所示的储能节能研发网络图谱反映出，研发网络的演化体现出的是节能减排需求较大行业的企业与上游环保设备制造企业由于技术探索需求逐渐形成研发网络。技术探索阶段的显著特征在于高度的研发不确定性、基础和前沿性研究的高需求性和面向特定项目或技术攻关而形成的网络结构局域集聚性；相应地，表4-5体现出储能节能研发网络中的核心企业较高的流动性、科研院所占比的显著提高以及二类中心企业的高度重合。国家电网、中国石油化工和中国海洋石油则持续地处于网络中的核心位置。

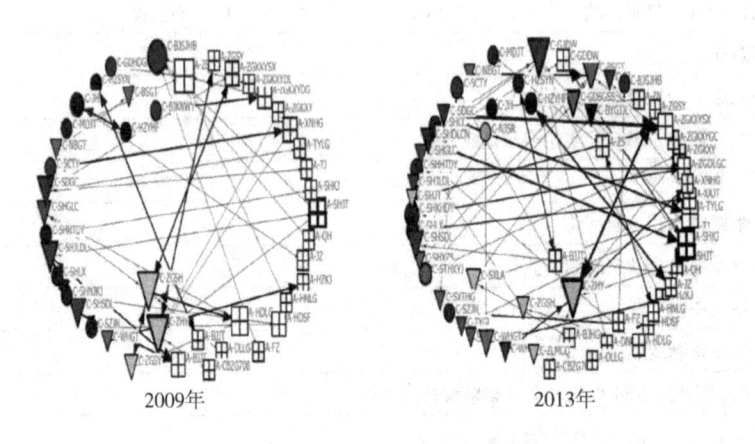

图4-4 储能节能技术研发网络的演化

2. 产业化探索阶段中的关键行动者演化动力

处于此技术发展阶段的低碳能源技术种类是燃料电池。判别基于三方面的原因：①国家政策风向对该行业的发展产生了一定程度的消极影响，例如国务院在2015年出台的行动纲领《中国制造2025》对燃料电池汽车在未来

20 年的定位仅是小规模的示范运行❶；②燃料电池技术的高成本、低功率、低能量密度以及关键催化膜技术的不成熟也制约着业界对其的研发关注热度[263]；③图 4－5 显示出燃料电池研发网络规模的扩大并不明显，只有零星的汽车制造企业、通用设备制造企业和黑色金属冶炼业企业加入网络。产业化探索阶段的显著特征在于研发的分散性和高度的不确定性。因此，表 4－5 中燃料电池研发网络中关键行动者体现出较高的流动性、科研院所占比的提高以及二类中心性企业较低程度的重合度。此外，核心行动者中私营企业占比稳中有进，也验证了燃料电池技术研发的分散性和小规模化，说明集聚优势还有待挖掘。

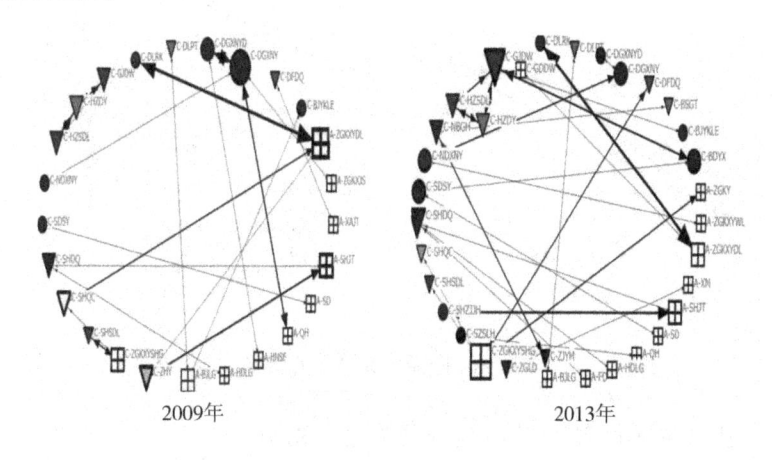

图 4－5 燃料电池研发网络的演化

3. 产业链规模效应阶段中的关键行动者演化动力

处于此技术发展阶段的低碳能源技术种类是核能。判别基于三方面的原因：①核能的环境效应、生产有效性和运营的稳定性使之成为我国政府发展替代能源的首选，产业发展在近年来受到政策大力青睐，从国家发改委、国家委员会自 2007 年开始出台的一系列支持政策可见一斑[264]；②政府对核能发展制定了强制性要求，例如，我国政府在福岛事件搁置新建核电站三年后重新启动核电站建设，并强制规定新建核电站采用三代核反应技术，使我国核电产能在近两三年突飞猛进，占目前世界三代压水堆核电在建规模的

---

❶ http：//auto.gasgoo.com/News/2016/02/15082236223660354488260.shtml

60%[264]；③图4-6显示出，核能研发网络中上游能源供应特别是铀矿开采或供应企业，下游核燃料加工设备制造商、反应堆专用设备制造商、电网设备供应商大量加入2013年研发网络，体现出国家政策导向下合作向纵深发展。产业链规模效应阶段的显著特征在于上下游产业的共同扩张。特别是核电产业的设备制造种类繁多、技术复杂，对多样性技术的研发提出了更高的要求。因此，表4-5体现出核电研发网络中核心企业的流动性较高、科研院所占比的提高以及二类中心性企业重合率的下降。

2009年　　　　　　　　　　2013年

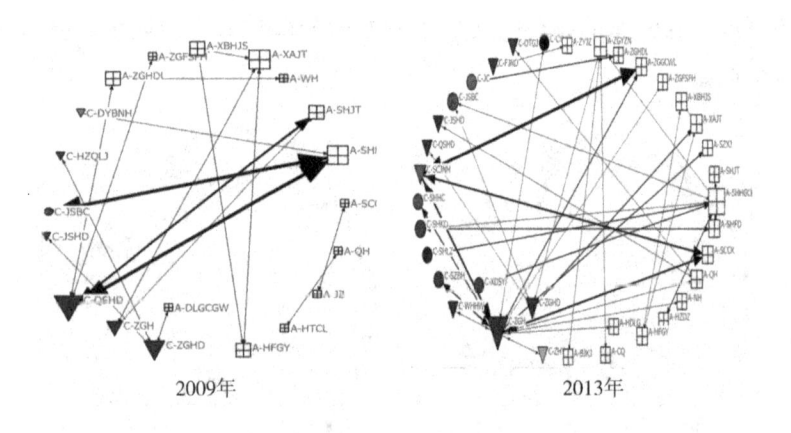

图4-6　核能研发网络的演化

4. 产业链完善阶段中的关键行动者演化动力

处于此技术发展阶段的低碳能源技术种类是生物能和垃圾发电。判别基于两方面的原因：①两类技术均具有较高的资本门槛，使得产业链的完善具有较长的进程，例如生物燃气中的沼气工业需要亿元级的厌氧菌培育平台❶，又如垃圾发电的预处理阶段中每吨城市固废发电产能的初始投资额就高达2000万～7500万元[265]；②两类技术的产业链中均存在较大的制约，生物能产业链的关键制约在于原材料供应的不稳定，反映为原材料收集的难度大、成本高[266]，垃圾发电技术产业链的瓶颈在于垃圾焚烧后物质的无害化处理，例如厌氧产甲烷、扬灰和持久性有机污染物二噁英的处置、有毒气体的降解以及固体废物的焚烧仍是世界性的技术难题[267]。相应地，由图4-7和图4-8可以看出，生物能和垃圾发电研发网络的行业覆盖面中科研机构和高新技术

---

❶ http：//www.chemmade.com/news/detail-03-54642.html

企业比例大幅提高；两类技术研发网络中关键行动者由于资本门槛的限制，并没有发生很大程度的更替，度数中心度和中间中心度组织具有较大的重合率；而克服产业发展关键瓶颈的技术研发需求使得关键行动者中科研院所占比具有大幅提高。此外，生物能和垃圾发电研发网络中，二类中心性组织的重合均是能源开发和供应行业的大型国企，如中国石油化工和神华集团，这类企业得天独厚的发展条件使其持续地位于网络的核心位置。

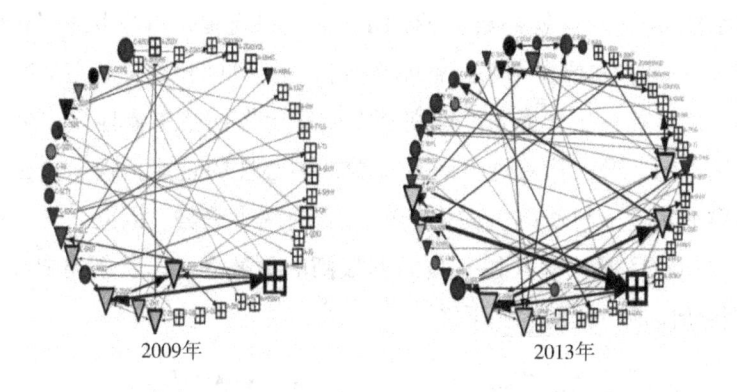

图4-7　生物能研发网络的演化

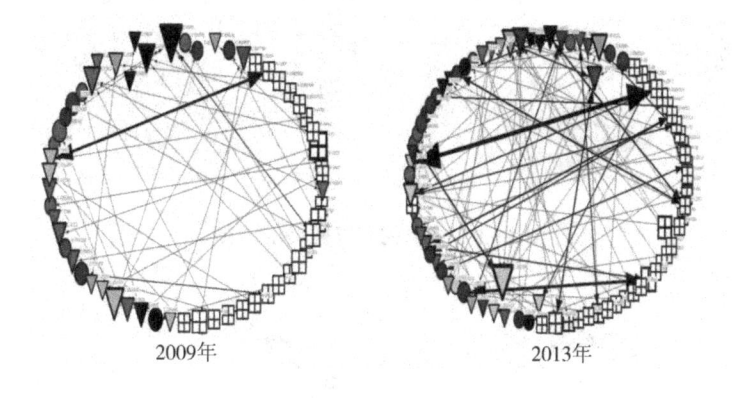

图4-8　垃圾发电研发网络的演化

5. 产业链延伸阶段中的关键行动者动力

处于此技术发展阶段的低碳能源技术种类是太阳能和绿色照明。判别的依据在于太阳能、绿色照明产业均具有相对长时间的产业化进程，积累了相对扎实的产业基础，具有技术应用面扩大、民用渠道增多的趋势。太阳能领域近年来不仅在电器制造产业和通用设备制造业，如热水器、太阳能锅炉行业进一步扩大优势、提高行业占有率[268]，而且在光伏发电领域实现了迅猛发展，例如我国两头在外的光伏产业在经历了2012年欧美贸易保护的重挫后，通过国家对光伏发电下游企业的一系列政策激励和补贴的推动使得我国逐步达到世界第一的光伏发电量[269]。绿色照明产业中，受惠于政策上引导的合资企业的组建，本土企业快速实现了技术追赶和自主创新能力提升的进程，表现为产业门槛的降低、价格更具竞争力、技术应用的产业面扩大，例如深圳的液晶显示器LCD产业就是典型的例子[270]。相应地，可以从图4-9和图4-10看出，二类技术研发网络从整体来看，电气机械和器材制造业、能源供应业企业的比重都有显著提升；特别是太阳能研发网络中还体现出通用设备制造企业比重的上升；从关键行动者来看，中心性的企业呈现出由国有性质向民营性质的转变、科研院所向生产商转变的两个趋势。因此，二类研发网络的关键行动者呈现出如表4-5所示的较高的更替率，以及二类中心性组织重合率和科研院所占比的大幅下降。

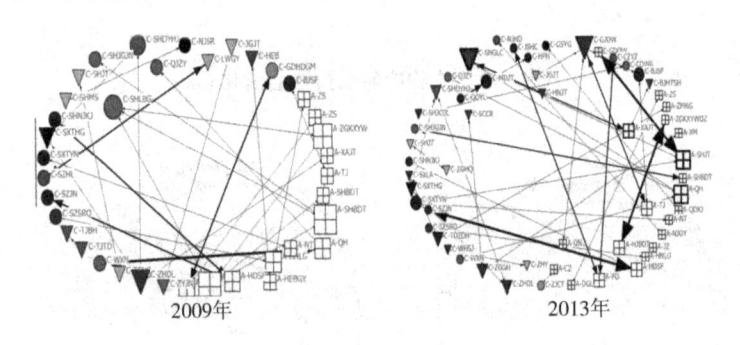

图4-9 太阳能研发网络的演化

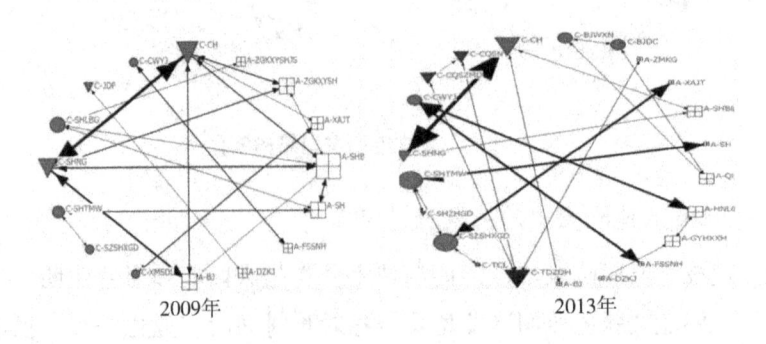

图4-10 绿色照明研发网络的演化

6. 产业链升级阶段中的关键行动者演化动力

处于此技术发展阶段的低碳能源技术种类是风能和低碳建筑。判别的依据在于二者均具有较深厚的产业基础,但同时也面临着较高的产业升级需求。其中,建筑领域面临着向建筑材料的轻质化、功能化、绿色化、高效化的产业升级需求;风能产业面临着提高运输安装效率、平滑风力资源不确定性以及向混合能源范式转变的产业升级需求[271]。相应地,图4-11和图4-12显示出二类研发网络中的产业覆盖均较全面,上游和下游企业数目呈上升趋势,特别是低碳建筑研发网络中首次出现一定数目的下游墙体保温材料和外墙涂料制造研发企业;风能研发网络中大型运输工具制造企业、风电设备制造企业的数目都有显著增长。

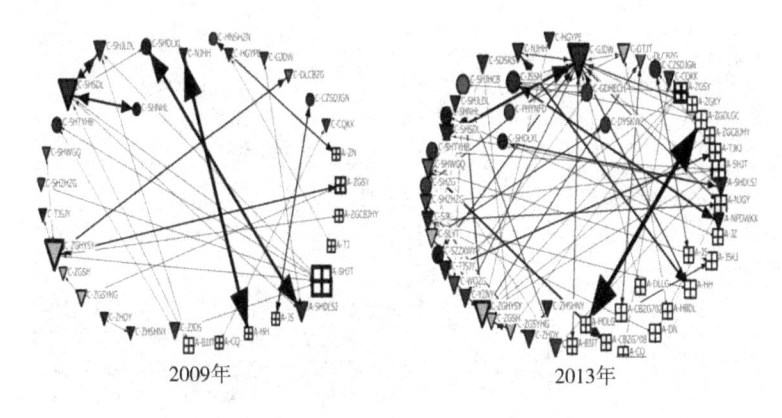

图4-11 风能研发网络的演化

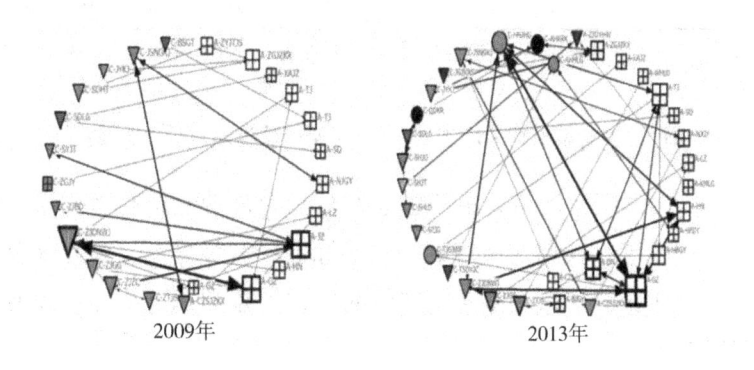

图4-12 低碳建筑研发网络的演化

产业升级的进程伴随着传统企业的转型和产业间协同性的增强,因此,风能研发网络和低碳建筑研发网络分别出现了更多风能设备和运输工具的大型企业以及大型建筑企业作为研发网络的中心，使度数中心度较大的组织流动性较大、二类中心性企业的重合降低；此外，具有较强研发辐射能力的科研机构和能源供应大型企业持续发挥着推动产业链耦合的作用，使中间企业和科研院所在关键行动者中的占比稳定。

鉴于以上分析，可以看出 9 类 LCET – CN 与产业或技术发展阶段存在共演性，使关键行动者中的中心和中介位置组织的更替性、二者的重合性以及科研院所的占比发生了程度不一的变化，说明政府需实施多元化、多层次、差异化的激励政策来促进低碳能源行业的技术创新。图 4 – 13 显示了基于以上分析所得出的政府对 9 类 LCET – CN 中关键行动者的激励政策重点。

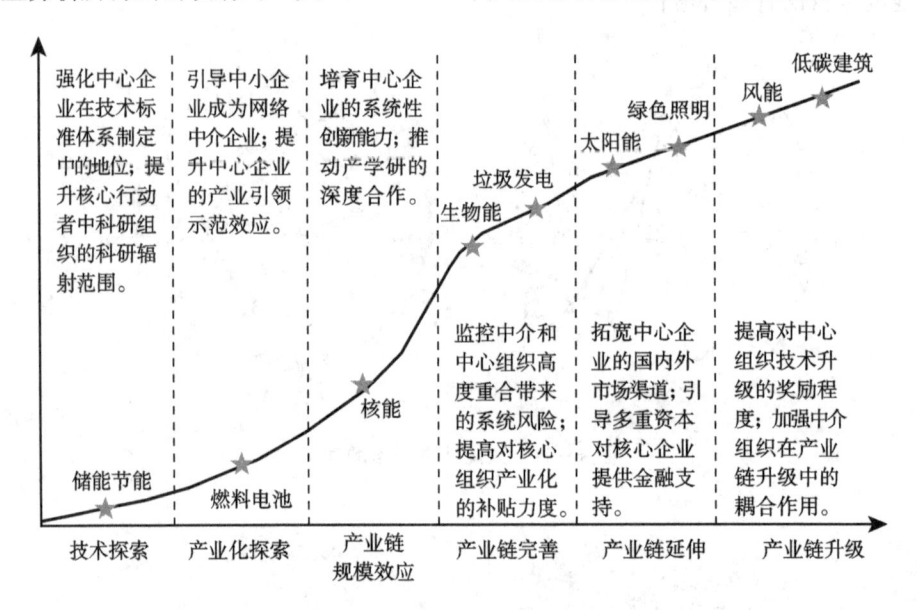

图 4 – 13　政府对 LCET – CN 中关键行动者的激励政策重点

对于储能技术研发网络，由于中心性行动者流动性较高而技术的研发缺乏明确的产业政策、长期发展规划、支持标准和监督体系，因此政策重点在于强化中心企业在技术标准体系制定中的主体地位和提升核心行动者中科研组织的科研辐射。

对于燃料电池研发网络，由于研发较为分散而研发主体大部分为民营企业，因此政策重点在于通过行业协会和技术联盟引导中小企业成为网络中介企业，并提升中心企业的产业引领示范效应。

对于核能研发网络，产业链的规模效应阶段对系统创新能力和技术复杂程度都提出了更高的要求，因此政府可以通过引导国际合作等形式培育中心企业的系统性创新能力，并推动产学研的深度合作。

对于垃圾发电网络和生物能网络，由于受到较高的中心性组织重合度和较大的资本门槛的制约，政策重点一方面需要监督和防控中介企业与中心企业高度重合带来的系统风险，另一方面可以提高对核心组织产业化的补贴力度来促进垃圾发电或生物能产业链的完善。

对于绿色照明和太阳能研发网络，由于技术发展的趋势在于技术应用面和民用渠道的拓宽、行业占有率的提高，因此政策重点在于促进中心企业拓宽其国内外市场渠道，引导多重资本对核心企业提供金融支持。

对于风能和低碳建筑研发网络，面对迫切的产业化升级需求，政府可以提高对中心组织技术升级的奖励程度，并加强中介组织在产业链升级中的耦合作用，促成信息平台构建以扩大其知识扩散范围。

同时，值得注意的是，一些能源供应行业的大型集团公司，如中国石油化工、神华集团、国家电网，在大部分技术类别的 LCET – CN 中持续占有中心性的位置，说明政府应对这类组织给予特别的关注，发挥其在低碳转型中的战略性作用和对行业内企业的引领效应。

4.2.3 网络合作伙伴关系的演化

合作伙伴关系特征的一个重要维度是关系强度，借鉴刘凤朝等人（2016）的研究方法，用网络中连线的粗细代表合作频次的多少。由图 4 – 4 ~ 图 4 – 12 可以看出，所有网络在 2013 年中粗线条的连接数均大于 2009 的相应值，因此可以判断 LCET – CN 中合作伙伴之间的关系强度均有加强。

进一步，挖掘较大关系强度组织之间具有的关系性质，可得到图 4 – 14，用来反映较大关系强度的合作组织在产学研、跨行业、产业链和其他关系上分布比例的演变。可以看出，2013 年与 2009 年相比，关系强度较大的合作关系在构成比例上并未发生明显变化，跨行业和产学研关系比例只呈现出小幅度的提升，说明我国 LCET – CN 中产学研、跨行业合作的关系强度还有待提高，以挖掘深度合作带来的优势。

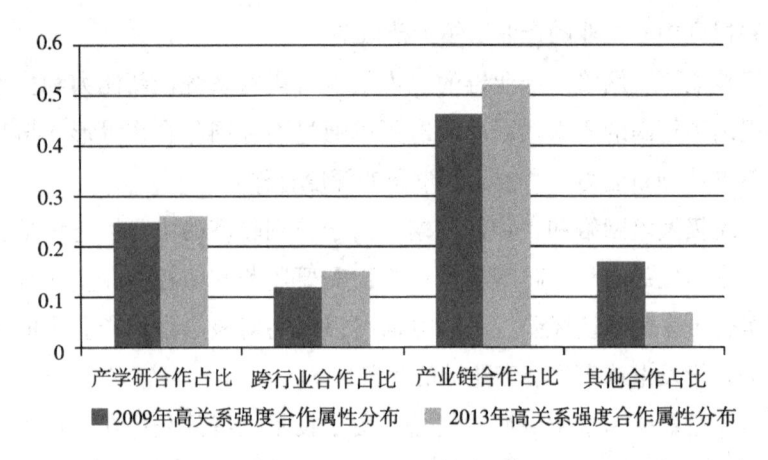

图4-14 LCET-CN高关系强度合作方关系属性分布演化

此外，为反映不同技术类别LCET-CN中较大关系强度合作属性的对比，接下来作出图4-15和图4-16来反映9类LCET-CN中高关系强度合作的产学研分布和行业分布对比图。从图4-15可以看出，风能、生物能领域具有持续、较高的产学研关系强度，与风能的产业规模和生物能的产业前景持续看好相呼应。垃圾发电在2013年的研发网络中取代了绿色照明成为产学研合作较频繁的技术领域，这是由于绿色照明在近年来产业门槛逐渐降低，而垃圾发电的关键技术突破需要更大的产学研力度。燃料电池、核能和太阳能等领域中的产学研频率在低碳能源技术类中占据了相对较低的比重，说明国家政策对这几类技术发展的产学研支持力度还有上升空间。

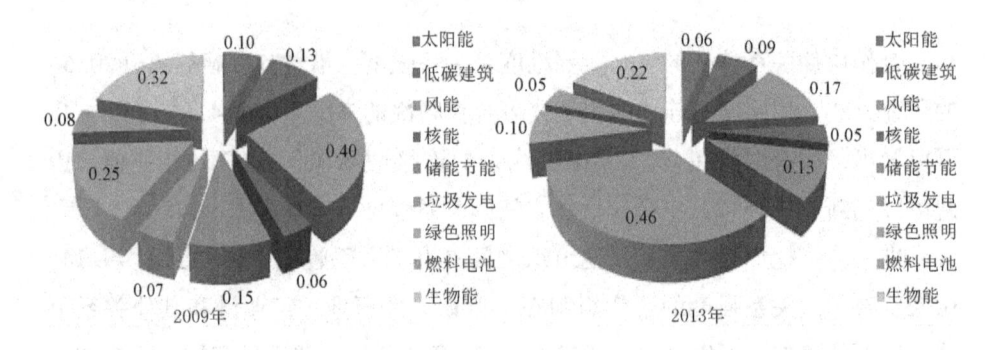

图4-15 2009年与2013年LCET-CN关系强度的产学研分布对比

从图4-16可以看出，垃圾发电和生物能随着时间推进表现出较频繁的跨行业合作强度，与图4-13相呼应。说明处于产业链完善过程中的生物能和垃圾发电产业更注重产业整体的构建和整合，相应的跨行业联系也更为紧密，特别是垃圾发电产业跨行业合作关系强度增幅尤为明显，这是因为垃圾发电跨环保产业、新能源产业、市政基础设施三大产业，包括了上游设备供应商、中游焚烧发电生产商和下游运营企业在内的多行业类型组织，其整体运营管理的改进需要跨行业间的合作。而在燃料电池、太阳能及绿色照明技术研发网络中，跨行业的合作关系强度较低，且呈下降趋势，与其分别对应的发展阶段（产业化探索、产业链延伸）的特征相关。

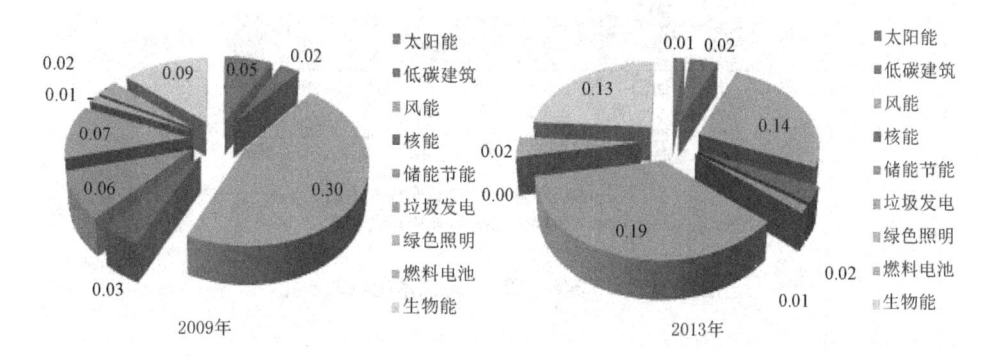

图 4-16 2009 年与 2013 年 LCET-CN 关系强度的跨行业分布对比

合作伙伴关系的另一个重要维度是邻近性，主要反映在技术距离上[1]。接下来通过计算 2009 年与 2013 年两年各研发网络的技术距离均值来比较不同低碳能源技术创新类别组织间合作上的技术距离倾向，结果显示在图 4-17 中。可以看出，平均技术距离在所有技术类中均呈现随时间变化而扩大的趋势。这是因为低碳能源技术的创新需要多领域、多学科、多行业知识的融合，这些不同的领域、学科或行业在知识结构上存在差异，带来了较大的技术距离，意味着合作组织之间知识互补性的增强。为了更好地掌握和吸收互补性知识，LCET-CN 中的组织应提高知识吸收能力来消化多样性的知识。这印证了刘彤等人（2014）[78]的观点，即新兴技术产业中的组织间具有更大的技术互补性。

同时，不同技术类 LCET-CN 体现出不同程度的技术距离增长程度：其中，燃料电池、风能和绿色照明研发网络中平均技术距离增幅较大，有可能

---

[1] 技术距离的指标计算见 6.1.3 节。

是由于这些低碳能源技术在克服技术瓶颈、产业升级与延伸市场上的需求存在差异。

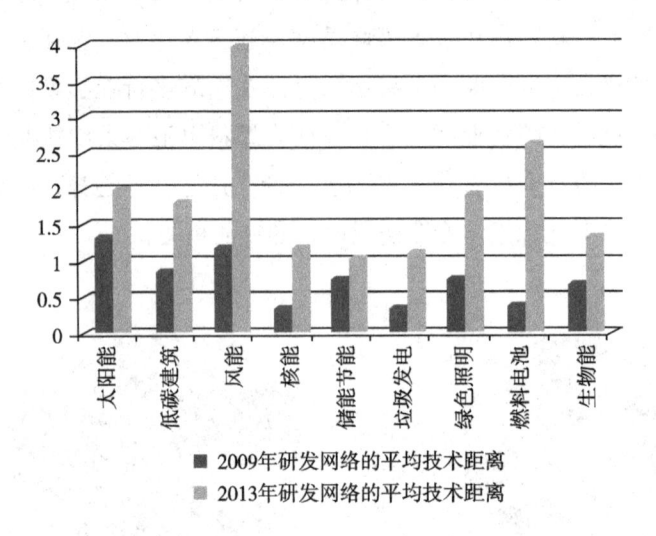

图 4-17 LCET-CN 平均技术距离的演化

4.3 本章小结

本章首先介绍了基于经验数据的 LCET-CN 的构建过程：说明数据获取方法，进行原始数据的整理、归类和统计分析，阐述网络的构建方法，解释社会网络分析方法的研究工具 UCINET 软件在演化分析中的运用。然后，依次分析 9 类 LCET-CN 在网络整体结构特征、行动者位置和合作伙伴关系上的演化特征：网络整体结构的演化特征分析包括对网络基本属性的统计和典型网络特征的判断；行动者位置分析对中心性行动者及其属性演化特征进行识别，并与低碳能源技术发展阶段进行共演分析；合作伙伴关系则是对关系强度变化趋势及其属性以及技术距离的变化趋势进行分析。分析表明：①基于联合申请专利数据构建的 LCET-CN 具有整体分散、局部紧密的最大子群小世界性以及无标度网络特征，说明网络结构存在缺陷，而核心企业对网络发展至关重要；②行动者位置特征的演化反映出 9 类 LCET-CN 与产业发展阶段具有共演性，使中心和中介位置组织的更替性、二者的重合性以及科研院所占比发生不同程度的变化，中心性行动者及其演变特征的识别说明政府需实施多元化、多层次、差异化的激励政策；③合作伙伴关系的演化特征一方面印证了不同低碳能源技术类别处于异质性的产业发展阶段，另一方面体现出合作伙伴关系向高技术互补性发展的趋势，说明合作创新产出的提高对合作方的吸收能力提出了更高的要求。此外，本章对演化特征经验事实（Stylized Facts）的分析说明本研究构建的 LCET – CN 样本具有较大的技术类别间异质性，为后文具有高度产业情景权变性的网络结构效应实证研究[95]奠定了值得深入挖掘的样本基础。

第5章 低碳能源技术研发网络结构效应的机理分析

LCET – CN 的演化分析为政府识别关键行动者和评估 LCET – CN 的有效性、企业判断潜在的合作伙伴和发展合作能力提供了依据。然而，企业参与 LCET – CN 的最终目的在于依托 LCET – CN 提升自身在低碳领域的技术创新水平并形成绿色竞争优势，这就需要以 LCET – CN 作用于企业低碳领域技术创新水平的一般规律作为指导，而对 LCET – CN 结构效应的机理分析构成了研究的起点。因此，本章在梳理整体网、行动者位置和合作伙伴关系特征对二元式创新[1]影响的基础上，提出了社会网络特征独立影响的研究假设，并进一步通过对 Nooteboom（1999）[116]提出的认知距离与创新产出的经典模型的拓展和推演，提出三重社会网络结构特征交互影响的研究假设，从而为实证研究奠定基础。

5.1 网络整体特征对技术创新的影响

网络密度和网络集聚系数是网络凝聚性指标，对技术创新存在重要影响，本节从这两个角度分析网络整体特征对 LCET – CN 的影响机理。

5.1.1 网络密度对技术创新影响的研究假设

学界关于网络密度对二元式创新的影响主要是基于社会资本和知识扩散两条逻辑主线来分析的。从社会资本角度来看，网络密度的提高有利于使节点通过更多的直接联系和间接联系建立起限制机会主义的信任机制，从而提高合作群体的凝聚力和知识分享程度。这不仅有利于对现有知识演绎和拓展

---

[1] 需要说明的是，本章中二元式创新是在低碳领域的二元式创新，在第6章实证检验中二元式创新的衡量也是依据附录确定的企业在低碳能源技术领域申请的专利为数据源，用于衡量探索式创新和利用式创新。

的利用式创新,也为需要通过异质性知识来跨越现有技术范式的探索式创新带来多样性知识来源基础。但是,过高的网络密度也会带来效率问题,即为建立和维持基于契约或非契约的冗余联系所付出的过高成本,且对利用式创新的负面影响又大于探索式创新[97]。从知识扩散角度来看,高密度则一方面提高知识信息流动速度以及知识转移效率,促进共同准则和知识的吸收[64],这一点在利用式创新中的促进作用强于探索式创新;另一方面,过高的密度会因知识的同质化趋同以及行为的一致性压力而负面影响创新价值,这一点在探索式创新中更为显著[272]。

可见,网络密度对二元式创新的影响取决于网络优势和劣势的比较,与网络发展的阶段和技术属性都有关系。近年来对于网络属性和创新类型的耦合研究热点的兴起[273]以及经验研究上结论的不一致性[97,274]也验证了网络密度影响的情境性。LCET-CN的建立具有较强的政策引导性,而低碳能源技术的新兴性又使得研发组织缺乏合作经验,因而对合作惯例与合作能力的形成具有摸索性[275]。因此,网络密度在最初的提高体现为一种政策的导向,而不是技术需求和技术供给适应发展中的市场选择,在此过程中由于惯例冲突、经验欠缺所带来的摩擦和不确定性会对创新有负面的影响,当密度提高到一定水平,其知识扩散的效率、多样性优势以及信任所带来的凝聚力优势逐渐凸显。因此,提出如下研究假设:

H1:研发网络密度与二元式创新呈U形关系。

5.1.2 网络集聚系数对技术创新影响的研究假设

集聚系数衡量了节点的连接对象之间关联性的程度,即组织的合作对象也是合作对象的程度,这种闭合结构的影响通常与知识的转移以及声誉机制关联[97,110]。从知识转移角度来看,集聚系数的提高有利于形成公共的合作人,有利于技术搜索和对潜在价值信息的解释。对于没有明确目的和可演绎知识基础的探索式创新而言,其实验性质和知识的缄默性使焦点企业很难充分理解合作方的技术潜在性[276],而公共合作人促进了焦点企业对信息可靠性的甄别以及对知识价值新颖性的评估。从声誉机制来看,闭合的结构通过更多的第三方和重复的联系提高了信任水平和风险分担程度,有利于对关系风险的治理[179];这种正面影响在利用式创新中尤为显著,因为利用式创新更需要频繁交流来促进知识转移，提高现有技术潜能。然而，当集聚系数过高时，过度的传递结构一方面使合作群体内的新鲜知识逐渐被重复、同质性知识取代，另一方面也由于稳定三方关系的预期抑制了新的合作伙伴关系的建立，因而阻碍了探索式创新。可见，集聚系数对探索式创新存在一个先提升后抑制的倒 U 形关系，而对利用式创新则有正面效应。

然而，现有针对不同研究情境的实证分析对集聚的效应还存在分歧：例如，郑向杰（2014）[277]基于汽车行业企业间联盟网络的实证分析得出集聚系数与创新产出呈倒 U 形关系，而曹洁琼等人（2015）[274]基于中国 ICT 产业产学研研发网络的实证分析却得出二者呈 U 形关系。实证结果的不一致性呼应了 Rowley 等人（2000）[95]的研究结论，即集聚效应的分析具有情境性。对于 LCET - CN，政策引导下的集聚效应在初步发展阶段还会因合作惯例和合作经验的缺乏带来的不确定性而负面影响技术创新。因此，集聚系数对技术创新存在一个先抑制后提升的影响，提出以下研究假设：

H2：研发网络的集聚系数与二元式创新呈 U 形关系。

5.2 行动者位置特征对技术创新的影响

如前文所述，度数中心度和中间中心度是适用于 LCET – CN 的行动者位置特征指标。本节分别分析两种中心度对技术创新的影响机理。

5.2.1 度数中心度对技术创新影响的研究假设

度数中心度衡量的是与节点直接联系的其他节点的数量，反映了组织在网络中的中心程度，而这种中心程度与创新绩效的关系已得到了不少研究的支持。从理论上来说，度数中心度给节点组织带来可达性、时效性和参考性三种信息优势[154]，Wang 等人（2014）[278]将信息优势细化为对研究领域创新知识的分布，研发趋势和最新进展，评估和筛选最有前景的技术伙伴的信息的了解。同时，组织直接联系的合作伙伴数量越多意味着资源优势越大，主要体现在组织从直接合作对象获取的互补性知识和技术的便捷性上[279]。除资源和信息优势外，网络中心性位置还可以为组织带来成本节约的好处，主要反映在信息搜索、监督和维护以及交易成本方面[252]。然而，如果组织的合作伙伴多过一定程度，也会带来信息冗余和规模的非经济性，同时滋生搭便车和非自愿性溢出的风险[280]。同时，较多的信息来源增加了企业对知识筛选的吸收难度，对利用式创新产生负面的影响。此外，在 LCET – CN 中，度数中心度较大的组织通常为能源供应行业具有垄断地位的大型国企，这些具有先天优势条件的组织在网络中可以捕捉足够的信息而失去探究新知识的动机，或者相比网络边缘的组织更易陷入既有的知识范式和认知框架[281]。因此，度数中心度对探索式创新有负面影响，提出如下研究假设：

H3：企业的度数中心度与二元式创新呈倒 U 形关系。

5.2.2 中间中心度对技术创新影响的研究假设

中间中心度较大意味着组织处于多对没有直接联系或联系中断的两个组织的"中间"，充当知识传输和信息控制枢纽的角色，相当于占据网络中结构洞的程度比较高。这种组织通常具有信息、控制和自主研发的优势。从信息优势来看，中间中心度较大的组织通常可以获得来源于结构洞两端异质性的、非冗余的、及时的知识和信息，从而有利于组织更好地把握机会和判断风险[154]；控制优势主要是源于处于结构洞的组织在充当知识传播通道和信息中介角色中获取的"桥收益"[252]；而自主研发的优势是指占据较多结构洞位置的企业不易受到紧密联系合作群体的行动规范和思维范式的束缚，这种束缚通常来自于对挑战现行认知行动框架而引起群体中不认同感的风险，因此有利于培育组织自主创新的意识[278]。因此，提出如下研究假设：

H4：企业的中间中心度对二元式创新有正向的影响。

5.3 合作伙伴关系特征对技术创新的影响

已有研究验证了合作伙伴间的关系强度和技术距离对技术创新存在影响，本节讨论低碳技术创新背景下两种关系特征对技术创新的影响机理。

5.3.1 关系强度对技术创新影响的研究假设

关系强度与创新关系的主要论断是强连接可以通过提高信任和合作水平，

有利于高质量信息和缄默知识的获取而正向影响技术创新,而弱连接则通过提供异质性知识的信息优势而正向作用于技术创新[282,283]。相应地,强连接的价值也被细化为频繁紧密的人才互动实践而形成的无形学院、组织之间关系专有资产的强化以及共同的技术范式和知识共享关系的建立,这些影响为匹配利用式创新中的知识存量和技术空间提供良好的基础,有效提高了企业对知识的获取、吸收能力和信息传递能力。弱连接的价值则体现在为探索性创新提供来自跨界的、非冗余的、获取成本较低的知识技术,使企业易于摆脱网络关系的束缚和固有的思维模式[200,284]。考虑到 LCET–CN 在我国还处于起步阶段,而低碳能源技术又具有学科交叉性、系统性与较高的复杂性,强联系所带来的深度沟通、知识共享和信息交换对二元式创新都有积极的影响。因此,提出如下研究假设:

H5:企业与其他组织的关系强度对二元式创新有正向的影响。

5.3.2 技术距离对技术创新影响的研究假设

学界对技术距离对创新的影响分析是基于 Nooteboom(1999)[116]提出的认知距离与创新价值的经典模型而做出的理论演化和实证检验。模型反映出一定技术距离有利于激发不同思维角度、知识以及互补性资源的结合,从而产生一定的新颖性价值;而当技术距离超过某一临界时,合作双方互相理解的认知基础的削弱会负面影响知识的吸收,因此创新产出趋于下降。创新产出被表达为新颖性价值(与技术距离正相关)与吸收能力(与技术距离负相关)的乘积的曲线(如图 5–1 所示)。

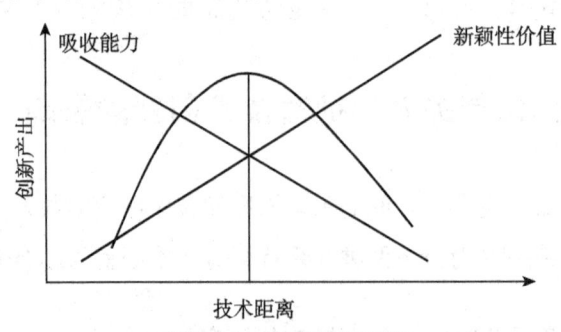

图 5–1 最优技术距离

资料来源:改编自 Gilsing 等人(2008)[97]。

技术距离对吸收能力和新颖性价值的影响以及创新产出也可以简化为以下表达式[285]：

$$AC = a_0 - a_1 TD (a_0, a_1 > 1) \quad (5-1)$$

$$NV = b_0 + b_1 TD (b_0, b_1 > 1) \quad (5-2)$$

$$IO = (a_0 - a_1 TD) \times (b_0 + b_1 TD) = a_0 b_0 + (a_0 b_1 - b_0 a_1) \times TD - a_1 b_1 TD^2 \quad (5-3)$$

其中 AC 为吸收能力；a_0 和 a_1 分别为不存在技术距离时的吸收能力和合作后技术距离对吸收能力的削减系数；TD 为技术距离；NV 为新颖性价值；b_0 和 b_1 分别为不存在技术距离时企业的新颖性价值和技术距离带来的新颖性价值系数；IO 为创新产出。将式（5-3）对 TD 求导可得创新产出 IO 最大化时的 TD^* 和 IV^* 值，分别为

$$TD^* = \frac{1}{2}\left(\frac{a_0}{a_1} - \frac{b_0}{b_1}\right) \quad (5-4)$$

$$IO^* = a_0 b_0 + \frac{(a_0 b_1 - a_1 b_0)}{4 a_1 b_1} \quad (5-5)$$

探索式创新和利用式创新的区别在于前者的技术距离带来的新颖性价值系数 b_1 要大于后者的 b_1，即探索式创新能从大的技术距离的合作获得更多的多样性的知识而增加新颖性价值。因此由式（5-4）可知，当 a_0、a_1、b_0 在二元式创新中相同时，探索式创新中最优的技术距离水平要大于利用式创新中的最优技术距离。因此，提出如下研究假设：

H6：技术距离与二元式创新呈倒 U 形关系，且随着技术距离的不断增加，将先抑制利用式创新，再抑制探索式创新。

5.4 三者交互对技术创新的影响

网络的整体结构特征、行动者位置特征以及合作伙伴关系特征都对技术创新产生重要影响，同时，三者效应并不是孤立存在的，本节讨论它们之间的交互影响。

5.4.1 网络整体特征与行动者位置特征交互的研究假设

虽然密度和集聚系数对二元式创新的影响机理在社会资本和知识扩散的

解释上面存在区别,但其影响都会反映到吸收能力和新颖性价值两个方面。而度数中心度和中间中心度对二元式创新影响的信息优势内涵虽存在差异,但也都会归结到对吸收能力和新颖性价值两个方面的影响。因此,结合前面提出的假设,构建包含网络整体特征和行动者位置特征的吸收能力与新颖性价值的模型,用于分析二者之间的交互关系。假设 H1 已指出网络密度与二元式创新呈 U 形关系,H3 指出度数中心度与二元式创新呈倒 U 形关系,H4 指出中间中心度对二元式创新有正向影响。因此,拓展式(5-1)和式(5-2)可表达为

$$AC = a_0 - a_2 D + a_3 DC + a_4 BC \quad (5-6)$$

$$NV = b_0 - b_2 D - b_3 DC + b_4 BC \quad (5-7)$$

其中,截距项和系数值均大于 0,D、DC、BC 分别为网络密度、度数中心度和中间中心度;a_2、a_3、a_4 分别为密度、度数中心度和中间中心度对吸收能力影响的系数,b_2、b_3、b_4 分别为这些指标对新颖性价值的影响系数。将式(5-6)和式(5-7)相乘得到 IO 的表达式为

$$IO = AC \times NV = a_0 b_0 + (a_0 b_4 + a_4 b_0) \times BC + (a_3 b_0 - a_0 b_3) \times DC - (a_0 b_2 + a_2 b_0) \times D + a_2 b_2 D^2 + a_4 b_4 BC^2 - a_3 b_3 DC^2 + (a_3 b_4 - a_4 b_2) \times BC \times DC + (a_2 b_3 - a_3 b_2) \times D \times DC - (a_2 b_4 + a_4 b_2) \times D \times BC \quad (5-8)$$

由 $D \times DC$ 的系数可以看出网络密度与度数中心度的交互项的系数方向取决于 $a_2 b_3 - a_3 b_2$ 是否大于 0。当 LCET-CN 处于起步阶段时,网络密度的提高会首先负向影响吸收能力,这是因为企业直接联系增加所带来的多样性知识会使缺乏低碳技术研发经验和知识基础的企业对知识吸收和消化的难度加大,而企业和合作方历史合作经验的欠缺及合作惯例的冲突又会进一步加大网络密度对知识吸收的负面影响。因此,网络密度对吸收能力的负向影响程度 a_2 较大。网络密度对新颖性价值的负面影响程度 b_2 则取决于高密度带来的信息冗余性程度,而低碳能源技术创新的学科交叉性和多领域融合性弱化了高密度所带来的信息冗余性,因此网络密度对新颖性价值的负面影响程度 b_2 较小,判断 $a_2 > b_2$。考虑到 LCET-CN 中度数中心度较大的组织通常是能源供应行业的大型综合性国企,与较多组织的直接连接对这类企业所带来的信息资源优势小于技术锁定和系统僵化带来的劣势,判断 $b_3 > a_3$。因此,$a_2 b_3 - a_3 b_2 > 0$,提出如下研究假设:

H7：网络密度与度数中心度的交互对二元式创新产生正向的影响。

进一步，可以看出 $D \times BC$ 的系数为负，提出如下研究假设：

H8：网络密度与中间中心度的交互对二元式创新产生负向的影响。

这与张红娟和谭劲松（2014）[252]所提出的关于密度与结构洞的命题一致，其解释在于高密度网络中制裁和信息同质化的负面影响会削弱中间中心度较大组织的控制优势和信息优势。

同理，包含集聚系数 C 与行动者特征指标交互项的创新产出拓展式为

$$IO = AC \times NV = a_0 b_0 + (a_0 b_4 + a_4 b_0) \times BC + (a_3 b_0 - a_0 b_3) \times DC - (a_0 b_5 + a_5 b_0) \times C + a_5 b_5 C^2 + a_4 b_4 BC^2 - a_3 b_3 DC^2 + (a_3 b_4 - a_4 b_2) \times BC \times DC + (a_5 b_3 - a_3 b_5) \times C \times DC - (a_5 b_4 + a_4 b_5) \times C \times BC \quad (5-9)$$

其中 a_5 为集聚系数对吸收能力的影响系数，b_5 为集聚系数对新颖性价值的影响系数。

由 $C \times DC$ 的系数可以看出集聚系数与度数中心度的交互项的系数方向取决于 $a_5 b_3 - a_3 b_5$ 是否大于 0。考虑到 LCET-CN 处于起步阶段，网络集聚系数的提高首先会负向影响吸收能力，这是因为闭合结构的增加要求合作企业具有更高的网络关系管理能力，而低碳技术研发的新兴性和高度不确定性又提高了合作方建立合作惯例和共同准则的难度，使得缺乏历史合作经验的创新主体更容易受制于合作摩擦和惯例冲突从而负面影响其对知识的吸收程度。因此，集聚系数对吸收能力的负向影响程度 a_5 较大。网络集聚性对新颖性价值的负面影响程度 b_5 取决于高集聚性带来的信息同质性程度，而低碳能源技术创新的学科交叉性和多领域融合性弱化了高集聚性所带来的信息同质性，因此网络集聚性对新颖性价值的负面影响程度 b_5 较小，由此判断 $a_5 > b_5$。结合前文所判断的 b_3 与 a_3 之间的大小关系，可得 $a_5 b_3 - a_3 b_5 > 0$。因此，提出如下研究假设：

H9：网络集聚系数与度数中心度的交互对二元式创新产生正向的影响。

进一步，可以看出式（5-9）中 $C \times BC$ 的系数为负，提出如下研究假设：

H10：网络集聚系数与中间中心度的交互对二元式创新产生负向的影响。

5.4.2 网络整体特征与合作伙伴关系特征交互的研究假设

由 H5 和 H6 可知，关系强度对二元式创新有正向的影响，而技术距离与

二元式创新呈倒 U 形关系，结合 H1 与 H2，构建吸收能力和新颖性价值的扩展式如下：

$$AC = a_0 - a_2D - a_1TD + a_6RS \quad (5-10)$$

$$NV = b_0 - b_2D + b_1TD + b_6RS \quad (5-11)$$

其中，RS 为关系强度；a_6 为关系强度对吸收能力影响的系数，b_6 为关系强度对新颖性价值的影响系数。将式（5-10）和式（5-11）相乘得到 IO 的表达式为

$$IO = AC \times NV = a_0b_0 + (a_0b_6 + a_6b_0) \times RS + (a_0b_1 - a_1b_0) \times TD - (a_0b_2 + a_2b_0) \times D + a_2b_2D^2 + a_6b_6RS^2 - a_1b_1TD^2 + (a_1b_6 - a_6b_1) \times TD \times RS + (a_2b_1 - a_1b_2) \times D \times TD - (a_2b_6 + a_6b_2) \times D \times RS \quad (5-12)$$

$D \times RS$ 前的系数为负，因此提出如下研究假设：

H11：网络密度与关系强度的交互对二元式创新产生负向的影响。

由前文已知 $a_2 > b_2$。依据刘彤等人（2014）[78]，可知新兴技术领域中的组织具有较大的技术互补性。LCET-CN 中组织合作的前提在于组织已具备一定的吸收能力，且预期从技术距离较大的合作中充分挖掘互补性资源重新组合的价值[97]。因此，判断 $b_1 > a_1$。因此 $a_2b_1 < a_1b_2$，D 与 TD 的交互项系数为负，而探索式创新中的 b_1 要大于利用式创新中的 b_1，因此得出以下研究假设：

H12：网络密度与技术距离的交互对二元式创新产生负向的影响，且对探索式创新的负面影响大于对利用式创新的负面影响。

同理，可得包含集聚系数 C 与合作伙伴关系特征变量交互项的创新产出拓展式为

$$IO = AC \times NV = a_0b_0 + (a_0b_6 + a_6b_0) \times RS + (a_0b_1 - a_1b_0) \times TD - (a_0b_5 + a_5b_0) \times C + a_5b_5C^2 + a_6b_6RS^2 - a_1b_1TD^2 + (a_1b_6 - a_6b_1) \times TD \times RS + (a_1b_5 - a_5b_1) \times C \times TD - (a_5b_6 + a_6b_5) \times C \times RS \quad (5-13)$$

$C \times RS$ 前的系数为负，因此提出如下假设：

H13：集聚系数与关系强度的交互对二元式创新产生负向的影响。

由前文可知，$a_5 > b_5$、$b_1 > a_1$，因此 $C \times TD$ 的系数为负，而探索式创新中的 b_1 要大于利用式创新中的 b_1，提出如下研究假设：

H14：集聚系数与技术距离的交互对二元式创新产生负向的影响，且对探

第 5 章 | 低碳能源技术研发网络结构效应的机理分析

索式创新的负面影响大于对利用式创新的负面影响。

5.4.3 行动者位置特征与合作伙伴关系特征交互的研究假设

结合前面提出的假设，构建包含行动者位置特征指标和合作伙伴关系特征的吸收能力与新颖性价值的模型，创新产出的拓展式为

$$AC = a_0 + a_3 DC + a_4 BC - a_1 TD + a_6 RS \qquad (5-14)$$

$$NV = b_0 - b_3 DC + b_4 BC + b_1 TD + b_6 RS \qquad (5-15)$$

$$IO = AC \times NV = a_0 b_0 + (a_3 b_0 - a_0 b_3) \times DC + (a_0 b_4 + a_4 b_0) \times BC + (a_0 b_1 - a_1 b_0) \times TD + (a_0 b_6 + a_6 b_0) \times RS - (a_3 b_3 DC^2 + a_1 b_1 TD^2 - a_6 b_6 RS^2 - a_4 b_4 BC^2) + (a_3 b_4 - a_4 b_3) \times DC \times BC + (a_6 b_1 - a_1 b_6) \times TD \times RS + (a_3 b_1 + a_1 b_3) \times TD \times DC + (a_3 b_6 - a_6 b_3) \times RS \times DC + (a_4 b_1 - a_1 b_4) \times TD \times BC + (a_4 b_6 + a_6 b_4) \times RS \times BC \qquad (5-16)$$

$RS \times DC$ 的系数为 $a_3 b_6 - a_6 b_3$，由前文可知 $b_3 > a_3$。关系强度的判断依据主要是联系频率、感情强度、互惠交换以及信任，强关系意味着合作组织之间较高的信任程度和联系频率，有利于组织对外部知识的吸收和消化。合作关系对新颖性价值的影响通常是通过交往频率低、渠道趋向公共性的弱关系，弱关系使得资源有限的企业能以较低的成本获取异质性的信息。高关系强度主要作用于知识吸收程度而非异质性知识的获取。判断关系强度对吸收能力的影响程度 a_6 高于其对新颖性价值的影响程度 b_6，即 $a_6 > b_6$。因此，$a_3 b_6 - a_6 b_3 < 0$，$RS \times DC$ 的系数为负，提出如下研究假设：

H15：度数中心度与关系强度的交互对二元式创新产生负向的影响。

$TD \times DC$ 的系数为 $a_3 b_1 + a_1 b_3$，而探索式创新中的 b_1 要大于利用式创新中的 b_1，因此其系数为正，提出如下研究假设：

H16：度数中心度与技术距离的交互对二元式创新产生正向的影响，且对探索式创新的正向影响大于利用式创新。

$RS \times BC$ 的系数为 $a_4 b_6 + a_6 b_4$，因此其系数为正，提出如下研究假设：

H17：中间中心度与关系强度的交互对二元式创新产生正向的影响。

$TD \times BC$ 的系数为 $a_4 b_1 - a_1 b_4$，由前文可得 $a_4 > b_4$、$b_1 > a_1$，而探索式创新中的 b_1 要大于利用式创新中的 b_1，由此可知 $TD \times BC$ 的系数为正，得出如下研究假设：

H18：中间中心度与技术距离的交互对二元式创新产生正向的影响，且对探索式创新的正向影响大于利用式创新。

本章对网络整体特征、行动者位置特征、合作伙伴关系特征以及三者之间的交互影响的分析提出了18假设，见表5-1。

表5-1　社会网络结构特征影响二元式创新的研究假设

独立效应假设	H1：研发网络密度与二元式创新呈U形关系。
	H2：研发网络的集聚系数与二元式创新呈U形关系。
	H3：企业的度数中心度与二元式创新呈倒U形关系。
	H4：企业的中间中心度对二元式创新有正向的影响。
	H5：企业与其他组织的关系强度对二元式创新有正向的影响。
	H6：技术距离与二元式创新呈倒U形关系，且随着技术距离的不断增加，将先抑制利用式创新，再抑制探索式创新。
交互效应假设	H7：网络密度与度数中心度的交互对二元式创新产生正向的影响。
	H8：网络密度与中间中心度的交互对二元式创新产生负向的影响。
	H9：网络集聚系数与度数中心度的交互对二元式创新产生正向的影响。
	H10：网络集聚系数与中间中心度的交互对二元式创新产生负向的影响。
	H11：网络密度与关系强度的交互对二元式创新产生负向的影响。
	H12：网络密度与技术距离的交互对二元式创新产生负向的影响，且对探索式创新的负面影响大于对利用式创新的负面影响。
	H13：集聚系数与关系强度的交互对二元式创新产生负向的影响。
	H14：集聚系数与技术距离的交互对二元式创新产生负向的影响，且对探索式创新的负面影响大于对利用式创新的负面影响。
	H15：度数中心度与关系强度的交互对二元式创新产生负向的影响。
	H16：度数中心度与技术距离的交互对二元式创新产生正向的影响，且对探索式创新的正向影响大于利用式创新。
	H17：中间中心度与关系强度的交互对二元式创新产生正向的影响。
	H18：中间中心度与技术距离的交互对二元式创新产生正向的影响，且对探索式创新的正向影响大于利用式创新。

5.5　本章小结

本章首先运用文献研究的方法梳理社会网络结构的整体网特征（密度和

集聚系数)、行动者位置特征(度数中心度和中间中心度)、合作伙伴关系特征(关系强度和技术距离)对二元式创新的独立影响以及其中的作用机理,提出了社会网络结构特征对二元式创新的6个研究假设。然后,通过对Nooteboom (1999)[116]提出的认知距离与创新产出的经典模型的拓展和推演,厘清整体网特征、行动者位置特征和合作伙伴关系特征三个层次因素之间的交互对二元式创新的影响,并提出了密度与度数中心度和中间中心度、集聚系数与度数中心度和中间中心度、密度与关系强度和技术距离、集聚系数与关系强度和技术距离、度数中心度与关系强和技术距离、中间中心度与关系强度和技术距离对二元式创新交互影响的12个研究假设。该章节的理论分析与研究假设为后续的实证检验奠定了基础。

第6章 低碳能源技术研发网络结构效应的实证检验

本章是对第5章提出的研究假设的实证检验，从样本选取与变量测度、描述性统计分析、模型的选取和构建、描述性统计及相关性分析、网络特征独立效应和交互效应的实证结果分析、稳健性检验以及实证结论的提出展开分析。这不仅验证了现有的丰富的网络结构效应的研究成果在 LCET–CN 中的适用性，也挖掘了 LCET–CN 中结构效应的特殊性，是对低碳能源技术创新背景下研发网络结构效应的有益探索。

6.1 样本选取与变量测度

本节为实证检验的准备工作：首先说明用于实证检验的样本来源，然后分别说明探索式创新与利用式创新的测度、网络特征变量的测度、控制变量的测度，最后给出研究中变量的描述性统计与相关性分析。

6.1.1 样本选取

本章的研究样本是在第4章样本的基础上抽取企业样本得到的，样本反映的是9个低碳能源技术类网络的225家企业在2009—2013年的企业年观测值（firm–year observation）。样本选择基于两方面的考虑：首先，LCET–CN 结构效应研究的侧重点在于企业如何依托网络实现低碳技术创新水平的提升，核心是企业节点；其次，只抽取企业样本有利于控制变量的选取，而包含高校、科研院所以及其他组织在内的全样本难以建立一致的组织控制变量。

图6–1反映了样本企业的行业分布。可见，科学研究和技术服务业的高科技企业、电力、热力、燃气及水生产和供应业的能源供应业企业、电气机械和器材制造业的设备供应商企业和采矿业企业在样本中占比较大，这与

2.2.1 节 LCET - CN 中行动者分析一致，说明实证研究中的样本选取具有合理性。

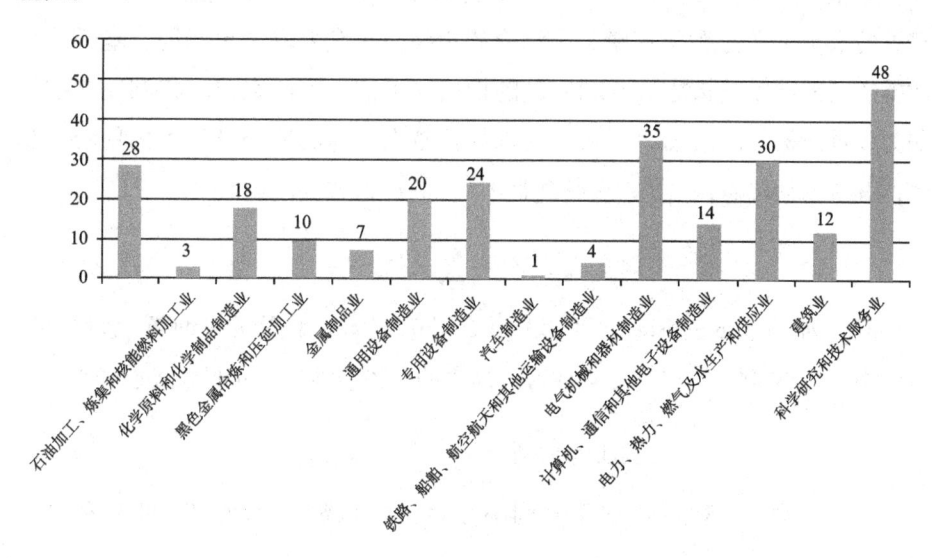

图 6-1 样本企业的行业分布

6.1.2 探索式创新与利用式创新的测度

对于被解释变量探索式创新与利用式创新，现有研究多通过量表衡量，如何建洪和贺昌政（2013）[286]、吴俊杰等人（2014）[287]对二元式创新的测度。量表数据在缺乏三角验证的情况下难以避免主观性[288]，其横截面性质不利于社会网络特征与技术创新之间的因果推断。相比而言，专利数据具有客观性和检索的便利性，有利于构建面板数据，因此逐渐被学界运用到网络分析中。本研究的研究对象是 LCET - CN，对探索式创新和利用式创新衡量的数据源是企业每年在低碳能源技术领域申请的专利，归属于低碳能源技术领域的判别是依据附录中专利代码列表进行甄别的。

鉴于国内专利引用数据的缺失，学者通常借鉴 Gilsing 等人（2008）[97]运用专利 IPC 代码的前四位确定专利新颖度来区分探索式创新和利用式创新[64,255]。具体来说，企业在观察年申请的低碳能源技术专利中，专利 IPC 代码前四位均未出现在前五年专利存量中的专利可认为是探索式创新；利用式创新则为企业在观察年申请的低碳能源技术专利总数与探索式创新专利数量之差。Guan 和 Liu（2016）[62]指出创新产出的专利衡量会受到专利数据高度偏态分布的影响，因此需要对计数专利的衡量指标加入权重进行综合考虑，权重的来源包括专利引用量、专利家族规模、权利要求、更新期。基于综合数据的可得性以及指标对专利质量的指代性考虑，本研究选取权利要求数量作为权重指标。一般而言，权利要求数目越大，专利所得到认可的创新点越多，其技术质量越高[289]。焦点企业在 t 年的探索式创新为

$$探索式创新 = \sum_{i=1}^{m} 权利要求_i \qquad (6-1)$$

其中 m 为依据 Gilsing（2008）[97]方法确定的 t 年探索式创新专利数目，权利要求$_i$ 为专利 i 的权利要求数目。同样的，该企业 t 年的利用式创新为

$$利用式创新 = \sum_{j=1}^{n} 权利要求_j \qquad (6-2)$$

其中 n 为 t 年利用式创新专利的数目，权利要求$_j$ 为专利 j 的权利要求数目。

6.1.3 网络特征变量的测度

自变量包括网络密度、网络集聚系数、度数中心度、中间中心度、关系强度和技术距离，下面逐一对其衡量方式进行描述。

（1）网络密度

网络密度是整体网络指标，在具体分析时需要考虑网络类别和指标构建的时间段：对于网络类别，基于表 4-1 的分类，LCET-CN 按不同技术属性分为核能及核工程、低碳建筑、风能、储能节能技术、垃圾发电、绿色照明、燃料电池、生物能、太阳能 9 个类别；对于指标构建时间段，考虑到合作专利关系的持续性，国内外相关文献中通常以 3~5 年为窗口期[94,257]，同时考虑到低碳能源技术的新兴性，整体样本量相对于成熟行业偏少，因此选取 5 年为时间窗口（$t-2$ 年，$t-1$ 年，t 年，$t+1$ 年，$t+2$ 年）生成 t 年的邻接矩阵，包括对相应年份数据的筛选以及重叠组织的合并。低碳能源领域的发展时间短，从实际数据来看，2006 年和 2007 年样本数据极少，因此将 2006 年和 2007 年数据合并为 1 年，从而由 2006—2011 年的数据可生成 2009 年的研发网络，由 2008—2012 年的数据生成 2010 年的网络，由 2009—2013 年的数

据生成2011年的网络，由2010—2014年的数据生成2012年的网络，由2011—2015年的数据生成2013年的网络。现有文献已证明研发网络结构对创新的影响存在1~2年的滞后[106]，本研究生成的2009—2013年的网络数据也会给因变量留有两年的滞后考察期，即2014年和2015年。因此共得到45个研发网络邻接矩阵，并通过UCINET6.237软件计算网络密度。

（2）网络集聚系数

对于计算网络密度中生成的45个研发网络的邻接矩阵逐一通过以下几个步骤计算而得：

①统计网络中包含节点i的三角形个数。

②统计网络中包含节点i的"三方组"（即三角形少一条边）的数量。

③利用公式（2-1）计算整体网络集聚系数[208]。

（3）度数中心度

度数中心度为网络中企业直接相连的节点个数，由UCINET6.237软件对每个时间窗内的邻接矩阵沿Network—Centrality—MultipleMeasures直接计算得到标准化值。

（4）中间中心度

中间中心度由UCINET6.237软件对每个时间窗内的邻接矩阵沿Network—Centrality—FreemanBetweenness直接计算而得到标准化值。

（5）关系强度

依据曾德明等人（2015）[255]的研究，关系强度可依据网络内企业之间的互动频率来衡量，衡量指标为企业与其合作伙伴的平均合作次数。具体而言，本研究借鉴Gonzalez-Brambila（2013）[215]的方法对平均合作次数进行度量：假设3年时间窗的合作创新矩阵为M，M为$N \times N$的0-1矩阵，N代表节点数目，元素为1或0表示是否存在合作关系，构建基于合作次数的多值矩阵Q，Q也为$N \times N$矩阵，元素为企业与其合作伙伴的合作次数。则企业与其他组织合作的关系强度为对Q的行（或列）累加除以对应M的行（或列）累加。例如，企业A与合作伙伴B合作6次，与合作伙伴C合作2次，与网络中其他组织均无合作，则对于企业A直接联系的关系强度为$(6+2)/(1+1)=4$。

（6）技术距离

学界对技术距离的衡量一般是通过比较合作双方以专利存量为代表的知

识基础[64,290]进行计算的。依据 Jaffe（1986）[291]技术邻近性表达式的变体，可以将技术距离表达为

$$TD_{ij} = 1 - \sum_k F_{ik} F_{jk} \Big/ \Big[\big(\sum_k F_{ik}^2 \big) \big(\sum_k F_{jk}^2 \big) \Big]^{1/2} \quad (6-3)$$

其中，TD_{ij} 表示企业 i 与合作伙伴 j 之间的技术距离；k 是技术类别，指代企业 i 与合作伙伴 j 在观察年 t 前 5 年（$t-5 \sim t-1$ 年）内所申请的专利 IPC 代码前 4 位重合部分的技术领域；F_{ik} 为企业 i 在第 k 类技术领域中的专利数量，F_{jk} 为合作伙伴 j 在第 k 类技术领域中的专利数量。TD_{ij} 越接近 0，表明企业与合作伙伴之间的技术距离越小，该数值越接近 1，表明企业与合作伙伴之间的技术距离越大。由于样本中企业通常与一家以上组织合作，因此对一个企业可计算出多个技术距离，仅取算术平均值未反映出合作组织之间的关系强度，因此对该企业在该年份区间所有的合作单位的技术距离取加权平均，权值为该年份区间的累计合作次数，将得到的值作为该企业在该年度区间的技术距离值。

6.1.4 控制变量的测度

依据数据可得性，参考刘凤朝（2015）[292]、Guan 和 Liu（2016）[62]等文献从企业特征、行业特征、时间效应三个方面选取控制变量。涉及的企业特征主要包括研发强度、二元式创新学习能力、企业性质。就研发强度而言，对非上市企业来说，很大比重的企业研发数据样本不可得，因此利用企业在过去 5 年的专利存量作为研发强度的替代变量。现有文献已证明，历史专利存量反映了企业的知识储备多寡，与企业研发强度关联程度高[293]。对二元式创新学习能力而言，考虑到探索式创新与利用式创新并不是孤立存在的，它们之间相互依存，过去的探索式创新和利用式创新会对当前的技术创新水平产生正面或负面的影响[62]，因此创新学习能力的衡量可通过企业在 $t-1$ 年的探索式创新和利用式创新变量来反映。就企业性质而言，我国国有企业相较于非国有企业通常具有规模、资本上的优势，同时也受到更多来自政府和社会的监督，因此会有更强的实力和动机去进行低碳技术的创新，此外国有企业所有制在给企业带来信用贷款、税收减免、财政补助和监管弹性的同时也抑制了企业积极地、创新地解决环境问题并从中获取竞争优势，因此，本研

究通过构建国有企业性质变量来控制所有制对企业的激励约束影响,若企业性质为国有企业则企业性质变量值为1,否则为0。行业特征则通过设置企业行业分布虚拟变量来进行度量。时间效应则通过设置年份虚拟变量来度量。表6-1对模型的各个变量信息进行了汇总。

表6-1 模型变量信息汇总

类型	变量	描述
因变量	探索式创新	专利权利要求加权的企业i在t年申请的低碳能源技术专利中,IPC代码前4位未出现在过去$t-5\sim t-1$年的专利数量($P1$)
因变量	利用式创新	专利权利要求加权的企业i在t年申请的低碳能源技术专利总数与探索式创新的专利数量之差($P2$)
自变量	网络密度	由5年时间窗、9个技术属性类别构成的45个研发网络邻接矩阵通过UCINET直接计算而得(D)
自变量	网络集聚系数	对5年时间窗、9个技术属性类别构成的45个研发网络邻接矩阵通过公式(2-1)计算而得(C)
自变量	度数中心度	将5年时间窗、9个技术属性类别构成的45个研发网络邻接矩阵的节点通过UCINET分别计算度数中心度(DC)
自变量	中间中心度	将5年时间窗、9个技术属性类别构成的45个研发网络邻接矩阵的节点通过UCINET分别计算中间中心度(BC)
自变量	关系强度	历史合作次数赋值的多值矩阵逐行(或逐列)求和与相应的研发网络邻接矩阵相应行(或相应列)的和的比值(RS)
自变量	技术距离	依据自然数1与Jaffe(1986)[291]技术邻近性公式$\sum_{k}F_{ik}F_{jk}/[(\sum_{k}F_{ik}^{2})(\sum_{k}F_{jk}^{2})]^{1/2}$的差计算,并由关系强度加权的平均技术距离($TD$)
控制变量	研发强度	企业$t-5\sim t-1$年专利存量(RD)
控制变量	探索式学习能力	企业在$t-1$年的探索式创新专利数量($A1$)
控制变量	利用式学习能力	企业在$t-1$年的利用式创新专利数量($A2$)
控制变量	企业所有制	若企业性质为国有企业,变量为1,否则为0(O)
控制变量	行业	企业行业分布的虚拟变量($Sector$)
控制变量	时间	年份的虚拟变量($Year$)

注:所有制数据来自于企业网站及其新闻的检索,所属行业数据来自于企业网站及其新闻的检索与国家统计局行业分类❶的对应关系,其余数据均来源于佰腾网。

---

❶ http://www.stats.gov.cn/tjsj/tjbz/hyflbz/

6.1.5 描述性统计与相关性分析

表6-2列出了样本数量和变量的均值、标准差、最小值、中位数及最大值。标准化后的度数中心度（DC）和中间中心度（BC）的均值分别为1.372和1.571，这与现有Guan和Liu（2016）[62]的研究相当。对比 DC 与 BC 的标准差，中间中心度的标准差很大，说明企业在研发网络中的地位存在较大的差异。从关系强度（RS）的均值来看，企业平均合作次数为1，说明LCET-CN中的组织之间的合作深度还有待加强。此外，值得注意的是，经过权利要求加权后的探索式创新水平远低于利用式创新水平，印证了探索式创新是偶发的、随机的，其频率远远低于利用式创新，而利用式创新则是企业对现有技术潜能的最大化挖掘，与企业的直接利润和竞争优势息息相关[170]。

进一步分析变量的相关系数（如表6-3所示），可看出大部分因变量、自变量与控制变量的相关系数处于0.01~0.7的范围内，表明变量之间的相关性还未达到引起多重共线性的程度。但在二次项和交互项的相关系数中，密度（D）、集聚系数（C）、度数中心度（DC）和技术距离（TD）的二次项都与其一次项相关系数很高，说明将二次项引入模型都需进行中心化处理；此外，由于集聚系数和密度具有较高的相关系数，导致其二次项、包含集聚系数和密度的交互项相关系数也较高，因此将集聚系数和密度项分别引入模型，并将模型中交互项进行中心化处理。相关性分析在一定程度上表明模型设定的合理性，但难以反映因果联系，还需运用计量回归方法对变量间关系进行进一步分析。

表6-2 模型变量的描述性统计

变量	N	mean	sd	min	Median	max
D	757	0.080	0.0380	0.033	0.08	0.180
D2	757	0.008	0.00800	0.001	0.006	0.032
C	757	0.526	0.400	0.123	0.355	1.829
C2	757	0.437	0.753	0.015	0.126	3.345
DC	757	1.494	1.671	0.147	0.98	8.754

续表

变量	N	mean	sd	min	Median	max
DC2	757	5.018	13.03	0.022	0.961	76.64
BC	757	1.532	4.025	0	0	23.98
RS	757	3.620	8.351	0	1	49
TD	757	1.355	2.703	0	0.478	19.42
TD2	757	9.134	41.60	0	0.229	377.3
D*DC	757	0.145	0.235	0.005	0.069	1.576
D*BC	757	0.141	0.393	0	0	3.143
D*RS	757	0.308	0.765	0	0.033	6.532
D*TD	757	0.110	0.213	0	0.032	1.463
C*DC	757	0.862	1.687	0.046	0.399	15.17
C*BC	757	0.719	2.139	0	0	27.94
C*RS	757	1.758	4.943	0	0.226	64.02
C*TD	757	0.647	1.335	0	0.182	10.96
DC*RS	757	7.167	22.82	0	0.219	240.6
DC*TD	757	2.242	5.689	0	0.347	52.50
BC*RS	757	7.958	55.31	0	0	907.5
BC*TD	757	2.695	11.88	0	0	166.0
A1	757	7.844	14.25	0	2	101
A2	757	55.91	229.6	0	2	2221
RD	757	190.0	646.7	0	23	5357
O	757	0.563	0.496	0	1	1
P1	757	11.76	98.52	0	8	305
P2	757	78.7	624.5	0	65	2010

表6-3 模型变量的相关性分析

	D	D2	C	C2	DC	DC2	BC	RS	TD	TD2	D*BC	D*RS	D*TD	C*DC	C*BC	C*RS	C*TD	DC*RS	BC*RS	BC*TD	A1	A2	RD	O	P1	P2
D	1																									
D2	0.97**	1																								
C	0.61**	0.70**	1																							
C2	0.66**	0.76**	0.97**	1																						
DC	0.40**	0.37**	0.11**	0.12*	1																					
DC2	0.37**	0.36**	0.14**	0.14	0.94**	1																				
BC	0.12*	0.08*	-0.05	-0.03	0.42**	0.37**	1																			
RS	0.06	0.03	-0.04	-0.03	0.13	0.06	0.07**	1																		
TD	0.02*	0	-0.06	-0.04	-0.05**	0.03	0.06	0.47**	1																	
TD2	-0.03	0.04	-0.07	-0.06	0.01	-0.02	-0.01	0.41**	0.91**	1																
D*DC	0.55**	0.54**	0.27**	0.28**	0.94**	0.95**	0.34**	0.09	0.03	-0.02	1															
D*BC	0.23	0.20**	0.03	0.05	0.50**	0.48**	0.95**	0.09	0.06	-0.01	0.46**	1														
D*RS	0.2	0.17	0.03	0.06	0.19	0.12**	0.10**	0.93**	0.35	0.26	0.18	0.07	1													
D*TD	0.50**	0.55**	0.51**	0.50**	0.75**	0.12**	0.19	0.42**	0.91**	0.75**	0.13**	0.13**	0.18	1												
C*DC	0.23**	0.28**	0.22**	0.22**	0.43	0.42**	0.73**	0.02**	0.01	-0.02	0.88**	0.83**	0.1	0.14**	1											
C*BC	0.26	0.18	0.24	0.25	0.1	0.42	0.78	0.77**	0.03	0.27	0.46**	0.03**	0.05	0.50**	0.06**	1										
C*RS	0.18	0.18	0.34**	0.36**	0.12**	0.07**	0.02**	0.41	0.34**	0.65**	0.12	0.08**	0.81	0.15**	0.14**	0.55**	1									
C*TD	0.26**	0.29**	0.34**	-0.02	0.37	0.11	0.03**	0.78**	0.32**	0.28	0.17	0.20**	0.81	0.24	0.29**	0.52	0.28**	1								
DC*RS	0.15	0.12	-0.04	0.03**	0.46**	0.29	0.19	0.45	0.72	0.64	0.31	0.33**	0.37**	0.19	0.27	0.33**	0.64**	0.52**	1							
DC*TD	0.15**	0.14**	0.02	0.03**	0.46**	0.42**	0.27	0.42	0.16**	0.07	0.42**	0.71**	0.35	0.34**	0.46	0.21**	0.08	0.34**	0.29**	1						
BC*RS	0.02	0.01	-0.05	-0.04	0.18	0.15**	0.42**	0.25	0.28	0.15	0.13**	0.16	0.21	0.14**	0.27	0.11	0.18**	0.18	0.47	0.31	1					
BC*TD	0.08	0.05	-0.06	-0.03	0.28**	0.26	0.65	0.20**	0.15**	0.05**	0.23**	0.33	0.21	0.06	0.62	0.15	0.16**	0.20**	0.18**	0.45	0.38**	1				
A1	0.06**	0.06	-0.01	0.02**	0.09*	0.06	0.31	0.11	0.11	0.03	0.05**	0.20**	0.09	0.01	0.27	0.03**	0.07	0.16**	0.20**	0.31	0.45	0.54**	1			
A2	0.01	-0.01	-0.05	-0.05	0.09**	0.05**	0.28**	0.11	0.10*	0.02*	0.24**	0.09	0.08	0.02**	0.23	0.14	0.05**	0.18	0.32**	0.41**	0.17	0.49	0.9**	1		
RD	0.12**	0.11	0.11**	0.12	0.14**	0.05**	0.03	0.09	-0.03	0.14**	0.06**	0.10**	0.1	0.11**	0.06	0.03	0.06**	0.15	0.3	0.17	0.3	0.16**	0.54	0.10**	1	
O	0.03*	0.02**	-0.03	-0.01	0.11**	0.06	0.24**	0.29	0.11	0.02**	0.21**	0.28**	0.08	0.17	0.22	0.06	0.11*	0.04**	0.36	0.3	0.41**	0.39	0.11	1		
P1	0.03**	0.02	0.11**	-0.01	0.06**	0.05	0.24**	0.11	0.11	0.02**	0.11**	0.28**	0.07	0.17	0.22	0.06	0.11*	0.15	0.16	0.3	0.41**	0.78**	0.16**	0.39	0.41	0.20**	1
P2	0.05**	0.03	-0.04	-0.04	0.12**	0.07**	0.30**	0.11**	0.09**	0.11	0.09**	0.11**	0.09**	0.03**	0.21**	0.05**	0.06**	0.17**	0.27	0.39	0.58**	0.78**	0.08**	0.11	0.49**	1

注：`***`表示显著性水平 $p<0.01$（双尾检验），`**`表示显著性水平 $p<0.05$（双尾检验），`*`表示显著性水平 $p<0.1$（双尾检验）。

6.2 模型的选取与设定

本节在前节设定的基础上进行模型的选取和构建。

6.2.1 模型选取

由于被解释变量低碳领域的探索式创新和利用式创新均属于非负的计数变量,如果对其进行线性回归分析会导致无效、非一致和有偏的参数估计[294]。而泊松回归和负二项回归则是针对计数型被解释变量的回归模型。两类回归的选择是基于被解释变量期望方差的比较。依据 6.1.5 小节的描述性统计结果,探索式创新和利用式创新的方差均远大于均值,即存在"过度分散"(overdispersion)现象,因此预判模型为负二项回归模型。由于本研究样本是 2009—2013 年的面板数据,因此需要判断是运用负二项随机回归模型还是采用负二项固定效应模型。依据 Hausman 检验,所有模型均未能在显著性水平下拒绝原假设;此外,Greene(2008)[295]指出,当样本期间很短时固定效应模型会产生有偏的估计,因此选择负二项随机回归模型。进一步,由于 20% 和 22% 的探索式创新和利用式创新变量的值为 0,因此需要判断是运用"零膨胀负二项回归"还是负二项回归,由 Vuong 检验可知:其渐进分布为标准分布,如果 Vuong 统计量很大(为正数),则选择零膨胀负二项回归;反之,如果 Vuong 统计量很小(为负),则选择负二项回归[294]。由于回归的 Vuong 检验值均小于 1.96❶,说明无法在负二项回归模型和零膨胀负二项回归模型中做出选择[296]。因此先以负二项随机回归模型作为主模型进行回归分析,再运用零膨胀负二项回归模型进行稳健性检验。

6.2.2 模型设定

对于个体 i,设被解释变量为 Y_i,假设 $Y_i = y_i$ 的概率符合参数为 λ 的泊松分布:

---

❶ 在 6.4.4 小节中给出了 Vuong 检验的结果。

$$P = (Y_i = y_i \mid x_i) = \frac{e^{-\lambda_i}\lambda_i^{y_i}}{y_i!} \quad (y = 0,1,\cdots,n) \qquad (6-4)$$

其中，$\lambda_i > 0$ 为泊松到达率，表示时间发生的平均次数，由解释变量 x_i 决定。泊松分布的期望和方差都等于泊松到达率，即 $E(Y_i \mid x_i) = \mathrm{var}(Y_i \mid x_i) = \lambda_i$，为保证 λ_i 非负，假设 Y_i 的条件期望函数为

$$E(Y_i \mid x_i) = \lambda_i = \exp(x_i'\beta) \qquad (6-5)$$

由于探索式创新和利用式创新变量的方差明显大于期望，因此在条件期望函数的对数表达式中加入随机变量 ε_i 表示不可观测部分或个体的异质性：

$$\ln\lambda_i = x_i'\beta + \varepsilon_i \qquad (6-6)$$

则泊松到达率 λ_i 为

$$\lambda_i = \exp(x_i'\beta) \cdot \exp(\varepsilon_i) = u_i v_i \qquad (6-7)$$

对于给定的 x_i 与 v_i，y_i 依然服从泊松分布：

$$P = (Y_i = y_i \mid x_i, v_i) = \frac{e^{-u_i v_i} u_i v_i^{y_i}}{y_i!}(y = 0,1,\cdots,n) \qquad (6-8)$$

由于 v_i 不可观测，故记 v_i 的概率密度函数为 $g(v_i)$，对 v_i 积分，计算 y_i 的边缘密度：

$$P = (Y_i = y_i \mid x_i) = \int_0^\infty \frac{e^{-u_i v_i} u_i v_i^{y_i}}{y_i!} g(v_i)\mathrm{d}v_i \qquad (6-9)$$

令 v_i 服从 Gamma 分布，将 Gamma 的概率密度代入方程，即可得到负二项分布的概率密度，由此可以写出样本数据的似然函数，然后进行 MLE 估计。对于稳健性检验中运用的零膨胀负二项回归与负二项回归的区别在于，首先要对取零或取正整数的概率进行估计，再对取哪个正整数的概率进行估计，即假定被解释变量 y_i 服从以下"混合分布"[294]：

$$\begin{cases} P(y_i = 0 \mid x_i) = \theta \\ P(y_i = j \mid x_i, v_i) = \dfrac{(1-\theta)e^{-u_i v_i}(u_i v_i)_i^j}{j!(1-e^{-u_i v_i})} \end{cases} \qquad (6-10)$$

已有研究证明研发网络的结构对创新绩效可能存在滞后的影响[208]，因此，被解释变量取申请专利当年 t、$t+1$ 年、$t+2$ 年值的平均值。基本模型设置如下❶：

---

❶ 其中密度和集聚系数因共线性问题将分别引入模型。

$$E(\frac{1}{3}\sum_{t=0}^{2}(P_{1(2)})_t/D_{jt},D_{jt}^2,C_{jt},C_{jt}^2,A1_{it},A2_{it},RD_{it},O_{it}) \qquad (6-11)$$

$$= \exp(\partial_1 D_{jt} + \partial_2 D_{jt}^2 + \partial_3 C_{jt} + \partial_4 C_{jt}^2 + \partial_5 A1_{it} + \partial_6 A2_{it} + \partial_7 RD_{it} + \partial_8 O_{it})$$

$$E(\frac{1}{3}\sum_{t=0}^{2}(P_{1(2)})_t/DC_{it},DC_{it}^2,BC_{it},A1_{it},A2_{it},RD_{it},O_{it}) \qquad (6-12)$$

$$= \exp(\beta_1 DC_{it} + \beta_2 DC_{it}^2 + \beta_3 BC_{it} + \beta_4 A1_{it} + \beta_5 A2_{it} + \beta_6 RD_{it} + \beta_7 O_{it})$$

$$E(\frac{1}{3}\sum_{t=0}^{2}(P_{1(2)})_t/RS_{it},TD_{it},TD_{it}^2,A1_{it},A2_{it},RD_{it},O_{it}) \qquad (6-13)$$

$$= \exp(\varphi_1 TD_{it} + \varphi_2 TD_{it}^2 + \varphi_3 RS_{it} + \varphi_4 A1_{it} + \varphi_5 A2_{it} + \varphi_6 RD_{it} + \varphi_7 O_{it})$$

$$E(\frac{1}{3}\sum_{t=0}^{2}(P_{1(2)})_t/D_{jt},D_{jt}^2,C_{jt},C_{jt}^2,DC_{it},DC_{it}^2,BC_{it},D_{jt}*DC_{it},D_{jt}*BC_{it},C_{jt}*DC_{it},C_{jt}*BC_{it},A1_{it},A2_{it},RD_{it},O_{it})$$

$$= \exp(\eta_1 D_{jt} + \eta_2 D_{jt}^2 + \eta_3 C_{jt} + \eta_4 C_{jt}^2 + \eta_5 DC_{it} + \eta_6 DC_{it}^2 + \eta_7 BC_{it} + \eta_8 D_{jt}*DC_{it} + \eta_9 D_{jt}*BC_{it} + \eta_{10} C_{jt}*DC_{it} + \eta_{11} C_{jt}*BC_{it} + \eta_{12} A1_{it} + \eta_{13} A2_{it} + \eta_{14} RD_{it} + \eta_{15} O_{it})$$

$$(6-14)$$

$$E(\frac{1}{3}\sum_{t=0}^{2}(P_{1(2)})_t/D_{jt},D_{jt}^2,C_{jt},C_{jt}^2,TD_{it},TD_{it}^2,RS_{it},D_{jt}*TD_{it},D_{jt}*RS_{it},C_{jt}*TD_{it},C_{jt}*RS_{it},A1_{it},A2_{it},RD_{it},O_{it})$$

$$= \exp(\kappa_1 D_{jt} + \kappa_2 D_{jt}^2 + \kappa_3 C_{jt} + \kappa_4 C_{jt}^2 + \kappa_5 TD_{it} + \kappa_6 TD_{it}^2 + \kappa_7 RS + \kappa_8 D_{jt}*TD_{it} + \kappa_9 D_{jt}*RS_{it} + \kappa_{10} C_{jt}*TD_{it} + \kappa_{11} C_{jt}*RS_{it} + \kappa_{12} A1_{it} + \kappa_{13} A2_{it} + \kappa_{14} RD_{it} + \kappa_{15} O_{it})$$

$$(6-15)$$

$$E(\frac{1}{3}\sum_{t=0}^{2}(P_{1(2)})_t/DC_{it},DC_{it}^2,BC_{it},RS_{it},TD_{it},TD_{it}^2,A1_{it},A2_{it},RD_{it},O_{it})$$

$$= \exp(\phi_1 DC_{it} + \phi_2 DC_{it}^2 + \phi_3 BC_{it} + \phi_4 TS_{it} + \phi_5 TS_{it}^2 + \phi_6 RS_{it} + \phi_7 DC_{it}*TD_{it} + \phi_8 DC_{it}*RS_{it} + \phi_9 BC_{it}*RS_{it} + \phi_{10} BC_{it}*TD_{it} + \phi_{11} A1_{it} + \phi_{12} A2_{it} + \phi_{13} RD_{it} + \phi_{14} O_{it}) \qquad (6-16)$$

其中式（6-11）~式（6-13）为网络特征独立效应的实证检验模型，式（6-14）~式（6-16）为网络特征交互影响的检验模型。

6.3 网络特征独立效应的实证检验

与第 5 章中的讨论相对应,本研究的实证检验分为两部分,一部分检验网络整体特征、行动者位置特征以及合作伙伴关系特征对技术创新的独立影响,另一部分检验三类特征的交互对技术创新的影响,本节内容是对第一部分的实证检验,随后一节内容是对第二部分的实证检验。

6.3.1 网络整体特征对技术创新影响的实证结果

为验证第 5 章所提出的假设,运用 Stata11.2 对样本企业进行非平衡面板数据随机效应的负二项回归,回归结果见表 6-4~表 6-6。每一张表中均列出仅包含控制变量的模型、单个关键自变量的模型和包含交互项的模型,结果显示系数的方向在各个回归模型中均是稳健的。同时,由于变量的相关性分析显示网络密度 D 和集聚系数 C 具有较高的相关性,因此分别引入模型。所有二次项均做了中心化处理,减弱了共线性问题。可以看出每一个模型的 LR 检验值均在 0.1% 的水平上拒绝了泊松分布,因此验证了负二项回归模型选择的合适性。此外,每个模型的 Waldchi2 均通过了显著性检验,说明模型与数据的契合度较好,模型整体是显著的。行业和年份效应均已通过虚拟变量控制。在表 6-4 中,模型 $M2$ 和 $M9$ 分别显示了密度对探索式创新和利用式创新的影响,前者中密度的一次项系数仅在 10% 的水平下显著为正,而二次项系数并不显著;后者中密度的一次项和二次项虽方向与假设相同,但均未通过显著性检验,因此假设 H1 未得到证实。

模型 $M3$ 和 $M10$ 分别显示了集聚系数对探索式创新和利用式创新的影响,前者中集聚系数方向虽与预期一致,但系数不显著;后者中,集聚系数的一次项系数显著为负,二次项系数显著为正,说明集聚系数与利用式创新呈 U 形关系。因此假设 H2 得到部分验证。

总体来看,模型 $M2$、$M3$ 与仅含控制变量的基础模型 $M1$ 相比较,模型 $M9$、$M10$ 与基础模型 $M8$ 相比较,LR 检验值均显示出包含关键解释变量 D 和 C 的模型比基础模型解释力度更高;网络密度对二元式创新不产生影响;集聚系数与利用式创新呈 U 形关系。

表6-4 网络整体特征与行动者位置交互影响的实证结果

<table>
<tr><th rowspan="2">Variable</th><th colspan="7">探索式创新绩效 P1</th><th colspan="7">利用式创新绩效 P2</th></tr>
<tr><th>M1</th><th>M2</th><th>M3</th><th>M4</th><th>M5</th><th>M6</th><th>M7</th><th>M8</th><th>M9</th><th>M10</th><th>M11</th><th>M12</th><th>M13</th><th>M14</th></tr>
<tr><td>D</td><td></td><td>8.647*
(1.80)</td><td></td><td></td><td></td><td>6.816*
(1.79)</td><td></td><td></td><td>-4.566
(-0.87)</td><td></td><td></td><td></td><td>-8.755
(-1.54)</td><td></td></tr>
<tr><td>D2</td><td></td><td>-25.80
(-1.25)</td><td></td><td></td><td></td><td>-33.68
(-1.53)</td><td></td><td></td><td>17.63
(0.83)</td><td></td><td></td><td></td><td>38.472
(1.56)</td><td></td></tr>
<tr><td>C</td><td></td><td></td><td>-0.048
(-0.15)</td><td></td><td></td><td></td><td>-0.138
(-0.42)</td><td></td><td></td><td>-0.616***
(-2.82)</td><td></td><td></td><td></td><td>-0.740***
(-4.03)</td></tr>
<tr><td>C2</td><td></td><td></td><td>0.056
(0.33)</td><td></td><td></td><td></td><td>0.032
(0.18)</td><td></td><td></td><td>0.295***
(2.74)</td><td></td><td></td><td></td><td>0.256***
(5.03)</td></tr>
<tr><td>DC</td><td></td><td></td><td></td><td>0.078***
(2.79)</td><td></td><td>0.041***
(2.80)</td><td>0.0880***
(2.75)</td><td></td><td></td><td></td><td>0.164***
(3.84)</td><td></td><td>0.135***
(3.44)</td><td>0.191***
(4.14)</td></tr>
<tr><td>DC2</td><td></td><td></td><td></td><td>-0.011***
(-3.61)</td><td></td><td>-0.031***
(-2.64)</td><td>-0.019***
(-2.63)</td><td></td><td></td><td></td><td>-0.015***
(-2.85)</td><td></td><td>-0.032***
(-2.96)</td><td>-0.032***
(-3.56)</td></tr>
<tr><td>BC</td><td></td><td></td><td></td><td></td><td>0.011***
(3.21)</td><td>0.072***
(3.53)</td><td>0.029***
(2.02)</td><td></td><td></td><td></td><td></td><td>0.030***
(3.39)</td><td>0.042***
(2.91)</td><td>0.016
(2.89)</td></tr>
<tr><td>D*DC</td><td></td><td></td><td></td><td></td><td></td><td>2.593***
(3.00)</td><td></td><td></td><td></td><td></td><td></td><td></td><td>1.241
(1.61)</td><td></td></tr>
<tr><td>D*BC</td><td></td><td></td><td></td><td></td><td></td><td>-0.799***
(-3.50)</td><td></td><td></td><td></td><td></td><td></td><td></td><td>-0.242
(-1.07)</td><td></td></tr>
<tr><td>C*DC</td><td></td><td></td><td></td><td></td><td></td><td></td><td>0.200***
(2.70)</td><td></td><td></td><td></td><td></td><td></td><td></td><td>0.152***
(2.91)</td></tr>
</table>

续表

Variable	探索式创新绩效 P1							利用式创新绩效 P2						
	M1	M2	M3	M4	M5	M6	M7	M8	M9	M10	M11	M12	M13	M14
C*BC							-0.059*							0.004
							(-1.84)							(0.837)
A1	0.013***	0.012***	0.011***	0.012***	0.012***	0.012***	0.012***	0.027***	0.027***	0.026***	0.028***	0.027***	0.027***	0.026***
	(4.77)	(4.76)	(4.69)	(4.57)	(4.64)	(4.44)	(4.30)	(12.78)	(12.38)	(12.58)	(12.90)	(12.22)	(11.79)	(11.86)
A2	0.056***	0.031***	0.035***	0.026***	0.025***	0.019***	0.021***	0.013***	0.015***	0.017***	0.021***	0.020***	0.022***	0.019***
	(5.32)	(4.01)	(4.67)	(5.01)	(4.28)	(4.32)	(5.02)	(11.02)	(12.06)	(13.05)	(11.21)	(12.98)	(10.03)	(11.87)
RD	0.132**	0.153**	0.198**	0.176**	0.180**	0.143**	0.139**	0.190***	0.186**	0.192**	0.167**	0.129**	0.158**	0.159**
	(2.36)	(2.34)	(2.38)	(2.16)	(2.05)	(2.09)	(2.15)	(3.45)	(2.53)	(2.08)	(2.14)	(2.26)	(2.24)	(2.22)
O	0.466***	0.484***	0.465***	0.443***	0.465***	0.457***	0.440***	0.532***	0.530***	0.518***	0.444***	0.530***	0.427***	0.481***
	(3.82)	(4.00)	(3.80)	(3.56)	(3.81)	(3.52)	(3.70)	(3.75)	(3.69)	(3.58)	(3.11)	(3.72)	(3.55)	(3.21)
Year	√	√	√	√	√	√	√	√	√	√	√	√	√	√
Industry	√	√	√	√	√	√	√	√	√	√	√	√	√	√
Wald chi2	113.69	118.88	115.60	156.34	159.46	191.66	189.30	197.51	204.13	209.92	233.15	211.27	256.42	265.09
log-likelihood	-2298.16	-2296.26	-2298.08	-2297.462	-2285.542	-2041.086	-2091.79	-2861.55	-2859.49	-2858.18	-2854.37	-2856.28	-2845.76	-2841.36
LR test	45.73***	54.28***	53.87***	55.56***	66.01***	65.59***	65.54***	450.38***	453.99***	451.05***	449.41***	436.67***	436.46***	447.38***

注：显著性水平 $p<0.1$，$^{**}p<0.05$，$^{***}p<0.01$，括号内为 t 值；因节约篇幅未包含常数项在内。

表6-5 网络整体特征与合作伙伴关系交互影响的实证结果

Variable	探索式创新绩效 P1							利用式创新绩效 P2					
	M1	M2	M3	M4	M5	M6	M7	M8	M9	M10	M11	M12	M13	M14
D		8.647*				9.833**			-4.566				-2.468	
		(1.80)				(2.13)			(-0.87)				(-0.44)	
D2		-25.80				-25.405			17.63				8.728	
		(-1.25)				(-1.29)			(0.83)				(0.39)	
C			-0.048				-0.115			-0.616***				-0.490***
			(-0.15)				(-0.36)			(-2.82)				(-3.26)
C2			0.056				0.002			0.295***				0.166***
			(0.33)				(0.01)			(2.74)				(2.83)
RS				0.038***		0.032***	0.030***				0.046***		0.034***	0.037***
				(8.76)		(4.26)	(4.89)				(11.39)		(3.21)	(6.34)
TD					0.076***	0.046**	0.038**					0.116***	0.080**	0.065**
					(3.85)	(2.03)	(2.16)					(7.06)	(2.19)	(2.08)
TD2					-0.005***	-0.003**	-0.002**					-0.007***	-0.007***	-0.004**
					(-2.79)	(-1.98)	(-2.05)					(-4.28)	(-3.35)	(-2.49)
D*RS						-0.082							-0.033	
						(0.88)							(0.30)	
D*TD						-1.543***							1.055**	
						(-2.70)							(2.03)	

129

续表

Variable	探索式创新绩效 P1 M1	M2	M3	M4	M5	M6	M7	利用式创新绩效 P2 M8	M9	M10	M11	M12	M13	M14
C*RS							0.024* (1.76)							0.002 (0.23)
C*TD							-0.151** (-2.30)							0.012** (2.00)
A1	0.013*** (4.77)	0.012*** (4.76)	0.011*** (4.69)	0.012*** (4.57)	0.012*** (4.64)	0.012*** (4.54)	0.012*** (4.70)	0.027*** (12.78)	0.027*** (12.38)	0.026*** (12.58)	0.028*** (12.90)	0.027*** (12.22)	0.027*** (9.79)	0.026*** (10.86)
A2	0.056*** (5.32)	0.031*** (4.01)	0.035*** (4.67)	0.029*** (4.98)	0.032*** (5.06)	0.002*** (4.33)	0.021*** (4.77)	0.013*** (11.02)	0.015*** (12.06)	0.017*** (13.05)	0.012*** (10.59)	0.013*** (11.25)	0.013*** (12.02)	0.012*** (11.68)
RD	0.132** (2.36)	0.153** (2.34)	0.198** (2.38)	0.173** (2.16)	0.128** (2.25)	0.153** (2.01)	0.169** (2.16)	0.190*** (3.45)	0.186** (2.53)	0.192** (2.08)	0.191 (2.14)	0.187** (2.26)	0.158** (2.04)	0.159** (2.42)
O	0.466*** (3.82)	0.484*** (4.00)	0.465*** (3.80)	0.443*** (3.56)	0.475*** (3.81)	0.466*** (3.53)	0.443*** (3.98)	0.532*** (3.75)	0.530*** (3.69)	0.518*** (3.58)	0.442*** (3.11)	0.529*** (3.72)	0.427*** (3.61)	0.451*** (3.53)
Year	√	√	√	√	√	√	√	√	√	√	√	√	√	√
Industry	√	√	√	√	√	√	√	√	√	√	√	√	√	√
Wald chi2	113.69	118.88	115.60	161.51	132.91	232.16	221.41	197.51	204.13	209.92	364.20	271.79	387.76	388.81
log-likelihood	-2298.16	-2296.26	-2298.08	-2267.30	-2291.17	-2259.17	-2262.95	-2861.55	-2859.49	-2858.18	-2817.09	-2836.44	-2806.28	-2805.23
LR test	45.73***	54.28***	53.87***	69.81***	55.53***	69.10***	67.67***	450.38***	453.99***	451.05***	483.51***	473.49***	495.00***	490.25***

注：显著性水平 *p<0.1, **p<0.05, ***p<0.01，括号内为t值；因节约篇幅未包含常数项在内。

表6-6 行动者位置与合作伙伴关系交互影响的实证结果

	探索式创新绩效 P1							利用式创新绩效 P2						
Variable	M1	M2	M3	M4	M5	M6	M7	M8	M9	M10	M11	M12	M13	M14
DC		0.078*** (2.79)				0.077* (1.67)			0.164*** (3.84)				0.147*** (3.45)	
DC2		-0.011*** (-3.61)				-0.006 (-0.85)			-0.015*** (-2.85)				-0.011* (-1.90)	
BC			0.011*** (3.21)				0.024 (1.62)			0.030*** (3.39)				0.037*** (3.95)
RS				0.038*** (8.76)		0.0336*** (6.59)	0.040*** (8.35)				0.046*** (11.39)		0.037*** (6.21)	0.039*** (7.83)
TD					0.076*** (3.85)	0.039*** (4.72)	0.192*** (3.87)					0.116*** (7.06)	0.117*** (3.69)	0.102*** (3.60)
TD2					-0.005*** (-2.79)	-0.04*** (-3.23)	-0.005*** (-3.31)					-0.007*** (-4.28)	-0.003*** (-2.85)	-0.003*** (-2.87)
DC*RS						0.004* (1.93)							-0.005 (-0.250)	
DC*TD						-0.050*** (-4.45)							-0.016** (-2.05)	
BC*RS							0.002** (2.07)							0.004 (0.615)

131

续表

Variable	探索式创新绩效 P1							利用式创新绩效 P2						
	M1	M2	M3	M4	M5	M6	M7	M8	M9	M10	M11	M12	M13	M14
BC*TD							-0.020***							-0.120***
							(-4.42)							(-2.93)
A1	0.013***	0.012***	0.012***	0.012***	0.012***	0.012***	0.012***	0.027***	0.028***	0.027***	0.028***	0.027***	0.027***	0.026***
	(4.77)	(4.57)	(4.64)	(4.57)	(4.64)	(4.25)	(4.67)	(12.78)	(12.90)	(12.22)	(12.90)	(12.22)	(12.83)	(13.85)
A2	0.056***	0.026***	0.025***	0.029***	0.032***	0.025***	0.023***	0.013***	0.021***	0.020***	0.012***	0.013***	0.013***	0.012***
	(5.32)	(5.01)	(4.28)	(4.98)	(5.06)	(4.56)	(5.21)	(11.02)	(11.21)	(12.98)	(10.59)	(11.25)	(12.02)	(11.68)
RD	0.132**	0.176**	0.180**	0.173**	0.126**	0.128**	0.126**	0.190***	0.167**	0.129**	0.191	0.187**	0.177**	0.178**
	(2.36)	(2.16)	(2.05)	(2.16)	(2.35)	(2.28)	(2.15)	(3.45)	(2.14)	(2.26)	(2.14)	(2.26)	(2.15)	(2.29)
O	0.466***	0.443***	0.465***	0.443***	0.445***	0.465***	0.442***	0.532***	0.444***	0.530***	0.442***	0.529***	0.467***	0.472***
	(3.82)	(3.56)	(3.81)	(3.56)	(3.91)	(3.76)	(3.55)	(3.75)	(3.11)	(3.72)	(3.11)	(3.72)	(3.99)	(3.87)
Year	√	√	√	√	√	√	√	√	√	√	√	√	√	√
Industry	√	√	√	√	√	√	√	√	√	√	√	√	√	√
Wald chi2	113.69	156.34	159.46	161.51	132.91	245.10	253.73	197.51	233.15	211.27	364.20	271.79	440.28	417.63
log-likelihood	-2298.16	-2297.462	-2285.542	-2267.30	-2291.17	-2255.91	-2255.12	-2861.55	-2854.37	-2856.28	-2817.09	-2836.44	-2802.03	-2801.31
LR test	45.73***	55.56***	66.01***	69.81***	55.53***	76.82***	65.64***	450.38***	449.41***	436.67***	483.51***	473.49***	499.81***	479.14***

注：显著性水平 *p<0.1，**p<0.05，***p<0.01，括号内为t值；因节约篇幅未包含常数项在内。

6.3.2 行动者位置特征对技术创新影响的实证结果

在表6-4中，模型 M4 和 M11 分别显示了度数中心度对探索式创新和利用式创新的影响，结果表明度数中心度与探索式创新和利用式创新均呈倒U形关系，假设 H3 得到证实。且在阈值处，对探索式创新估计的度数中心度值为3.55，对利用式创新估计的度数中心度值为5.47。由此可知，利用式创新需要更高的度数中心度才能达到最大值，这与曾德明和文金艳（2015）[64]的研究结论一致，说明对于 LCET-CN，过高的度数中心度也会带来负面的影响。值得注意的是，探索式创新和利用式创新估计的度数中心度峰值都高于度数中心度的均值1.494，意味着在 LCET-CN 中，大部分企业还处于提高度数中心度会带来正面影响的阶段，不同合作者带来异质性的知识和信息有利于企业提高低碳技术创新水平。

在表6-4中，模型 M5 和 M12 分别显示了中间中心度对探索式创新和利用式创新的影响，结果显示中间中心度对二元式创新都产生正向的影响，假设 H4 得到证实。特别是在同等的显著性水平下，中间中心度对利用式创新的正向影响要大于探索式创新，可能的解释在于企业占据结构洞位置所得到的信息和控制的优势主要正面影响吸收能力，这种正面影响的效应强于占据结构洞对新颖性价值的影响。

总体来看，LR 检验值显示出包含关键解释变量 DC 和 BC 的模型比基础模型解释力度更高；无论是度数中心度还是中间中心度对利用式创新的正面影响都强于其对于探索式创新的正面影响；而在影响力度的大小上，从度数中心度的系数和中间中心度的系数大小比较来看，前者比后者对两类技术创新的正向作用更强。

6.3.3 合作伙伴关系特征对技术创新影响的实证结果

在表6-5中，模型 M4 和 M11 分别显示了关系强度对探索式创新和利用式创新的影响，结果表明关系强度对二元式创新均产生了正向的影响，假设 H5 得证。这与谢洪明等人（2012）[297]和谢卫红等人（2015）[284]的研究结论一致，但与吴俊杰等人（2014）[287]、潘松挺等人（2011）[200]的研究结论存在差异：后者认为网络关系强度主要正面影响利用式创新而对探索式创新有负面的影响。本研究的研究对象是处于起步阶段的 LCET-CN，关系强度的提高对于降低获取知识和资源的不确定性、降低风险、推动技术知识的转移和获取、提高成员间信任和互惠预期有积极的影响[298]。此外，关系强度在利用式创新为因变量的回归中系数要大于以探索式创新为因变量的回归，这与现有理论一致，证明了关系强度的主要作用维度体现为吸收能力。

在表 6-5 中，模型 $M5$ 和 $M12$ 分别显示了技术距离对探索式创新和利用式创新的影响，结果表明技术距离与探索式创新呈倒 U 形关系（$\beta = -0.005$，$p < 0.01$），与利用式创新呈倒 U 形关系（$\beta = -0.007$，$p < 0.01$）；且在阈值处，对探索式创新估计的技术距离值为 7.6，对利用式创新估计的技术距离值为 8.28。由此可知，利用式创新需要更高的技术距离才能达到最大值，这与假设 H6 的预期相反。可能的解释在于企业还未能形成与低碳能源技术领域探索式创新相匹配的能力，因而不能有效地从技术距离较大的合作伙伴那里获取互补性资源和知识溢出。值得注意的是，探索式创新和利用式创新估计的技术距离峰值都高于技术距离的均值 1.355，意味着在 LCET-CN 中，大部分企业还处于提高技术距离会带来正面影响的阶段。

总体来看，LR 检验值均显示出包含关键解释变量 RS 和 TD 的模型比基础模型解释力度更高；而无论是关系强度还是技术距离对利用式创新的正面影响都强于其对探索式创新的正面影响。而在影响力度方面，从关系强度的系数和技术距离的系数大小比较来看，后者比前者对二元式创新的正向作用更强。

6.4 网络特征交互效应的实证检验

本节在前节实证检验网络整体特征、行动者位置特征以及合作伙伴关系特征三类特征对技术创新独立影响的基础上，检验三类特征的交互对技术创新的影响。

6.4.1 网络整体特征与行动者位置特征交互效应的实证结果

对网络整体特征、行动者位置与合作伙伴关系三个层次的交互影响的检验结果反映在表 6-3 ~ 表 6-6 中的模型 $M6$、$M7$、$M13$、$M14$ 中，这些模型

的 *LR* 检验值与以探索式创新为因变量的其他模型和以利用式创新为因变量的其他模型的 *LR* 检验值相比均有提高，说明加入交互项的模型对数据的解释力度进一步提高。

具体而言，表 6-4 中的 *M*6 和 *M*13 反映了网络密度与度数中心度对不同类型创新的交互作用：*D* 与 *DC* 的交互项与探索式创新显著正相关（$\beta = 2.593$，$p<0.01$），而 *D* 与 *DC* 的交互项与利用式创新不相关（$\beta=1.241$，$p>0.1$），假设 H7 得到部分支持。依据 4.2.1 小节的分析，密度较大的 LCET-CN 为生物能网络，而依据 4.2.2 小节行动者位置的演化分析得到其度数中心度较大的组织的变化率是 9 种技术类中最低的，因此对上述结果的可能解释在于生物能网络中占技术和规模优势的企业随着时间推进，伴随着自身稳固的中心地位积累了更多异质性信息和知识资源，具备了更多开发前沿性技术的能力，是影响生物能领域技术边界的主要力量，因此对探索式创新的正向影响显著且强于其对利用式创新的影响。

此外，从 *M*6 和 *M*13 中 $D*BC$ 的系数值来看，网络密度与中间中心度的交互作用与探索式创新负相关（$\beta=-0.799$，$p<0.01$），而与利用式创新不相关（$\beta=-0.242$，$p>0.1$），假设 H8 得到部分支持。这与张红娟和谭劲松（2014）[252]的研究结论一致，即高密度会削弱占据结构洞位置企业的信息和资源优势，网络中大多数企业形成了直接或间接的联系，可以获得类似的信息，从而抑制了占据结构洞位置企业获取更多异质性的信息，因此对探索式创新的负面影响会更大。

表 6-4 中的 *M*7 和 *M*14 反映了集聚系数与度数中心度对不同类型创新的交互作用：*C* 与 *DC* 的交互项与探索式创新显著正相关（$\beta=0.2$，$p<0.01$），*C* 与 *DC* 的交互项与利用式创新显著正相关（$\beta=0.152$，$p<0.01$），且集聚系数与度数中心度的交互对探索式创新的正向影响大于对利用式创新的影响，假设 H9 得到支持。依据 4.2.1 小节的分析，低碳建筑和生物能研发网络为集聚系数较大的 LCET-CN，结合 4.2.2 小节行动者位置的演化分析可知这两个网络中度数中心度较大的组织的变化率比较低，因此对以上结果的一个可能解释在于低碳建筑和生物能研发网络中处于中心地位的企业较为稳定，并通过较多的直接联系获取了更多的多样化、丰富的信息，因此对探索式创新的正向影响显著且强于其对利用式创新的影响。

进一步，从 M7 和 M14 中 $C*BC$ 的系数值来看，集聚系数与中间中心度的交互作用与探索式创新负相关（$\beta = -0.059$，$p < 0.1$），而与利用式创新不相关（$\beta = 0.004$，$p > 0.1$），假设 H10 得到部分支持。意味着较大的集聚系数不利于中间中心度较大的企业获得新颖性的信息和知识，这是因为高集聚程度的网络所带来的共同规范和对偏离规范的行为的惩罚削弱了中间中心度较大企业的优势从而抑制其探索式创新。另一方面，结合 4.2.2 小节行动者位置的演化分析可得集聚系数较大的低碳建筑和太阳能领域的中间中心度较大的组织的变化率较高，不利于企业积累对现有技术潜力挖掘的能力，因此也削弱了中间中心度对利用式创新的正向影响。

总体来看，表 6-4 中包含交乘项的模型相较其他模型 LR 检验值均有提高，说明交互项的加入使模型的解释力度提高，且无论是网络密度还是集聚系数与度数中心度的交互，对探索式创新的正面影响都强于其对利用式创新的正面影响。而在与中间中心度的交互作用上，网络密度和集聚系数都会对探索式创新产生程度依次减弱的负面影响，而对于利用式创新仅削弱了中间中心度的正面影响。

6.4.2 网络整体特征与合作伙伴关系特征交互效应的实证结果

表 6-5 中的 M6 和 M13 反映了网络密度与关系强度对不同类型创新的交互作用：D 与 RS 的交互项与探索式创新不相关（$\beta = -0.082$，$p > 0.1$），D 与 RS 的交互项与利用式创新不相关（$\beta = -0.033$，$p > 0.1$），假设 H11 未得到证实。此外，系数的符号均为负号，说明网络密度对关系强度的正向影响有削弱作用：这是因为高密度网络中较大的关系强度存在不经济性，削弱了关系强度对利用式创新的正面影响；而较高的关系强度也意味着网络的过度嵌入，从而不利于企业获得多样化和异质性的信息从而负面影响探索式创新。

此外，从 M6 和 M13 中 $D*TD$ 的系数值来看，密度与技术距离的交互作用与探索式创新负相关（$\beta = -1.543$，$p < 0.01$），而与利用式创新正相关（$\beta = 1.055$，$p < 0.05$），假设 H12 得到部分支持。

表 6-5 中的 M7 和 M14 反映了集聚系数与关系强度对不同类型创新的交互作用：C 与 RS 的交互项与探索式创新在 10% 的显著水平上正相关（$\beta = 0.024$，$p < 0.1$），C 与 RS 的交互项与利用式创新不相关（$\beta = 0.002$，$p >$

0.1），假设 H13 未得到支持。值得注意的是，集聚系数与网络密度相比，其对关系强度的交互反而会对探索式创新带来正向的影响，意味着关系的模式相比关系的数量在与关系强度的交互上发挥更积极的作用，弱化了过度嵌入而带来冗余或同质化信息的劣势，反而因凝聚力、信息知识传递效率的提高带来了攻克探索式低碳能源技术的协同创新能力的提升。

进一步，从 M7 和 M14 中 C*TD 的系数值来看，集聚系数与技术距离的交互作用与探索式创新负相关（$\beta = -0.151, p < 0.05$），而与利用式创新正相关（$\beta = 0.012, p < 0.05$），假设 H14 得到部分支持。可能的原因在于利用式创新需要更高的技术距离才能达到最大值，因此集聚系数对技术距离与二元式创新产生了反向的调节作用。

总体来看，表 6-5 中包含交乘项的模型相比其他模型 LR 检验值均有提高，说明交互项的加入使模型的解释力度提高。网络密度与关系强度的交互会削弱高关系强度对二元式创新的正向影响，而集聚系数与关系强度的交互则对探索式创新有正向影响。而在与技术距离的交互作用上，密度和集聚系数都会对探索式创新和利用式创新分别产生负向和正向的影响。

6.4.3 行动者位置特征与合作伙伴关系特征交互效应的实证结果

表 6-6 中的 M6 和 M13 反映了度数中心度与关系强度对不同类型创新的交互作用：DC 与 RS 的交互项与探索式创新在 10% 的显著水平上正相关（$\beta = 0.004, p < 0.1$），而 DC 与 RS 的交互项与利用式创新不相关，且方向为负（$\beta = -0.005, p > 0.1$），假设 H15 未得到支持。可能的原因在于 LCET-CN 的整体合作程度较低，因此度数中心度与关系强度的交互对创新所带来的创新网络轨迹锁定和路径依赖的负面影响程度不高，即对利用式创新的负面影响并不显著，同时为探索式创新提供了所需的资源信息调配能力与创新配套活动的合作强度，因此正向作用于探索式创新。

此外，从 M6 和 M13 中 DC*TD 的系数值来看，度数中心度与技术距离的交互作用与探索式创新显著负相关（$\beta = -0.005, p < 0.01$），与利用式创新负相关（$\beta = -0.016, p < 0.05$），假设 H16 得到证实。这与迟嘉昱等人（2015）[228]对电子信息、电力以及装备制造行业的研发网络的研究结论一致，即技术距离与网络中心性的交互作用负向调节企业的合作创新。对此结果一

个可能的解释在于企业占据网络的中心地位所带来的信息资源收益削弱了技术距离较大的合作者所带来的信息丰富程度。

表6-6中的 M7 和 M14 反映了中间中心度与关系强度对不同类型创新的交互作用：BC 与 RS 的交互项与探索式创新正相关（$\beta = 0.002$，$p < 0.05$），BC 与 RS 的交互项与利用式创新不相关（$\beta = 0.004$，$p > 0.1$），假设 H17 得到部分支持。可能的原因在于我国 LCET-CN 的合作程度本身较低，且大部分是在政府引导下进行的，因此一定的关系强度对处于网络中介地位的企业获取新颖性的知识是必要的。

进一步，从 M7 和 M14 中 $BC * TD$ 的系数来看，中间中心度与技术距离的交互作用与探索式创新负相关（$\beta = -0.02$，$p < 0.05$），与利用式创新显著负相关（$\beta = -0.12$，$p < 0.01$），假设 H18 未得到支持。中间中心度较大意味着组织有多渠道来获取知识和信息，这对新颖性价值的获取有利，也对理解和整合新知识的能力提出了更高的要求，因此从收益和成本的权衡来看，中间中心度较大的企业与技术距离较小的组织合作更有利于提高创新[97]。

总体来看，表6-6中包含交乘项的模型相比其他模型 LR 检验值都有提高，说明交互项的加入使模型的解释力度提高，而无论是度数中心度还是中间中心度与关系强度的交互，对探索式创新的正面影响都强于其对利用式创新的正面影响。在与技术距离的交互作用上，度数中心度和中间中心度对探索式创新负面影响都强于对利用式创新的负面影响，且度数中心度的调节作用大于中间中心度的调节作用。

最后，通过对控制变量作用的检验可以看出，企业的研发强度 RD 越大，越有利于提高探索式创新和利用式创新，这与曾德明和文金艳（2015）[64]、Guan 与 Liu（2016）[62]的研究结论一致；企业的探索式学习能力和利用式学习能力与二元式创新均正相关，这与 Guan 与 Liu（2016）[62]的研究结果一致，说明探索式创新与利用式创新并不是孤立的实践，而是存在相互的影响，这种作用或是利用式创新的量变会造成质变而形成探索式创新，或是探索式创新与利用式创新之间的制衡，即企业会在有限的研发经费中做出二选一的选择；最后，国有所有制的系数在所有模型中均显著为正，说明国有企业相比非国有企业通常具有规模、资金上的优势，同时也受到更多来自政府和社会的监督，因此会有更强的实力和动机去进行低碳能源技术的创新，表现为与二元式创新均显著正相关。

6.4.4 稳健性检验

为了验证研究结论的可靠性，从 4 个方面进行稳健性测试：①为避免出现的结果为某技术类 LCET - CN 的影响，将低碳能源技术的类别生成虚拟变量（Tech - class）引入模型，控制单个技术网络的影响；②由于 Vuong 检验值小于 1.96，无法判断负二项回归或零膨胀负二项回归哪个更为合适，因此参考 Guan 和 Liu（2016）[62]将零膨胀负二项回归作为模型基本设定进行回归；③表 6 - 1 ~ 表 6 - 3 所呈现的结果中因变量均为专利要求权加权后的探索式创新专利量和利用式创新专利量，因此在稳健性检验中参考同类型研究使用专利分类号 IPC 代码前 4 位数字识别不同的技术领域，以企业当年申请的低碳能源技术专利与前 5 年的专利不在同一技术领域的专利总和来衡量企业的探索式创新，以企业当年申请的低碳能源技术专利与前 5 年的专利在同一技术领域的专利总和来衡量企业的利用式创新[64,299]。从表 6 - 7 ~ 表 6 - 9 可以看出，主要变量系数方向和显著性没有明显差异，说明本研究的结论具有一定的稳健性。

表6-7 网络整体特征与行动者位置交互影响的零膨胀负二项回归

	未加权探索式创新 P1							未加权利用式创新 P2						
Variable	M1	M2	M3	M4	M5	M6	M7	M8	M9	M10	M11	M12	M13	M14
D		1.200*				1.012*			-8.673				-7.579	
		(1.87)				(1.78)			(-0.96)				(-1.50)	
D2		-1.134				-1.121			31.413				33.293	
		(-1.25)				(-1.60)			(1.13)				(1.62)	
C			-0.197				-0.118			-1.369***				-1.588***
			(-1.15)				(-1.02)			(-33.69)				(-36.96)
C2			0.088				0.074			0.551***				0.422***
			(1.33)				(1.34)			(22.82)				(15.15)
DC				0.073***		0.060***	0.037***				0.074***		0.051***	0.023***
				(2.81)		(2.96)	(3.31)				(19.89)		(10.35)	(4.01)
DC2				-0.009***		-0.001***	-0.008***				-0.009***		-0.001***	-0.025***
				(-4.46)		(-2.87)	(-2.99)				(-10.74)		(-3.06)	(-5.56)
BC					0.012***	0.011***	0.011***					0.027***	0.079***	0.049***
					(4.70)	(3.26)	(2.52)					(33.34)	(32.81)	(38.42)
D*DC						2.023***							0.493*	
						(2.97)							(1.98)	
D*BC						-0.510***							-0.814	
						(-9.14)							(-1.09)	
C*DC							0.026***							0.152***
							(3.01)							(2.91)

续表

Variable	未加权探索式创新 P1							未加权利用式创新 P2						
	M1	M2	M3	M4	M5	M6	M7	M8	M9	M10	M11	M12	M13	M14
C*BC							-0.044*							0.004
							(-1.98)							(0.837)
A1	0.018***	0.018***	0.018***	0.018***	0.018***	0.018***	0.018***	0.001***	0.001***	0.001***	0.001***	0.001***	0.001***	0.001***
	(33.90)	(33.70)	(33.62)	(33.98)	(32.93)	(32.31)	(32.41)	(12.32)	(12.38)	(12.58)	(12.90)	(12.22)	(11.79)	(11.86)
A2	0.006***	0.007***	0.006***	0.006***	0.006***	0.005***	0.006***	0.021***	0.021***	0.021***	0.021***	0.021***	0.021***	0.021***
	(3.32)	(3.35)	(3.33)	(3.34)	(3.32)	(3.36)	(3.38)	(49.32)	(47.01)	(44.63)	(47.88)	(50.51)	(35.41)	(39.22)
RD	0.135**	0.134**	0.135**	0.134**	0.133**	0.130**	0.132**	0.008***	0.008***	0.007**	0.008***	0.009**	0.006**	0.006**
	(2.15)	(2.18)	(2.17)	(2.16)	(2.02)	(2.01)	(2.02)	(2.30)	(2.33)	(2.33)	(2.34)	(2.32)	(2.15)	(2.12)
O	0.376***	0.376***	0.375***	0.371***	0.362***	0.369***	0.369***	0.035***	0.034***	0.033***	0.035***	0.035***	0.032***	0.031***
	(11.38)	(11.39)	(11.33)	(10.98)	(10.93)	(10.89)	(10.88)	(3.17)	(3.19)	(3.18)	(3.16)	(3.18)	(3.08)	(3.07)
Tech-class	√	√	√	√	√	√	√	√	√	√	√	√	√	√
Year	√	√	√	√	√	√	√	√	√	√	√	√	√	√
Industry	√	√	√	√	√	√	√	√	√	√	√	√	√	√
log-likelihood	-4376.072	-4375.239	-4373.881	-4365.468	-4365.342	-4302.64	-4300.18	-2731.94	-2763.29	-2714.95	-2754.65	-2720.36	-2623.88	-2602.86
Vuong test	1.23	1.31	1.33	1.35	1.29	1.56	1.65	1.34	1.32	1.37	1.35	1.44	1.58	1.67

注：显著性水平 *$p<0.1$，**$p<0.05$，***$p<0.01$，括号内为 t 值；因节约篇幅未包含常数项在内。

表6-8 网络整体特征与合作伙伴关系交互影响的零膨胀负二项回归

Variable	未加权探索式创新 P1							未加权利用式创新 P2						
	M1	M2	M3	M4	M5	M6	M7	M8	M9	M10	M11	M12	M13	M14
D		1.200*				2.568**			-8.673				-6.035	
		(1.87)				(2.03)			(-0.96)				(-1.21)	
D2		-1.134				-1.924			31.413				16.401	
		(-1.25)				(-1.36)			(1.13)				(1.55)	
C			-0.197				-0.117			-1.369***				-1.168***
			(-1.15)				(-1.24)			(-33.69)				(-27.91)
C2			0.088				0.232			0.551***				0.383***
			(1.33)				(1.01)			(22.82)				(15.39)
RS				0.016***		0.025***	0.022***				0.029***		0.039***	0.033***
				(14.01)		(15.12)	(14.45)				(12.29)		(10.57)	(10.36)
TD					0.011***	0.053***	0.059**					0.031***	0.040**	0.032**
					(4.85)	(7.91)	(2.26)					(14.29)	(2.23)	(1.99)
TD2					-0.002***	-0.003**	-0.004**					-0.005***	-0.003***	-0.002***
					(-3.79)	(-2.01)	(-2.27)					(-2.98)	(-2.97)	(-2.58)
D*RS						0.029							-0.190	
						(0.99)							(1.61)	
D*TD						-2.987***	0.018*						0.855**	
						(-13.61)	(1.81)						(2.12)	
C*RS														0.019
														(1.06)

续表

Variable	未加权探索式创新 P1							未加权利用式创新 P2						
	M1	M2	M3	M4	M5	M6	M7	M8	M9	M10	M11	M12	M13	M14
C*TD							-0.282**							0.095**
							(-2.52)							(2.28)
A1	0.018***	0.018***	0.018***	0.018***	0.017***	0.017***	0.017***	0.001***	0.001***	0.001***	0.001***	0.001***	0.001***	0.001***
	(33.90)	(33.70)	(33.62)	(31.34)	(33.97)	(30.82)	(30.00)	(12.32)	(12.38)	(12.58)	(12.57)	(12.29)	(12.12)	(12.10)
A2	0.006***	0.007***	0.006***	0.005***	0.006***	0.005***	0.005***	0.021***	0.021***	0.021***	0.021***	0.021***	0.019***	0.020***
	(3.32)	(3.35)	(3.33)	(3.31)	(3.32)	(3.30)	(3.29)	(49.32)	(47.01)	(44.63)	(45.38)	(42.61)	(49.01)	(49.32)
RD	0.135**	0.134**	0.135**	0.135**	0.135**	0.132**	0.132**	0.008***	0.008***	0.007***	0.007***	0.008***	0.005***	0.006***
	(2.15)	(2.18)	(2.17)	(2.16)	(2.17)	(2.12)	(2.13)	(2.30)	(2.33)	(2.33)	(2.34)	(2.28)	(2.01)	(2.05)
O	0.376***	0.376***	0.375***	0.357***	0.378***	0.372***	0.367***	0.035***	0.034***	0.033***	0.032***	0.031***	0.029***	0.030***
	(11.38)	(11.39)	(11.33)	(10.62)	(11.43)	(10.99)	(10.87)	(3.17)	(3.19)	(3.18)	(3.19)	(3.12)	(3.11)	(3.02)
Tech-class	√	√	√	√	√	√	√	√	√	√	√	√	√	√
Year	√	√	√	√	√	√	√	√	√	√	√	√	√	√
Industry	√	√	√	√	√	√	√	√	√	√	√	√	√	√
log-likelihood	-4376.072	-4375.239	-4373.881	-4285.866	-4366.747	-4110.232	-4148.993	-2731.94	-2763.29	-2714.95	-2642.68	-2751.83	-2623.54	-2587.27
Vuong test	1.23	1.31	1.33	1.79	1.81	1.90	1.91	1.34	1.32	1.37	1.76	1.88	1.89	1.92

注：显著性水平 *p<0.1，**p<0.05，***p<0.01，括号内为t值；因节约篇幅本表未包含常数项在内。

表6-9 行动者位置与合作伙伴关系交互影响的零膨胀负二项回归

Variable	未加权探索式创新 P1							未加权利用式创新 P2						
	M1	M2	M3	M4	M5	M6	M7	M8	M9	M10	M11	M12	M13	M14
DC		0.073*** (2.81)				0.012* (1.78)			0.074*** (19.89)				0.053*** (14.08)	
DC2		-0.009*** (-4.46)				-0.003 (-1.13)			-0.009*** (-10.74)				-0.007* (-1.92)	
BC			0.012*** (4.70)				0.026** (2.12)			0.027*** (33.34)				0.047*** (32.57)
RS				0.016*** (14.01)	0.011*** (4.85)	0.010*** (9.91)	0.011*** (6.35)				0.029*** (12.29)		0.027*** (13.21)	0.029*** (15.21)
TD						0.009*** (3.90)	0.068*** (10.21)					0.031*** (14.29)	0.027*** (9.96)	0.023*** (8.55)
TD2					-0.002*** (-3.79)	-0.003*** (-3.56)	-0.004*** (-4.94)					-0.005*** (-2.98)	-0.003*** (-8.92)	-0.005*** (-15.11)
DC*RS						0.003* (1.90)	0.001** (2.51)						-0.001 (-1.25)	
DC*TD						-0.043*** (-9.14)	-0.017*** (-11.16)						-0.004** (-2.04)	
BC*RS														0.001 (0.78)
BC*TD														-0.013*** (-25.70)

续表

Variable	未加权探索式创新 P1							未加权利用式创新 P2						
	M1	M2	M3	M4	M5	M6	M7	M8	M9	M10	M11	M12	M13	M14
A1	0.018***	0.018***	0.018***	0.018***	0.017***	0.017***	0.017***	0.001***	0.001***	0.001***	0.001***	0.001***	0.001***	0.001***
	(33.90)	(33.98)	(32.93)	(31.34)	(33.97)	(30.58)	(30.09)	(12.32)	(12.58)	(12.22)	(12.57)	(12.29)	(12.03)	(11.98)
A2	0.006***	0.006***	0.006***	0.005***	0.006***	0.006***	0.006***	0.021***	0.021***	0.021***	0.021***	0.021***	0.021***	0.021***
	(3.32)	(3.34)	(3.32)	(3.31)	(3.32)	(3.01)	(3.21)	(49.32)	(44.63)	(50.51)	(45.38)	(42.61)	(44.01)	(33.18)
RD	0.135**	0.134**	0.133**	0.135**	0.135**	0.132**	0.130**	0.008**	0.007**	0.009**	0.007**	0.008**	0.007**	0.007**
	(2.15)	(2.16)	(2.02)	(2.16)	(2.17)	(2.01)	(2.02)	(2.30)	(2.33)	(2.32)	(2.34)	(2.28)	(2.09)	(2.08)
O	0.376***	0.371***	0.362***	0.357***	0.378***	0.361***	0.348***	0.035***	0.033***	0.035***	0.032***	0.031***	0.031***	0.039***
	(11.38)	(10.98)	(10.93)	(10.62)	(11.43)	(10.50)	(10.27)	(3.17)	(3.18)	(3.18)	(3.19)	(3.12)	(3.78)	(3.96)
Tech-class	√	√	√	√	√	√	√	√	√	√	√	√	√	√
Year	√	√	√	√	√	√	√	√	√	√	√	√	√	√
Industry	√	√	√	√	√	√	√	√	√	√	√	√	√	√
log-likelihod	-4376.072	-4365.468	-4365.342	-4285.866	-4366.747	-4157.663	-4102.135	-2731.94	-2714.95	-2720.36	-2642.68	-2751.83	-2626.36	-2553.77
Vuong test	1.23	1.35	1.29	1.79	1.81	1.93	1.90	1.34	1.37	1.44	1.76	1.88	1.91	1.93

注：显著性水平 *p<0.1，**p<0.05，***p<0.01，括号内为 t 值；因节约篇幅未包含常数项在内。

6.4.5 实证分析结果讨论

本研究以 9 个低碳能源技术类网络的 225 家企业为样本，应用面板数据计数模型对 LCET - CN 社会网络结构效应进行了实证研究（假设检验结果如表 6 - 10 所示），论证了三重社会网络结构及其交互对低碳能源技术创新的影响，揭示了 LCET - CN 中二元式创新提升的一般规律。

表 6 - 10 假设检验总结

独立效应假设	H1：研发网络密度与二元式创新呈 U 形关系。	不支持
	H2：研发网络的集聚系数与二元式创新呈 U 形关系。	部分支持
	H3：企业的度数中心度与二元式创新呈倒 U 形的关系。	支持
	H4：企业的中间中心度对二元式创新有正向的影响。	支持
	H5：企业与其他组织的关系强度对二元式创新有正向的影响。	支持
	H6：技术距离与二元式创新呈倒 U 形关系，且随着技术距离的不断增加，将先抑制利用式创新，再抑制探索式创新。	部分支持
交互效应假设	H7：网络密度与度数中心度的交互对二元式创新产生正向的影响。	部分支持
	H8：网络密度与中间中心度的交互对二元式创新产生负向的影响。	部分支持
	H9：网络集聚系数与度数中心度的交互对二元式创新产生正向的影响。	支持
	H10：网络集聚系数与中间中心度的交互对二元式创新产生负向的影响。	部分支持
	H11：网络密度与关系强度的交互对二元式创新产生负向的影响。	不支持
	H12：网络密度与技术距离的交互对二元式创新产生负向的影响，且对探索式创新的负面影响大于对利用式创新的负面影响。	部分支持
	H13：集聚系数与关系强度的交互对二元式创新产生负向的影响。	不支持
	H14：集聚系数与技术距离的交互对二元式创新产生负向的影响，且对探索式创新的负面影响大于对利用式创新的负面影响。	部分支持
	H15：度数中心度与关系强度的交互对二元式创新产生负向的影响。	不支持
	H16：度数中心度与技术距离的交互对二元式创新产生正向的影响，且对探索式创新的正向影响大于利用式创新。	支持
	H17：中间中心度与关系强度的交互对二元式创新产生正向的影响。	部分支持
	H18：中间中心度与技术距离的交互对二元式创新产生正向的影响，且对探索式创新的正向影响大于利用式创新。	不支持

主要的结论为：

（1）与提升网络密度相比，更应重点培育网络集聚系数的提高。从

LCET-CN的整体结构来看，集聚系数无论是在独立效应内的检验结果还是与行动者位置或合作伙伴关系的交互分析结果中，与网络密度指标相比正向关系的结果较多，而负面影响的程度均较低，因此可以判断集聚系数对二元式创新产生更积极的作用。由于网络密度和集聚系数均为凌驾于企业直接联系与间接联系控制之外的外生条件[150]，对其进行调节的影响主要依赖于政府政策。因此政府在激励低碳能源技术领域的组织合作时，不但应引导合作关系数量的增加，更要重点培育关系的模式，加大支持构建信任和承诺程度较高的闭合性网络结构的形成。

（2）行动者位置决策应与网络整体结构、合作伙伴关系相匹配。相对于网络整体结构的外生性，研发网络中的企业可以调控的是自我中心网络中的直接联系和合作关系特征。而依据本研究的分析结果，单层次的分析已不足以说明网络结构影响创新水平的全貌，而对行动者位置与网络整体结构、合作伙伴关系的综合考虑才能优化行动者位置的决策。具体而言，对于密度和集聚系数较大的LCET-CN，侧重于探索式创新的企业适宜建立较多的直接联系而非充当较多联系中的"桥梁者"，这是因为较高的密度或集聚系数强化了度数中心度较大企业从多渠道获取新颖性知识的优势，稀释了中间中心度较大企业在信息控制、创新视野突破上的优势。对于既定的密度和集聚系数，度数中心度较大或中间中心度较大的企业一方面可以通过加强合作关系的强度来进一步挖掘探索式创新的收益，另一方面则需要避免与技术距离较大的组织合作中因吸收能力的滞后发展而降低技术创新水平。

（3）技术创新类型的不同影响社会网络结构交互效应的方向和程度。探索式创新和利用式创新对知识基础的需求不同，前者是对知识的重新组合而后者是对现有知识的提升与完善[33]，其差异决定了创新网络的社会网络结构对技术创新的影响，也在两类创新类型中存在差异。对于探索式创新，虽然较高的网络密度和集聚系数并不能给其带来直接影响，但处于较大网络密度或集聚系数网络中的高度数中心度企业却可以提升技术创新水平，说明只有当网络发展到一定阶段，即组织之间具备信任和互惠的预期、知识转移和分享的基础，那些拥有较多直接联系的企业才能受惠于网络而获取更多互补的、新颖的信息和知识；反过来，处于较大密度或集聚系数网络中的高中间中心度企业却抑制技术创新，这与高网络联结程度对结构洞位置优势的稀释有关；

技术距离无论是与整体网特征还是行动者位置的交互都产生负向的影响，说明对于较大技术距离的合作还需审慎引入。对于利用式创新，研发网络的集聚系数的影响存在一个先减后增的趋势，即 U 形关系，这证实了起步阶段的 LCET－CN 因合作经验欠缺、合作惯例的冲突和合作能力的摸索会负面影响对现有知识基础演绎和应用的效率，当集聚系数提高到一定程度，集聚系数所带来的共同规范和准则、隐形知识传递的高效优势也在凸显，这种情况在度数中心度较大的企业中尤为明显，意味着在网络中具有中心地位的企业通常更具备利用网络高集聚度优势的能力；技术距离与整体网络特征的交互影响为正而与行动者位置特征的交互影响为负，说明处于网络孤立或边缘位置的企业可以通过与较大技术距离企业的合作带来优势，而中心度较高的企业则削弱了技术距离对利用式创新的正向影响。

（4）LCET－CN 中关系强度的提高有利于提升二元式创新。关系强度的独立影响显著为正，且强化中间中心度和集聚系数对探索式创新的正向影响。侧面说明现有 LCET－CN 中整体合作程度较低，一方面可能在于低碳技术前景的不确定性和技术的高度复杂性使合作的走向不明朗，从而降低了企业深度合作的信心；另一方面低碳技术领域相当部分的产学研、企业与企业的合作体现于对国家政策风向的投机行为，以获取政策资金为主要目的合作使其流于形式。企业应加强与现有合作伙伴的联系，增加互动频次，建立良好的组织间合作关系来增加企业整合和配置的资源数量，协调组织间冲突，降低交易成本，减少因网络技术多样性带来的不确定性；充分挖掘出高关系强度带来的社会资本，提高企业对高质量、多样性技术知识的获取程度，减弱知识丰富性和异质性带来的吸收和兼容问题。

6.5 本章小结

本章为 LCET－CN 结构效应的实证研究部分。首先，选定了用于对研究假设进行实证检验的样本来源，明确了变量测度方式。其次，依据本研究因变量非负整数的变量性质，选取构建了面板数据的负二项回归模型作为基本模型，从网络特征独立效应和网络特征交互效应两个方面论证了数据对研究假设的支撑结果。实证结果表明：①指代闭合结构网络关系模式的集聚系数比指代网络连线数量的网络密度对二元式创新产生更积极的作用；②行动者位置决策应与网络整体结构、合作伙伴关系特征相匹配，主要匹配关系体现于对密度和集聚系数较大的 LCET-CN，侧重于探索式创新的企业适宜建立较多的直接联系而非充当较多联系中的"桥梁者"，而对既定的网络密度和集聚系数，度数中心度较大或中间中心度较大的企业一方面可以通过加强合作关系的强度来进一步挖掘探索式创新的收益，另一方面则需要避免与技术距离较大的组织合作而降低技术创新水平；③技术创新类型的不同影响社会网络结构特征交互效应的作用方向和程度，对于探索式创新，整体网络指标不产生直接影响，而分别与度数中心度和中间中心度产生正向和负向的交互效应，技术距离则与整体网络指标和行动者位置指标均产生负向的交互效应；对于利用式创新，集聚系数与其呈 U 形关系，且与度数中心度产生正向的交互影响，技术距离与整体网络特征的交互影响为正而与行动者位置特征的交互影响为负，说明处于网络次要或边缘位置的企业可以通过与较大技术距离企业的合作带来优势，而中心度较高的企业则削弱了技术距离对利用式创新的正向影响；④关系强度对二元式创新具有正向的影响，且强化了中间中心度和集聚系数对探索式创新的正向影响。

第 7 章　低碳能源技术研发网络效应提升的启示建议

回归模型的结论揭示了 LCET – CN 结构影响低碳技术领域二元式创新的一般规律，但还不足以为我国企业在 LCET – CN 中的战略选择与定位提供具体的操作借鉴。此外，政府在激励企业进行深层次、突破性的低碳能源技术创新以及规避不利的网络特征交互情景时，也需要具体的决策依据作为参考。因此，本章进一步从企业网络策略与技术创新、政府网络治理与技术创新两方面构建耦合分析，一方面为具有不同创新战略姿态和资源条件的企业做出适应自身创新诉求的网络决策提供操作借鉴，另一方面也为政府在不同层次、不同阶段科学合理的政策运用提供决策支撑。

7.1　企业网络策略与技术创新的耦合分析

依据 Gilsing 等人（2008）[97]的研究，技术创新对应的最优和最劣网络结构可以利用三维曲面图来直观反映。利用三维曲面图展示网络结构效应的方法为固定网络三个维度的结构变量中的一个为一般水平，对另外两个结构因素依据回归函数做出与两类技术创新关系的曲面图。企业只能控制或影响与其直接联系的合作伙伴，难以对其个体网之外的网络范围施加很大的影响，因此整体网的指标密度和集聚系数被视为外生变量。企业决策变量为行动者位置和合作伙伴关系。据此，将网络密度和集聚系数固定在 25 百分位数到 75 百分位数范围，根据表 6 – 6 中具有显著交互关系系数的模型可做出企业网络策略与技术创新的三维曲面图，同时可参照何郁冰和张迎春（2015）[273]的研究运用二维矩阵进行技术创新水平与网络结构交互类型的耦合分析。

图 7 – 1 为网络密度在 25 百分位数到 75 百分位数范围之间时，度数中心度、关系强度与探索式创新的三维曲面图以及基于此产生的网络结构交互类

型与探索式创新水平的对应图。从图中可以看出，如果网络的密度或集聚系数已经达到一定水平，即网络中的信息流通和知识传递已具备一定的结构条件，处于网络中心位置的企业和与已存在合作经验组织的合作具有较高的探索式创新水平，而处于网络边缘的企业与其他组织的初步合作则会带来较低的探索式创新水平。

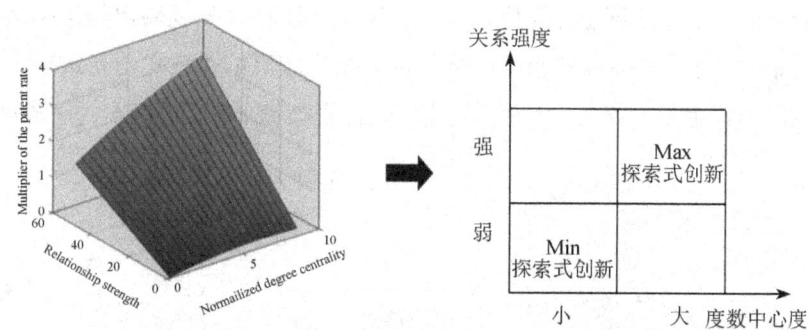

图 7-1　度数中心度、关系强度与探索式创新[1]

图 7-2 为一般网络密度水平下，中间中心度、关系强度与探索式创新的三维曲面图以及基于三维曲面图产生的交互类型与探索式创新水平的对应图。可以看出，位于网络结构洞位置的企业与较高关系强度组织的合作具有较高的探索式创新水平，而处于网络位置孤立状态的企业与弱关系组织的合作则会带来较低的探索式创新水平。

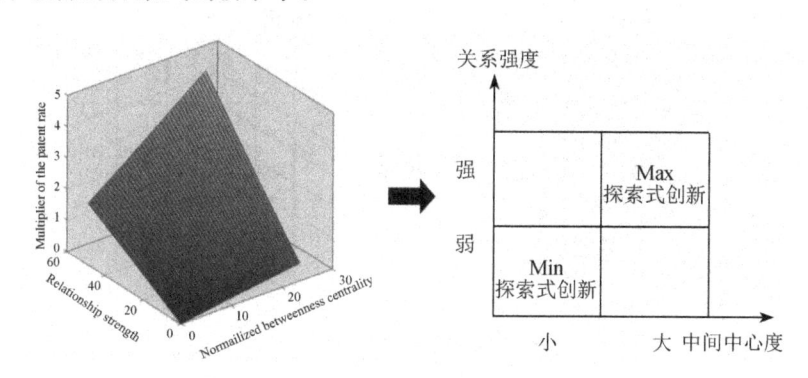

图 7-2　中间中心度、关系强度与探索式创新

---

[1] 因密度和集聚系数作为固定变量的图形差异不大，因此只显示一般密度水平下的两类技术创新与行动者位置、合作伙伴关系的三维曲面图。

图7-3和图7-4分别为当网络密度位于25百分位数到75百分位数之间时，度数中心度与技术距离、中间中心度与技术距离的三维曲面图及其交互类型与探索式创新水平的对应图。图7-3表明度数中心度较大的企业与较小技术距离的组织合作可以带来较大的探索式创新水平，而与技术距离较大的组织合作则带来较低的探索式创新水平，验证了Gilsing等人（2008）[97]所提出的技术距离与中心度呈此消彼长关系的观点。图7-4则反映出处于网络孤立位置的企业与较大技术距离组织的合作可以带来较高的探索式创新水平，而占据结构洞位置企业与较大技术距离组织的合作则会带来较低的探索式创新水平。

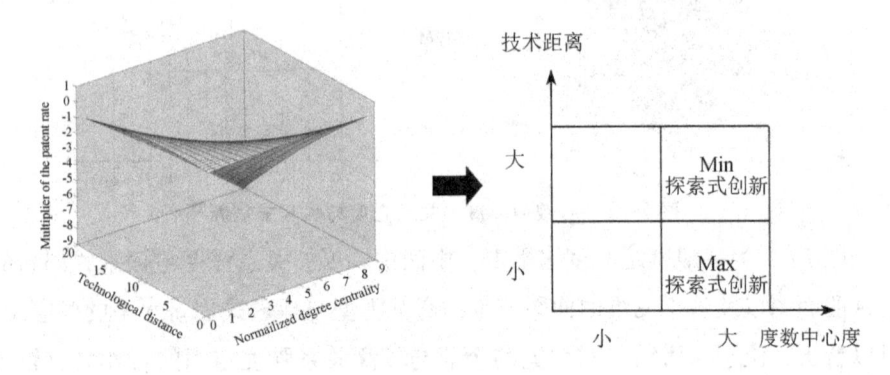

图7-3 度数中心度、技术距离与探索式创新

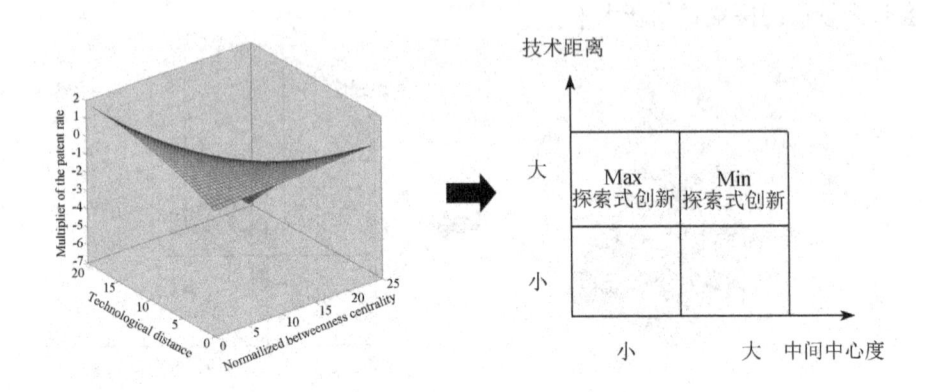

图7-4 中间中心度、技术距离与探索式创新

图7-5和图7-6分别为度数中心度与技术距离、中间中心度与技术距离交互效应的三维曲面图以及相应的交互类型与利用式创新水平对应图。图7-5反映出行动者位置和合作伙伴关系特征对利用式创新与探索式创新的影响存在差异：第一，较低的利用式创新水平对应着较小的度数中心度企业与较小

的技术距离组织合作的交互情形,区别于探索式创新中较大度数中心度企业与较大技术距离组织合作的交互情形,反映了探索式创新中对知识整合吸收的障碍要大于利用式创新;第二,较高利用式创新水平对应着较小中心度企业与较大技术距离组织的合作,区别于图7-4所体现出的较大度数中心度企业与较小技术距离组织的合作,反映了利用式创新对多样性知识的需求门槛低于探索式创新。图7-6说明中间中心度与技术距离的交互效应与探索式创新一致,即较高值对应着网络边缘位置企业与较大技术距离组织的合作,较低值对应占据结构洞位置企业与较大技术距离组织的合作,说明企业还缺乏对于多渠道信息和知识的理解和整合能力。

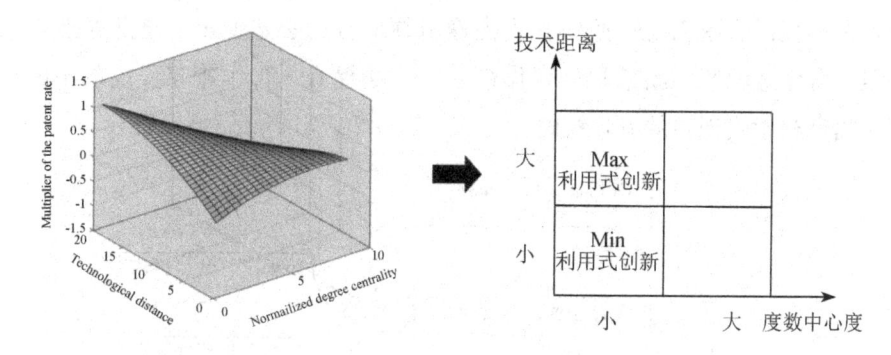

图7-5 度数中心度、技术距离与利用式创新

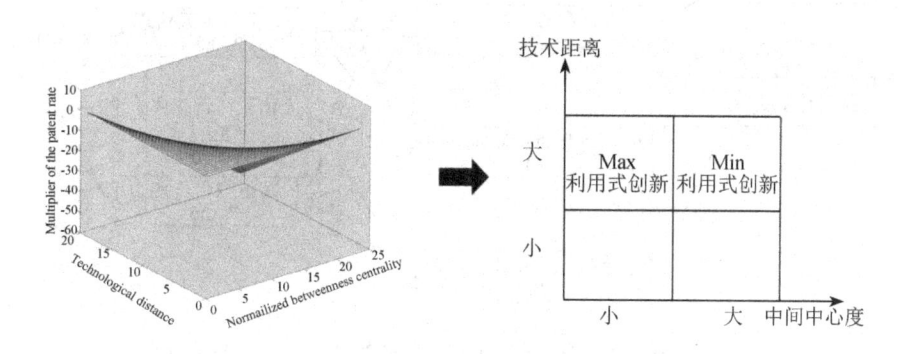

图7-6 中间中心度、技术距离与利用式创新

图7-1~图7-6中的交互类型与二元式创新水平的对应关系可以归纳为企业提升低碳能源技术创新的网络策略(S1~S5)及路径(Path1~Path5),如图7-7所示。其中,度数中心度较大的中心企业可通过与关系强度较大的组织合作即深度合作、与技术距离较小的组织合作即兼容性合作来达到较大

的探索式创新水平；中间中心度较大的中介企业可通过兼容性合作、中间中心度较小的孤立企业可通过较大技术距离的合作即互补性合作来获得较高的探索式创新水平。对于较高的利用式创新水平，中间中心度较小的孤立企业和度数中心度较小的企业即边缘企业可通过互补性合作达到。由此可见，在LCET-CN中，中心度较高的核心企业地位举足轻重，印证了第4章对LCET-CN演化的分析：一方面LCET-CN具有无标度特性，核心企业是网络演化的重要动力，决定了研发网络中的技术发展轨迹；另一方面中心度较高的企业多为采矿业、能源供应行业、能源密集型行业的大型国企，这些企业在低碳领域的探索式创新不仅是国家政策引导和激励下的技术和资本优势的发挥，也是在传统行业绿色化转型中起到先锋引领地位的必然要求，这些企业与其他组织合作经验的不断积累、合作信任的不断提升、合作兼容程度的不断提高是提升探索式创新的有效策略。

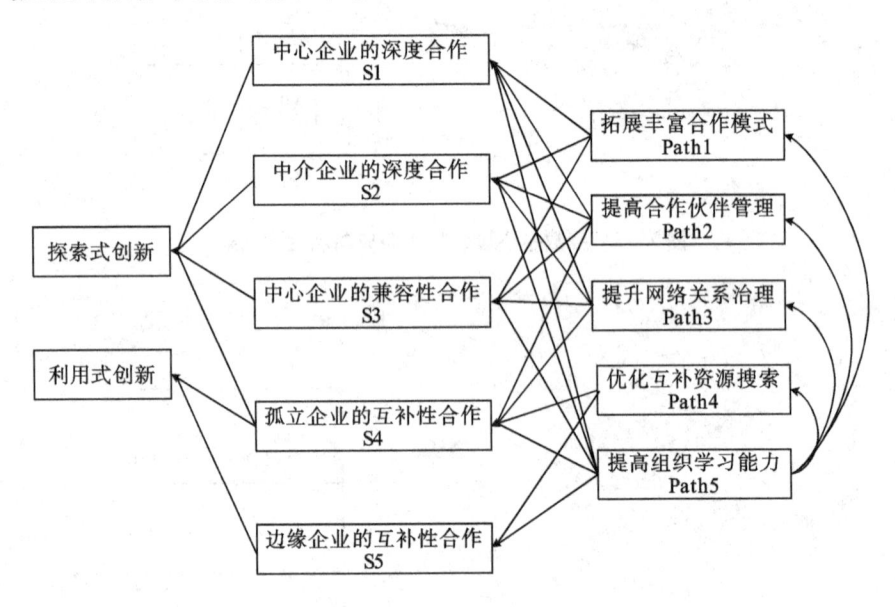

图7-7 提升LCET-CN中技术创新的企业网络策略及路径

同时，中间中心度较低的孤立企业通常受限于自身规模而处于知识信息传递的终端，其虽缺乏信息控制的优势但却具有创新灵活性，因此可通过参与互补性程度较高的合作来实践偏离现有技术轨道和知识基础的创新活动。此外，孤立企业和边缘企业的互补性合作也是提升利用式创新的途径，一方面是因为利用式创新对多样化知识的要求程度不高，不需要借助多组织的合作连接，另一方面低碳领域的利用式创新同样具有跨行业、跨领域的属性，需要企业寻找互补性较高的合作伙伴。

依据二元式创新与企业网络策略的对应关系，处于不同状况的企业在发展路径上有不同的侧重，这些发展途径包括：合作模式的拓展丰富、合作伙伴管理能力的提高、研发网络治理效果的提升、互补性技术和知识搜索的优化、组织学习能力的提升等。其中组织学习能力的提升贯穿各条发展路径，是企业通过合作研发提升技术创新的内在要求。

7.2 政府网络治理与技术创新的耦合分析

网络密度和集聚系数对企业来说是外生变量，但政府却可以从多渠道来进行调控。在 LCET – CN 中，中心性企业大多是国企或大型央企，属于政府能施加较大影响的企业类型。因此从政府管理角度来看，可通过对整体网络和中心行动者的管理来提升 LCET – CN 的系统创新能力。接下来通过将技术距离和关系强度固定在 25 百分位数到 75 百分位数范围内，对整体网特征和行动者位置特征依据表 6 – 4 具有显著交互效应系数的回归函数做出与两类技术创新关系的三维曲面图，并进一步做出交互类型与技术创新水平对应关系的二维矩阵。

具体而言，图 7 – 8 和图 7 – 9 分别显示了将技术距离固定在其 25 百分位数到 75 百分位数范围之间时❶，网络密度与度数中心度、集聚系数与度数中心度交互效应的三维曲面图及其交互类型与探索式创新水平的对应图。可以看出，探索式创新的较高点出现在较大密度（集聚系数）网络中的高度数中心度企业中，而较低点则出现在较小密度（集聚系数）网络中的高度数中心度企业中。说明 LCET – CN 中的中心企业在网络中是发挥正面还是负面的影响取决于网络凝聚性这一情景因素。同时，集聚系数与度数中心度的交互影响高于密度与度数中心度的交互影响，说明网络的闭合结构更有利于中心企业集中资源和技术优势进行探索式创新。

---

❶ 因技术距离和关系强度作为固定变量的图形差异不大，因此只显示一般技术距离水平下的两类技术创新与整体网特征、行动者位置特征的三维曲面图。

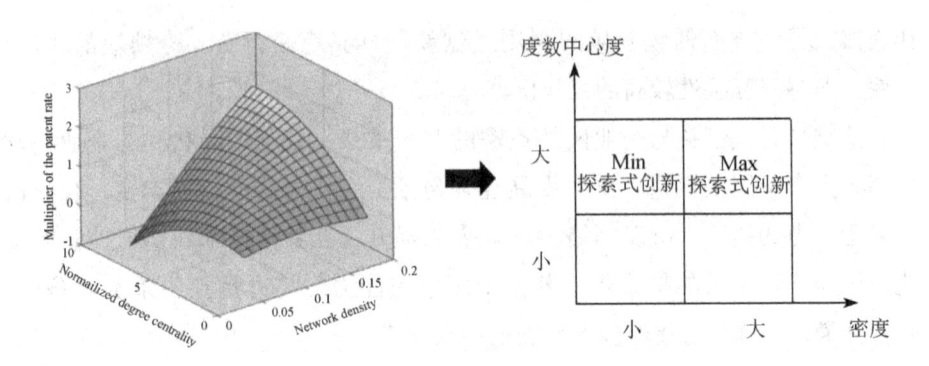

图7-8　密度、度数中心度与探索式创新

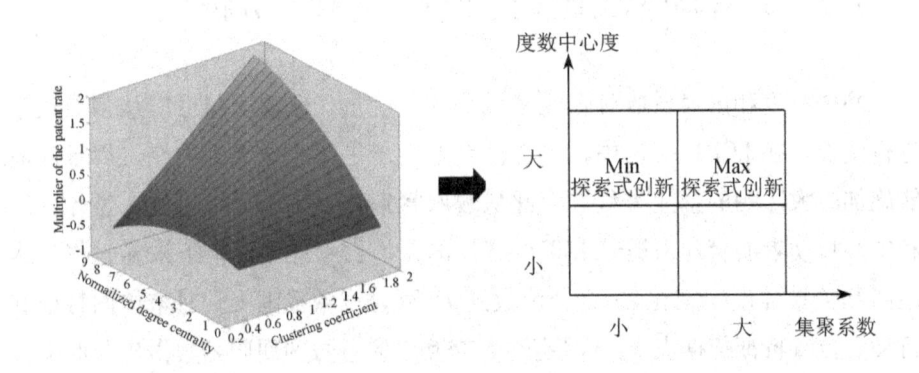

图7-9　集聚系数、度数中心度与探索式创新

图7-10和图7-11显示了技术距离为一般水平时，网络密度与中间中心度、集聚系数与中间中心度交互效应的三维曲面图及其交互类型与探索式创新水平的对应图。可以看出，较低的探索式创新水平出现在较高密度（集聚系数）网络中的具有较大中间中心度的企业上，而较高的探索式创新水平则出现于较低密度（集聚系数）网络中的具有较大中间中心度的企业上，说明网络凝聚性较低的时候，企业位于结构洞位置有利于提高探索式创新，而高连接度及聚集性会削弱占据结构洞位置企业的信息和资源优势。

图7-12和图7-13显示了将技术距离固定在25百分位数到75百分位数范围之间，网络密度与度数中心度、集聚系数与度数中心度交互效应的三维曲面图及其交互类型与利用式创新水平的对应图。可以看出，较低的利用式创新水平出现在较高密度（集聚系数）网络中的具有较大度数中心度的企业上，而较高的利用式创新水平则出现于较低密度（集聚系数）网络中的具有

较小度数中心度的企业上。此外，与探索式创新相似的是，集聚系数与度数中心度的交互影响高于密度与度数中心度的交互影响，说明网络的闭合结构更有利于中心企业提高效率进行优化现有知识和技能的利用式创新。

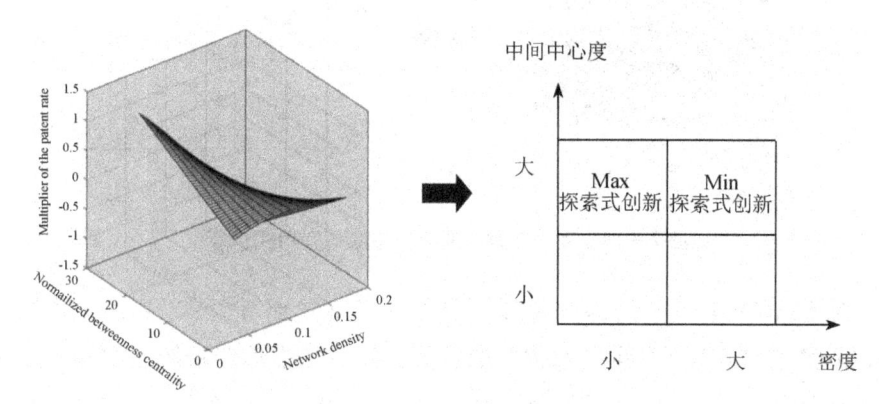

图 7-10　密度、中间中心度与探索式创新

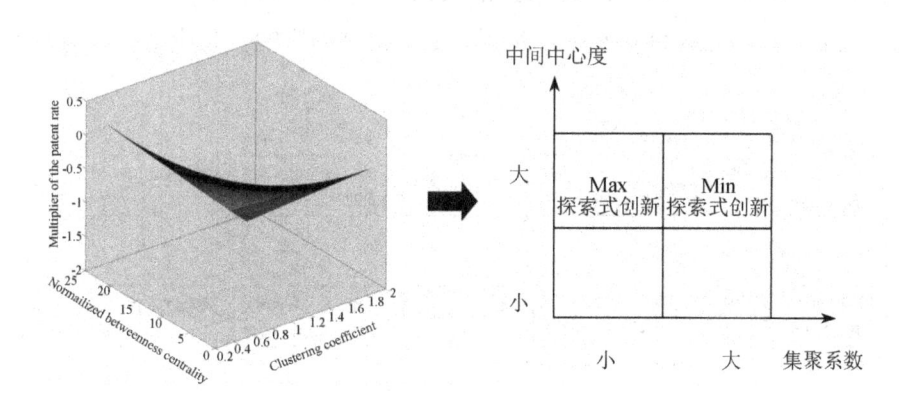

图 7-11　集聚系数、中间中心度与探索式创新

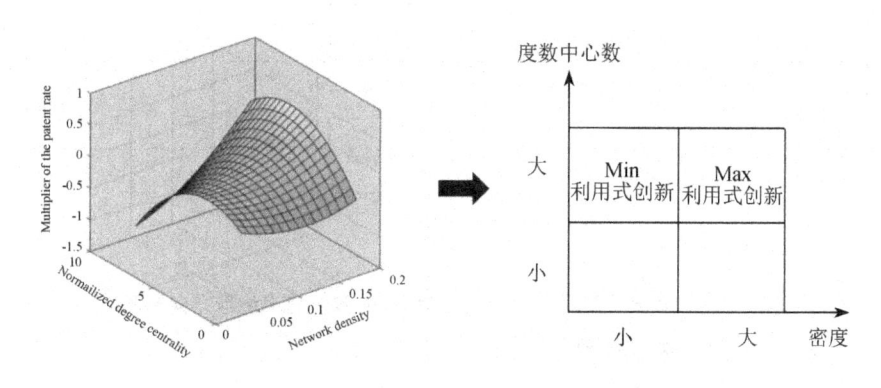

图 7-12　密度、度数中心度与利用式创新

低碳能源技术研发网络的生成、演化和效应研究

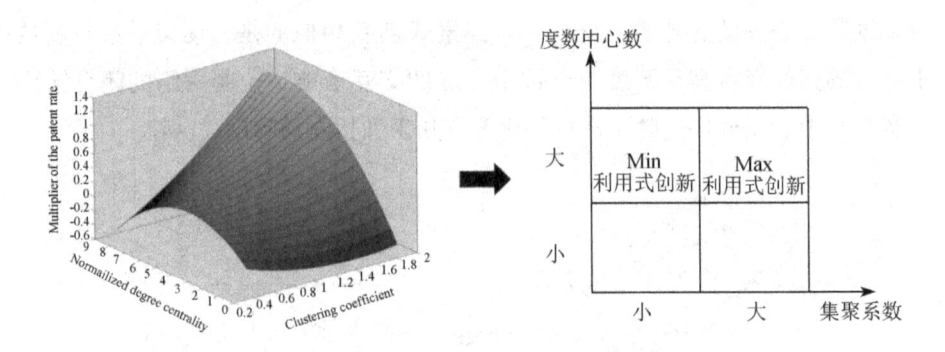

图7-13 集聚系数、度数中心度与利用式创新

基于图7-8~图7-13中的交互类型与二元式创新水平的对应关系的分析，为促进LCET-CN中技术创新的发展，政府在推动低碳能源技术研发网络发展上出台相关政策及进行网络治理时可参考图7-14所示的差异性建议。在LCET-CN的形成时期，即网络密度和集聚系数均较低时，中心企业和中介企业分别对二元式创新水平产生了抑制与促进的影响。相应地，政府一方

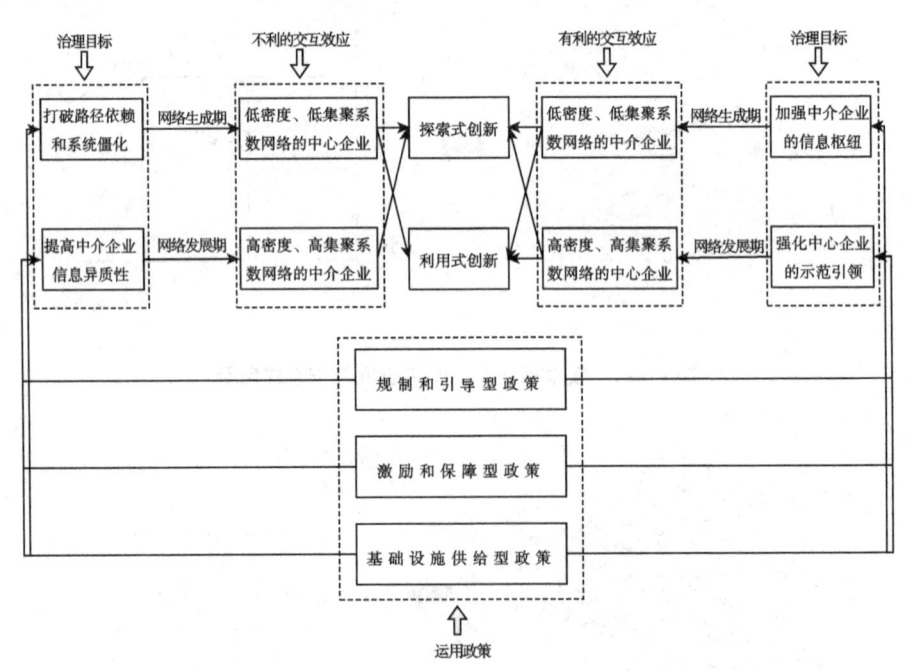

图7-14 提升LCET-CN中技术创新的政府网络治理方向及政策

注：加黑线条表明政策运用的重点方向。

158

面强调对于中心企业规制政策的运用来促使其打破对技术路径的依赖、化解其创新系统的僵化；另一反面，对中介企业应通过激励和保障型政策来加强其处于信息枢纽位置的影响。在 LCET-CN 的发展时期，即网络密度和集聚系数均较高时，中介企业会对探索式创新水平产生抑制式影响，而中心企业则对二元式创新水平产生促进式影响。相应地，政府对于中介企业可采用引导性政策来提高其获取异质性信息的热忱；对于中心企业则可采用激励和保障型政策来强化其示范引领作用。同时，政府的基础设施供给型政策是贯穿 LCET-CN 萌芽到发展时期的重要政策，为低碳能源技术研发网络的发展提供了不可或缺的基础。

7.3 管理启示与政策建议

基于前文的分析，本节就促进低碳能源技术研发网络的发展，从企业加强发展管理的措施和政府促进网络发展的举措两个方面分别给出启示和建议。

7.3.1 管理启示

图 7-7 揭示了提升 LCET-CN 中技术创新的企业网络策略及路径，在此通过对路径的具体阐释来提出管理启示。

（1）拓展丰富合作关系模式

在 LCET-CN 中，中心企业和中介企业是推动突破性探索式创新的主力，而中心企业和中介企业发展的前提是在网络中建立较多有效的连接，从而要求企业拓宽协作研发的关系模式，包括降低低碳成本的产业链关系，获取特定知识的项目合作，基于长期战略目标的技术联盟，整合市场优势和技术前沿成果的产学研合作，转换职能形成合力的三重螺旋关系和整合技术、资本、市场的官产学研合作等。在每一种合作关系模式中，企业应根据自身研发目的、规模、财务状况，以及合作双方成功合作记录、资源搜寻的可转移性有侧重地丰富合作关系。例如，在产学研合作中，科研能力较弱的企业可以通过课题委托的方式获取学研方的知识技术优势；而对于企业具备一定的研发资源基础，具有与学研方对接的能力，且二者具有共享知识成果意愿的情形，联合开发和共建研究机构是更适合的合作模式。

(2) 提高合作伙伴管理能力

在 LCET–CN 中，中心企业的深度合作和兼容性合作以及中介企业的深度合作均会带来较高水平的探索式创新。因此，在拓宽丰富合作关系模式的同时，企业应提升合作伙伴管理能力，这是确保合作关系的稳定和高效、获取协同效应、提升整个研发网络竞争力的必要条件。具体而言，合作伙伴管理包括合作伙伴的选择和合作制度建立完善两个核心内容：企业对于合作伙伴的选择应在遵循能力互补、协同效应、相互信任、降低风险、文化兼容等共性原则下综合考虑市场状况、合作伙伴的研发实力和财务状况等硬指标，以及文化协同、信任、承诺度等软指标，提高合作伙伴选择标准与合作目标的匹配性；合作制度的建立与完善则要求企业在应对 LCET–CN 在合作领域上从外围伙伴关系到核心伙伴关系、在关系目标上从具体项目目标到持续项目目标、在合作边界上从双边合作到多边合作、在合作持续期上从长期合作到发展多边关系的变化趋势上，通过战略定位、关系资产管理、知识自由流动的创造性利益共同体构建、桥梁关系搭建来达到锁定长期目标、平衡复杂关系、提升信任承诺、剔除不兼容合作和防止机会主义[300]。

(3) 提升网络关系治理效果

无论是以技术距离为基础的技术兼容性合作和技术互补性合作，还是以关系强度为基础的深度合作，都是建立在持续有效的网络关系治理基础之上的。因此，网络关系治理是获取较高探索式创新和利用式创新水平的关键。网络关系治理是公司为保证合作研发各方有足够的动机不去利用信息不对称和不完全契约来牟取私利，提高合作成员同步互动达到高效协作的关系管理方式和制度，缺乏网络关系治理往往会导致合作组织之间因机会主义的存在扭曲合作行为而导致合作关系失效。网络关系治理的基础在于信任机制的建立。企业可基于历史合作经验、声誉、关系专有性投资的规模等信号判断合作方的可信程度，同时动态运用基于欺骗成本和诚信收益的计算途径，基于合作方过去行为记录的预测途径，基于合作方资历、专业知识和成就的能力途径，基于第三方验证的转移路径等方式建立起信任机制。此外，建立起来的信任机制还需要企业进行持续的维护，包括：①通过各种正式和非正式沟通渠道增加彼此行为的透明度，以信息共享平台为载体，以技术培训、学术研讨、成员单位互访参观等方式及时有效沟通，深化合作伙伴关系[301]；②强化共同利益,如欧盟构建了低碳技术研发的战略性共同体"欧洲能源研究联盟",实施了一系列联合研发项目,如"欧洲风力计划""欧洲太阳能计划""欧洲生物能计划""欧洲电网计划",有效提高了欧盟低碳技术的国际竞争力;③通过建立健全信誉档案机制提高联合研发成员的诚信收益和欺骗成本。

(4) 优化互补资源搜索效率

在 LCET-CN 中,中间中心度较低的孤立企业和度数中心度较低的边缘企业的互补性合作会带来较高的二元式创新水平,这两种类型的企业一方面受制于自身规模、资源能力和核心企业的信息控制,另一方面又因较小的规模或较扁平的组织结构比核心企业具有更高的创新灵活性,以及与技术距离较大组织进行合作的适应性和协调性更强。互补性知识和技术的搜索构成对具有信息和资源渠道劣势的孤立或边缘企业进行互补性合作的重大障碍,从而其搜索效率的提高也成为互补性合作的关键前提。网络中的孤立和边缘企业可以从三个方面优化互补性知识和技术的搜索:①企业不应只将研发合作伙伴限定于产业链中组织或社会关系连接的特定组织,还可以与拥有科研实力和技术开发能力的科研院所和高新技术企业展开合作,从基础性研究和前沿性技术及产品开发两方面有效促进低碳能源关键共性技术突破;②充分利用现代信息技术优势提高搜索效率,通过对专利数据的挖掘掌握低碳技术领域创新知识的分布,研发趋势和最新进展,评估和筛选最有前景的技术伙伴;③积极参与行业协会,充分利用新兴产业行业协会在对外职能上的优势,提高与外部交流合作和政府部门对话的机会,从而扩大互补性知识技术搜索的范围。

(5) 提高组织学习能力

组织学习能力是保证企业在研发网络中学习、分享、吸收、整合知识和技术最大化的能力,既是企业从合作研发中获取附加值的基础,也是防御合作伙伴强占合作租金的有效手段。组织学习的效率取决于企业自身的吸收能力,需要企业提高知识获得、消化、转化和利用的动态能力,其前提是组织持续的研发投入和知识储备的增加,表现形式是组织为适应变化的低碳能源技术研发需要而不断革新自身的学习机制、方法和内部制度安排。例如,丰田在低碳混合动力汽车上的领先地位与其高效的供应商学习网络密不可分,它通过供应商协会、顾问团队、学习团队等形式建立了与供应商的互动反馈学习机制,从而以较低的成本解决了与生产力及产品品质、环保性能相关的关键技术问题。同时,针对隐形知识和显性知识两种不同属性的外部知识,企业需构建差异化的学习机制:对于规范的、可以明确表达且易于存储和转移、传递不受地理距离制约的显性知识,企业应采取高效率、低成本的学习方式实现知识的转移和分享,如定期的常规会议;对于尚未形成规范的、难以编码的,不易保存、传递、掌握和分享的隐形知识,企业可以通过人员互换、共同培训学习、技术联盟等方式来建立和加强与合作组织的面对面交流,从而有助于隐形知识的学习与分享。

7.3.2 政策建议

图7-14揭示了提升LCET-CN中技术创新的政府网络治理方向及相关政策,在此通过对政策的具体阐释来提出政策建议。

(1) 规制和引导型政策

在低密度、低聚集性的LCET-CN中,中心企业对二元式创新会产生较大的负面影响,这是因为中心企业多为国有性质,在绿色化转型中面临更高程度的制度障碍和路径依赖,因此需要政府规制政策倒逼这类企业进行积极的低碳技术发展。这就需要政府在合理借鉴国外先进经验、保持政策的稳定性和连续性、增强政策的针对性和协调性的指导思想下综合运用多种规制政策工具,包括命令控制型工具(技术标准、绩效标准)、市场主导型工具(征税、排污权交易制度、保证金返还方案)以及其他类型工具(环境管理体系、生态标签、生命周期分析和生产商产品责任制、资源协议和信息披露)。例如,在命令控制性工具的运用上,美国、丹麦、英国和德国等实行可再生能源配额制,电力公司必须向用户提供一定比例的可再生能源电力,否则给予惩罚;又如,在市场导向工具的运用上,英国于2002年最早实施碳排放交易政策和开征气候变化税,并利用其收益建立碳基金投资于低碳技术的研发与应用[302]。

而在高密度、高集聚系数的LCET-CN中,中介企业会对探索式创新产生较大的负面影响,这是因为中介企业从多渠道获取信息的重叠程度高,因此政府需要运用引导政策来提高中介企业的信息异质性:一方面可引导中介企业承担起低碳技术从研发、中试、示范、市场化各阶段的信息枢纽任务,而不仅局限于对研发阶段知识和技术的扩散;另一方面,政府可以引导中介企业参与更多的跨区域合作项目或国际合作项目，从而扩宽异质性信息获取的渠道。

（2）激励和保障型政策

在高密度、高集聚系数的 LCET-CN 中，中心企业对二元式创新有较高的正面影响，政府可以运用激励型政策工具强化中心企业的示范引领作用：包括运用行政奖励工具对攻克关键技术的团队或个人给予认可；也包括运用政府采购政策加快中心企业在突破性技术上的市场回报速率，并充分发挥中心企业在低碳技术产品的技术标准和技术水平要求制定上的积极作用，引导其他企业的低碳技术创新发展方向。

而在低密度、低集聚系数的 LCET-CN 中，中介企业对二元式创新会有较高的正面影响，政府可以通过促成战略联盟和行业协会的构建来加强中介企业的知识枢纽作用，扩大中介企业的知识扩散范围。

对中介企业和中心企业在不同网络环境下正面影响的强化都离不开有效的知识产权制度保障，这是对创新主体权益的维护，保证了创新主体的持续创新。当有效的知识产权制度缺位时，企业公开研究成果的意愿就会降低，知识在经济体系中难以进行有效的流动和应用，造成大量的重复投入，降低低碳技术的发展速度。因此，政府一方面应该加大对侵犯知识产权行为的监督和惩罚，对合作研发中的知识产权纠纷做出公平公正的裁决和合理的调节；另一方面，政府应从低碳专利数据平台的构建、低碳专利审查与授权程度的改进和关键共性或核心技术联合开发的专利资助等方面去营造良好的低碳技术知识产权保护氛围，使企业能受益于低碳技术专利信息跟踪和风险预警机制、低碳技术专利审查效率与授权速度的提高，从而帮助企业抢占低碳技术联合研发中的技术制高点。

（3）基础设施供给型政策

由于低碳技术创新具有双重外部性，企业自身研发的动力不足和能力欠缺构成低碳技术创新中的主要障碍，因此制定提供创新相关要素的基础设施供给型政策，直接推动创新主体进行技术创新和产品研究显得尤为重要，这也是政府调控中心企业和中介企业对两类创新影响的基础。政府可以从人才培养与吸引、科技信息支持的公共服务、研发载体的建设三方面提供低碳技术的创新要素支撑政策：人才资源培养和吸引政策包括明晰低碳成果奖励和量化标准、完善科技创新人才能力培养体系、推进人才流动和素质培养的合作机制与高端人才引进计划；科技信息支持的公共服务主要体现于构建和完善 LCET-CN 的知识管理技术平台，运用现成的、低成本的互联网基础设施以及基于 Web 技术的信息系统前端，存储与企业低碳产品和服务相关的知识，促进创新主体之间信息的共享和跨区域主体之间的有效研发协同；政府对研发载体的建设一方面包括运用优惠政策和导向型投资引导企业和公共研究机构组成重大低碳项目的研究联合体、低碳技术前沿交叉领域的国家实验室以及低碳技术科技园，另一方面可通过完善金融支持网络与科技孵化器来建立和完善低碳技术成果的转化系统。

7.4 本章小结

本章以实证分析的显著性回归做出基于企业网络策略视角的行动者位置特征和合作伙伴关系特征对二元式创新影响的三维曲面图，运用二维矩阵显示出技术创新水平与网络特征交互类型的耦合关系。在此基础上，归纳出提升 LCET-CN 中技术创新的企业网络策略及路径：企业网络策略包括有利于探索式创新的中心企业的深度合作和技术兼容性合作、中介企业的技术兼容性合作，有利于利用式创新的边缘企业的互补性合作，以及有利于两类技术创新的孤立企业的互补性合作；路径包括拓展丰富合作模式、提高合作伙伴管理、提升网络关系治理、优化互补资源搜索和提高组织学习能力。然后，运用三维曲面图和二维矩阵结合的方法分析基于政府网络治理视角的整体网特征和行动者位置特征的交互与二元式创新的耦合关系，归纳出有利的交互效应和不利的交互效应：有利的交互效应包括低密度、低集聚系数网络中的中介企业和高密度、高集聚系数网络中的中心企业，并分别提出了加强中介企业的信息枢纽和强化中心企业的示范引领的治理目标；不利的交互效应包括低密度、低集聚系数网络中的中心企业和高密度、高集聚系数网络中的中介企业，并分别提出了打破路径依赖和系统僵化、提高中介企业信息异质性的治理目标；在此基础上，提出了政府网络治理的三大政策工具，包括引导和支持型政策、激励和保障型政策以及基础设施供给性型政策。最后，通过对企业网络策略对应路径和政府网络治理对应政策的具体阐释分别给出管理启示和政策建议。

第8章 结论与展望

8.1 全书总结

综合运用复杂适应系统、网络演化、网络嵌入性等理论，对 LCET – CN 的动力机制及涌现属性、社会网络结构的演化特征、网络结构效应的一般规律以及相应的策略定位展开深入研究，运用基于复杂网络的多 Agent 建模、社会网络分析、面板数据计数模型等研究方法，解决 LCET – CN 是什么、为什么出现、如何发展、发展的效应如何、如何有效发展等对理论和实践界具有重要意义的问题。

总结全书的研究工作，包括以下内容：

（1）LCET – CN 的系统特征分析。

在对低碳技术创新文献梳理的基础上，界定低碳能源技术为涵盖可再生能源、非可再生能源和储能节能技术的，以高度综合性、复杂性和经济负载性为特征的节能减排和能源系统重新设计的技术。低碳能源技术的内涵决定了 LCET – CN 是科研院所、能源密集型用户、传统能源生产者、低碳技术制造者等多创新主体，在产业链关系、产学研关系、三重螺旋关系等正式或非正式关系中连接形成的总体结构。LCET – CN 区别于一般技术网络的特征是更强的政策依赖性、利益相关者影响以及较大的网络异质性。

（2）构建了 LCET – CN 的生成机制模型并通过模拟仿真揭示其涌现属性。

基于 LCET – CN 的系统特征分析，从 LCET – CN 的四大特征（聚集性、非线性、流、多样性）以及三大机制（标识、内部模型、积木）分析 LCET – CN 的复杂适应系统特征。通过研发投入规则、知识吸收规则、知识生成规则和创新与利润生成规则揭示组织间合作的动力机制，并在此基础上构建了基于复杂网络的多 Agent 模型，将网络连接机制转化为一个动态优化模型。运用

Matlab的差分演化算法对优化模型求解并模拟仿真,通过对仿真结果分析揭示生成网络在网络整体和组织层面的涌现属性。结果表明:①在以知识扩散和知识溢出水平为依据的划分下,LCET-CN和传统技术导向型研发网络都具有小世界性,而无标度网络特征只体现于LCET-CN中;②组织嵌入较高密度或集聚系数的网络有利于提高创新绩效;③组织占据网络中心位置和结构洞位置,或与合作伙伴建立较大关系强度的合作会对创新绩效带来正面的影响,这种影响在LCET-CN中较为显著,认知距离对创新回报的负向线性影响只存在于LCET-CN中。从涌现属性的对比可以得出研发网络的社会网络结构效应在LCET-CN和传统技术导向型研发网络中存在影响程度和方向上的区别,构成了具有分析意义的视角。

(3) 创建了以联合申请专利为特征的LCET-CN并揭示其演化规律。

基于仿真数据的复杂网络特征推断还需要通过经验事实来佐证,因此构建基于实际数据的LCET-CN并分析其演化特征:基于国际专利分类绿色清单进行低碳能源技术专利数据的检索、整理,构建基于联合申请专利的9类LCET-CN;运用社会网络工具分析依次分析LCET-CN在整体网、行动者位置和合作伙伴关系上的演化特征,总结演化规律。结果表明:①基于联合申请专利数据构建的LCET-CN具有整体分散、局部紧密的最大子群小世界性以及无标度网络特征,前者说明当前网络结构还存在缺陷,后者说明核心企业对网络发展至关重要;②行动者位置特征的演化反映出9类LCET-CN与产业发展阶段的共演性,使得中心和中介位置组织的更替性、二者的重合性以及科研院所占比发生不同程度的变化,中心行动者及其演变特征的识别说明政府需实施多元化、多层次、差异化的激励政策;③合作伙伴关系的演化特征一方面印证了不同低碳能源技术类别处于异质性的产业发展阶段,另一方面体现出合作伙伴关系向高技术互补性发展的趋势,说明合作创新产出的提高对合作双方的吸收能力提出了更高的要求。此外,对演化特征经验事实(Stylized Facts)的分析说明构建的LCET-CN样本具有较大的技术类别间异质性,为具有高度产业情景权变性的网络结构效应实证研究[95]奠定了值得深入挖掘的样本基础。

(4) 构建面板数据计数模型并实证验证LCET-CN的结构效应。

LCET-CN的演化分析为政府识别关键行动者和评估LCET-CN的有效性,

企业判断潜在的合作伙伴和发展合作能力提供了依据。而企业参与 LCET – CN 的最终目的在于依托 LCET – CN 提升自身在低碳领域的技术创新水平并形成绿色竞争优势，这就需要以 LCET – CN 作用于企业低碳领域技术创新水平的一般规律作为指导，因此构建面板数据计数模型并实证验证 LCET – CN 的结构效应。网络特征独立效应和网络特征交互效应两个方面的实证分析结果表明：①指代闭合结构关系模式的集聚系数比指代网络连线数量的网络密度对低碳领域的二元式创新产生更积极的影响；②行动者位置决策应与网络整体结构、合作伙伴关系相匹配，侧重于探索式创新的企业适宜建立较多的直接联系而非充当较多联系中的"桥梁者"，而度数中心较大或中间中心度较大的企业一方面可以通过加强关系的强度来进一步提升探索式创新，另一方面则需避免因与技术距离较大的组织合作而导致创新水平降低；③技术创新类型的差异影响了社会网络结构特征交互效应的作用方向和程度，对于探索式创新，整体网指标不产生直接影响，而分别与度数中心度和中间中心度产生正向和负向的交互效应，技术距离则与整体网指标和行动者位置指标均产生负向的交互效应；对于利用式创新，集聚系数与其呈 U 形关系，且与度数中心度产生正向的交互影响，技术距离则与整体网特征产生正向的交互影响，与行动者位置特征产生负向的交互影响；④关系强度对低碳领域的二元式创新水平具有正向的影响，且强化了中间中心度和集聚系数对探索式创新的正向影响。

（5）基于耦合分析确立提升 LCET – CN 结构效应的网络策略与政策定位。

回归模型的结论还不足以为我国企业在 LCET – CN 中的战略选择与定位提供具体的操作借鉴。此外，政府在激励企业进行深层次、突破性的低碳能源技术创新以及规避不利的网络特征交互情景时，也需要具体的决策依据作为参考。因此，本研究进一步从企业网络策略与技术创新、政府网络治理与技术创新两方面构建耦合分析。运用三维曲面图和二维矩阵结合的方法分析网络结构交互类型与技术创新水平的耦合关系，归纳出提升 LCET – CN 中技术创新的企业网络策略：包括有利于探索式创新的中心企业的深度合作和技术兼容性合作、中介企业的技术兼容性合作，有利于利用式创新的边缘企业的互补性合作，以及有利于两类创新的孤立企业的互补性合作；并进一步指出策略实现的路径，包括拓展丰富合作关系模式、提高合作伙伴管理能力、提升网络关系治理效果、优化互补资源搜索和提高组织学习能力。然后，从基于政府网络治理视角的结构交互与技术水平的耦合分析归纳出：政府可以在网络生成时期加强中介企业的信息枢纽作用、促进中心企业打破路径依赖和化解系统僵化，在网络的发展时期注重强化中心企业的示范引领效应和提高中介企业信息异质性的政策定位下有选择、有侧重地运用引导和支持型政策、激励和保障型政策以及基础设施供给型政策。

8.2 主要创新点

低碳能源技术革命迫在眉睫，LCET-CN 的发展是企业内在需求也是产业发展趋势。学界对 LCET-CN 的研究滞后于实践发展：为数不多的研究仅囿于单一行业的网络结构演化及演化效应的概念模型梳理上，缺乏从技术需求界定研究边界的、涵盖多行业的研发网络的研究，对于 LCET-CN 的系统性和共性规律的认识还较为模糊，难以对低碳能源技术创新的扩散、研发网络的良性演化、低碳能源技术创新的路径突破提出有针对性的建议。本研究探索 LCET-CN 生成、演化和效应，沿着 LCET-CN 的生成机制建模—LCET-CN 的结构演化分析—LCET-CN 结构效应的理论机理及实证检验—提升 LCET-CN 结构效应的策略定位的逻辑思路展开研究，创新点如下：

(1) 构建了 LCET-CN 的生成机制模型并通过模拟仿真揭示网络涌现属性。

应用基于 Agent 的建模方法，构建了组织在网络中合作伙伴选择、知识增长与利润生成机制的模型，使合作伙伴选择的外生机理内生化，将 LCET-CN 的生成机制转化为一个动态优化模型。采用 Matlab 的差分演化算法对优化模型求解并模拟仿真，通过调整知识扩散参数和知识溢出参数，揭示了 LCET-CN 与传统技术导向型研发网络在复杂网络特征和组织层面的涌现属性差异。这种方法克服了现有基于演化博弈方法研究的静态性以及对节点连接机制解释的模糊性所带来的问题，从组织动态决策视角丰富了现有的建模理论。

(2) 创建了以联合申请专利为特征的 LCET-CN 并揭示其演化规律。

以联合国知识产权组织公布的国际专利分类绿色清单中 9 类低碳能源技术的 212 个专利代码确定研发网络的技术外延，利用 Java 编程工具生成二维矩阵挖掘联合申请专利数据，构建了2006—2015年由我国491个组织为网络节点构成的研发网络，从网络整体结构、行动者位置、合作伙伴关系视角分析LCET-CN的演化特征。对LCET-CN演化规律的分析可以加深对其复杂网络特征、中心行动者以及合作关系变化的内在要求的了解，从而有效评估LCET-CN的发展阶段，制定针对不同行动者的区别化激励政策，并强化组织针对合作关系演变的相关能力的培育。对于企业而言，研发网络的构建有利于企业判断潜在的合作伙伴并形成创新的网络观。本研究利用联合申请专利数据，从创新技术导向而非行业视角对我国低碳能源技术研发网络的量化分析属于首创研究。

（3）构建面板数据计数模型并实证验证LCET-CN的结构效应。

在运用嵌入性等理论梳理整体网、行动者位置、合作伙伴关系特征以及三者交互对技术创新影响的基础上提出研究假设，构建215家企业的757个企业年观察值的面板数据计数模型进行回归分析。研究结果表明基于结构嵌入、关系嵌入或认知嵌入的单层次的分析具有片面性，而综合考虑整体网、行动者位置、合作伙伴关系及其交互作用是对社会网络结构效应更全面的反映。本研究从三重网络结构指标的交互对二元式创新影响的视角深入揭示了LCET-CN结构效应的特殊性，探讨了LCET-CN结构效应提升的一般规律，填补了低碳技术创新背景下研发网络结构效应的实证研究空白。

（4）基于耦合分析确立提升LCET-CN结构效应的网络策略与政策定位。

运用三维曲面图和二维矩阵结合的方法分析LCET-CN中技术创新水平提升的企业网络策略和政府网络治理方向。企业可以从合作模式的拓展丰富、合作伙伴管理能力的提高、研发网络治理效果的提升、互补性技术和知识搜索的优化、组织学习能力的提升实现有利的网络结构策略，政府可以在网络生成时期加强中介企业的信息枢纽作用、打破中心企业的路径依赖和系统僵化，在网络的发展时期注重强化中心企业的示范引领和提高中介企业信息异质性的政策定位下有选择、有侧重地运用引导和支持型政策、激励和保障型政策以及基础设施供给型政策。

8.3 研究展望

（1）在构建基于Agent的研发网络生成演化模型中，为简化模型提高模拟仿真的可行性，假设合作关系的形成取决于短期利润优化的决策，这种处理只考虑了经济行为，没有考虑企业的其他行为动机。未来的研究可以结合创新主体的经济行为与社会行为，更好地模拟研发网络创新主体之间的知识转移与合作创新。

（2）整体网、行动者位置、合作伙伴关系指标遴选的依据需要进一步的理论认证。本研究对于三个社会网络结构指标的选取是基于现有文献中的常用指标进行的，而后续研究可进行更细致的模型推导。

（3）本研究实证检验使用的联合申请专利数据具有单一性。限于数据的可得性，只收集了联合专利申请数据，而对于以专利衡量的研发网络，其数据来源也包括专利购买与转让、专利交叉许可等。因此，后期研究可采集更全面的数据来进行实证验证。

（4）本研究着力于解释研发网络结构特征对二元式创新的影响，后期研究可以聚焦于前者对低碳能源技术领域的组织成长和经济绩效等其他方向的研究，这对于网络组织理论在战略性新兴产业的研究将是一个有益的补充。

（5）同时，本研究方法仅局限于社会网络、建模和面板回归等定量分析方法，未来研究可以通过案例分析进一步揭示低碳能源技术创新背景下网络嵌入的内涵、动力因素和效应。

参考文献

[1] Schiederig T, Tietze F, Herstatt C. Green innovation in technology and innovation management—an exploratory literature review [J]. R&D Management, 2012, 42 (2): 180-192.

[2] Albino V, Ardito L, Dangelico R M, et al. Understanding the development trends of low-carbon energy technologies: A patent analysis [J]. Applied Energy, 2014, 135: 836-854.

[3] Mcjeon H C, Clarke L, Kyle P, et al. Technology interactions among low-carbon energy technologies: what can we learn from a large number of scenarios? [J]. Energy Economics, 2011, 33 (4): 619-631.

[4] Shi Q, Lai X. Identifying the underpin of green and low carbon technology innovation research: a literature review from 1994 to 2010 [J]. Technological Forecasting & Social Change, 2013, 80 (5): 839-864.

[5] Berkhout F. Technology regimes, path dependency and the environment [J]. Global Environmental Change, 2002, 12 (1): 1-4.

[6] Pacala S, Socolow R. Stabilization wedges: solving the climate problem for the next 50 years with current technologies [J]. Science, 2004, 305 (5686): 968-972.

[7] 赖晓东, 施骞. 建筑产业低碳技术创新管理文献评述与展望 [J]. 软科学, 2012, 26 (11): 90-104.

[8] 江玉国, 范莉莉, 施庚宏. 我国低碳技术发展现状及障碍分析 [J]. 生态经济, 2014, 30 (11): 47-52.

[9] Maji I K. Does clean energy contribute to economic growth? Evidence from Nigeria [J]. Energy Reports, 2015, 1: 145-150.

[10] 刘丹鹤, 彭博, 黄海思. 低碳技术是否能成为新一轮经济增长点?——低碳技术与IT技术对经济增长影响的比较研究 [J]. 经济理论与经济管理, 2010, 4: 12-18.

[11] 王兵, 刘光天. 节能减排与中国绿色经济增长——基于全要素生产率的视角 [J]. 中国工业经济, 2015, 5: 57-69.

[12] Sadeghi M, Kalantar M. The analysis of the effects of clean technologies from economic point

of view [J]. Journal of Cleaner Production, 2015, 102: 394 – 407.

[13] Bhupendra K V, Sangle S. Strategy to derive benefits of radical cleaner production, products and technologies: a study of Indian firms [J]. Journal of Cleaner Production, 2016, 126: 236 – 247.

[14] 马玎, 叶建木, 刘思施. 制度压力调节下的企业生态创新与盈利性的关系研究 [J]. 管理学报, 2016, 13 (2): 275 – 284.

[15] Noailly J, Smeets R. Directing technical change from fossil – fuel to renewable energy innovation: An application using firm – level patent data [J]. Journal of Environmental Economics and Management, 2015, 72: 15 – 37.

[16] Kessler J, Sperling D. Tracking U. S. biofuel innovation through patents [J]. Energy Policy, 2016, 98: 97 – 107.

[17] Zhao R, Zhao L, Deng S, et al. Trends in patents for solar thermal utilization in China [J]. Renewable and Sustainable Energy Reviews, 2015, 52: 852 – 862.

[18] 王静宇, 刘颖琦, Kokko A. 基于专利信息的中国新能源汽车产业技术创新研究 [J]. 情报杂志, 2016, 35 (1): 32 – 38.

[19] Erzurumlu S S, Erzurumlu Y O. Development and deployment drivers of clean technology innovations [J]. The Journal of High Technology Management Research, 2013, 24 (2): 100 – 108.

[20] Sáez – Martínez F J, Lefebvre G, Hernández J J, et al. Drivers of sustainable cleaner production and sustainable energy options [J]. Journal of Cleaner Production, 2016, 138: 1 – 7.

[21] Schaffer A J, Brun S. Beyond the sun—Socioeconomic drivers of the adoption of small – scale photovoltaic installations in Germany [J]. Energy Research & Social Science, 2015, 10: 220 – 227.

[22] Suk S, Lee S – Y, Jeong Y S. A survey on the impediments to low carbon technology investment of the petrochemical industry in Korea [J]. Journal of Cleaner Production, 2016, 133: 576 – 588.

[23] 华锦阳. 制造业低碳技术创新的动力源探究及其政策涵义 [J]. 科研管理, 2011, 32 (6): 42 – 28.

[24] 郭立伟, 沈满洪. 新能源产业发展文献述评 [J]. 经济问题探索, 2012, 7: 123 – 130.

[25] 徐建中, 曲小瑜. 低碳情境下装备制造企业技术创新行为的影响因素分析 [J]. 科研管理, 2015, 36 (3): 29 – 37.

[26] Persson J, Grönkvist S. Drivers for and barriers to low – energy buildings in Sweden [J].

Journal of Cleaner Production, 2015, 109: 296 – 304.

[27] Karatayev M, Hall S, Kalyuzhnova Y, et al. Renewable energy technology uptake in Kazakhstan: Policy drivers and barriers in a transitional economy [J]. Renewable and Sustainable Energy Reviews, 2016, 66: 120 – 136.

[28] 王群伟, 杭叶, 于贝贝. 新能源企业技术创新的影响因素及其交互关系 [J]. 科研管理, 2013, 34 (S): 161 – 166.

[29] Allen S R, Hammond G P, McManus M C. Prospects for and barriers to domesticmicro – generation: A United Kingdom perspective [J]. Applied Energy, 2008, 85 (6): 528 – 544.

[30] Foxon T, Pearson P. Overcoming barriers to innovation and diffusion of cleaner technologies: some features of a sustainable innovation policy regime [J]. Journal of Cleaner Production, 2008, 16 (1, Supplement 1): S148 – S161.

[31] 周亚虹, 蒲余路, 陈诗一, 等. 政府扶持与新兴产业发展——以新能源为例 [J]. 经济研究, 2015, 6: 147 – 161.

[32] 徐建中, 徐莹莹. 政府环境规制下低碳技术创新扩散机制——基于前景理论的演化博弈分析 [J]. 系统工程, 2015, 33 (3): 118 – 125.

[33] Nissinen A, Parikka – Aihola K, Rita H. Environmental criteria in the public purchases above the EU threshold values by three Nordic countries: 2003 and 2005 [J]. Ecological Economics, 2009, 68 (6): 1838 – 1849.

[34] 樊星, 马树才, 朱连洲. 中国碳减排政策的模拟分析——基于中国能源 CGE 模型的研究 [J]. 生态经济, 2013, 9: 50 – 54.

[35] 张国兴, 高秀林, 汪应洛, 等. 中国节能减排政策的测量、协同与演变——基于1978—2013 年政策数据的研究 [J]. 中国人口·资源与环境, 2014, 24 (12): 62 – 73.

[36] Auld G, Mallett A, Burlica B, et al. Evaluating the effects of policy innovations: Lessons from a systematic review of policies promoting low – carbon technology [J]. Global Environmental Change, 2014, 29: 444 – 458.

[37] 郭淑芬, 张清华, 黄志建. 基于负二项式模型的公共政策对新能源技术创新的影响研究 [J]. 经济体制改革, 2015, 1: 136 – 140.

[38] Tang L, Shi J, Bao Q. Designing an emissions trading scheme for China with a dynamic computable general equilibrium model [J]. Energy Policy, 2016, 97: 507 – 520.

[39] 闫云凤, 赵忠秀, 王苒. 我国出口退税政策的减排效果评估——基于钢铁行业的经验分析 [J]. 世界经济研究, 2012, 4: 46 – 50.

[40] 王班班, 齐绍洲. 市场型和命令型政策工具的节能减排技术创新效应——基于中国

工业行业专利数据的实证 [J]. 中国工业经济, 2016, 6: 91-108.

[41] 陈琼娣. 清洁技术企业专利组合策略研究 [J]. 科研管理, 2016, 37 (4): 118-125.

[42] 李爽. R&D 强度、政府支持度与新能源企业的技术创新效率 [J]. 软科学, 2016, 30 (3): 11-14.

[43] 陈卓淳. 特定技术创新系统结构与功能分析——可持续创新政策干预的新证据 [J]. 中国科技论坛, 2016, 2: 28-33.

[44] Carrillo-Hermosilla J, González PdR., Könnölä T, et al. Eco-Innovation: When Sustainability and Competitiveness Shake Hands [M]. Basingstroke: Palgrave Macmillan, 2009.

[45] De Marchi V. Environmental innovation and R&D cooperation: Empirical evidence fromSpanish manufacturing firms [J]. Research Policy, 2012, 41 (3): 614-623.

[46] Van Alphen K, Hekkert M P, Turkenburg W C. Accelerating the deployment of carbon capture and storage technologies by strengthening the innovation system [J]. International Journal of Greenhouse Gas Control, 2010, 4 (2): 396-409.

[47] Hellsmark H, Mossberg J, Söderholm P, et al. Innovation system strengths and weaknesses in progressing sustainable technology: the case of Swedish biorefinery development [J]. Journal of Cleaner Production, 2016, 131: 702-715.

[48] Huang P, Negro S O, Hekkert M P, et al. How China became a leader in solar PV: An innovation system analysis [J]. Renewable and Sustainable Energy Reviews, 2016, 64: 777-789.

[49] 穆荣平, 杨利锋, 蔺洁. 创新系统功能分析模型构建及应用 [J]. 科研管理, 2014, 35 (3): 1-7.

[50] 侯沁江, 蔺洁, 陈凯华. 中国新能源汽车产业的创新系统功能 [J]. 经济管理, 2015, 37 (9): 19-28.

[51] 张宏娟, 范如国. 基于复杂网络演化博弈的传统产业集群低碳演化模型研究 [J]. 中国管理科学, 2014, 22 (12): 41-47.

[52] 范如国, 张应青, 罗会军. 考虑公平偏好的产业集群复杂网络低碳演化博弈模型及其仿真分析 [J]. 中国管理科学, 2015, 23 (S): 763-770.

[53] 徐莹莹, 綦良群. 基于复杂网络演化博弈的企业集群低碳技术创新扩散研究 [J]. 中国人口·资源与环境, 2016, 26 (8): 16-24.

[54] 陈文婕, 曾德明. 低碳技术创新网络运作模式仿真分析 [J]. 中国科技论坛, 2015, 3: 18-29.

[55] 陈伟, 周文, 郎益夫. 集聚结构、中介性与集群创新网络抗风险能力研究——以东北新能源汽车产业集群为例 [J]. 管理评论, 2015, 27 (10): 204-217.

[56] Roscoe S, Cousins P D, Lamming R C. Developing eco – innovations: a three – stage typology of supply networks [J]. Journal of cleaner production, 2016, 112 (3): 1948 – 1959.

[57] Velenturf A P M. Promoting industrial symbiosis: empirical observations of low – carbon innovations in the Humber region, UK [J]. Journal of Cleaner Production, 2016, 128: 116 – 130.

[58] Kang M J, Hwang J. Structural dynamics of innovation networks funded by the European Union in the context of systemic innovation of the renewable energy sector [J]. Energy Policy, 2016, 96: 471 – 490.

[59] Schmid J C, Knierim A, Knuth U. Policy – induced innovations networks on climate change adaptation — An ex-post analysis of collaboration success and its influencing factors [J]. Environmental Science & Policy, 2016, 56: 67 – 79.

[60] Van Rijnsoever F J, Van den Berg J, Koch J, et al. Smart innovation policy: Hownetwork position and project composition affect the diversity of an emerging technology [J]. Research Policy, 2015, 44 (5): 1094 – 1107.

[61] Choe H, Lee D H, Kim H D, et al. Structural properties and inter – organizational knowledge flows of patent citation network: The case of organic solar cells [J]. Renewable and Sustainable Energy Reviews, 2016, 55: 361 – 370.

[62] Guan J, Liu N. Exploitative and exploratory innovations in knowledge network and collaboration network: a patent analysis in the technological field of nano – energy [J]. Research Policy, 2016, 45: 97 – 112.

[63] 解雪梅，曾赛星. 创新集群跨区域协同创新网络研究述评 [J]. 研究与发展管理，2009，01: 9 – 17.

[64] 曾德明，文金艳. 协作研发网络中心度、知识距离对企业二元式创新的影响 [J]. 管理学报，2015，12 (10): 1479 – 1486.

[65] 王黎萤，池仁勇. 专利合作网络研究前沿探析与展望 [J]. 科学学研究，2015，33 (1): 55 – 61, 145.

[66] Tijssen R J W. Quantitative assessment of large heterogeneous R&D networks: the case of process engineering in the Netherlands [J]. Research Policy, 1998, 26 (7 – 8): 791 – 809.

[67] Williamson O E. The economic institutions of capitalism [M]. New York: Simon and Schuster, 1985.

[68] Ahuja G. The duality of collaboration: inducements and opportunities in the formation of interfirm linkages [J]. Strategic Management Journal, 2000, 21 (3): 317 – 343.

[69] Zahra S A, Nambisan S. Entrepreneurship and strategic thinking in business ecosystems [J]. Business Horizons, 2011, 55 (3): 219–229.

[70] Ozman M. Knowledge integration and network formation [J]. Technological Forecasting & Social Change, 2006, 73 (9): 1121–1143.

[71] Koka B R, Madhavan R, Prescott J E. The Evolution of Interfirm Networks: Environmental Effects on Patterns of Network Change [J]. Academy of Management Review, 2006, 31 (3): 721–737.

[72] M'Chirgui Z. Dynamics of R&D networked relationships and mergers and acquisitions in the smart card field [J]. Research Policy, 2009, 38 (9): 1453–1467.

[73] 刘晓燕, 阮平南, 李非凡. 基于专利的技术创新网络演化动力挖掘 [J]. 中国科技论坛, 2014, 3: 136–141.

[74] 向希尧, 裴云龙. 跨国专利合作网络中技术接近性的调节作用研究 [J]. 管理科学, 2015, 28 (1): 111–121.

[75] 彭英, 姚恒璐, 吴菲. 组织个体创新与合作网络演化机理研究——基于通信业专利数据分析 [J]. 科技进步与对策, 2015, 32 (06): 24–28.

[76] Gay B, Dousset B. Innovation and network structural dynamics: study of the alliance network of a major sector of the biotechnology industry [J]. Research Policy, 2005, 34 (10): 1457–1475.

[77] Lei X P, Zhao Z Y, Zhang X, et al. Technological collaboration patterns in solar cell industry based on patent inventors and assignees analysis [J]. Scientometrics, 2013, 96 (2): 427–441.

[78] 刘彤, 郭鲁钢, 杨冠灿. 基于动态网络分析的专利合作网络演化分析 [J]. 情报杂志, 2014, 33 (11): 88–93.

[79] 高霞, 陈凯华. 专利合作网络结构演化特征的复杂网络分析 [J]. 科研管理, 2015, 36 (6): 28–36.

[80] 叶春霞, 余翔, 李卫. 中国企业间专利合作网络的演化及小世界性分析——基于开放式创新视角 [J]. 情报科学, 2015, 33 (2): 85–90, 104.

[81] Filieri R, McNally R C, O'Dwyer M, et al. Structural social capital evolution and knowledge transfer: evidence from an Irish pharmaceutical network [J]. Industrial Marketing Management, 2014, 43 (3): 429–440.

[82] Choe H, Lee D H, Kim H D, et al. Structural properties and inter-organizational knowledge flows of patent citation network: the case of organic solar cells [J]. Renewable and Sustainable Energy Reviews, 2016, 55: 361–370.

[83] Wang J. Knowledge creation in collaboration networks: effects of tie configuration [J]. Research Policy, 2016, 45 (1): 68 – 80.

[84] 曹兴, 宋娟, 张伟, 等. 技术联盟网络知识转移影响因素的案例研究 [J]. 中国软科学, 2010, 4: 62 – 72.

[85] 张鹏程, 彭菡. 科研合作网络特征与团队知识创造关系研究 [J]. 科研管理, 2011, 32 (7): 104 – 112.

[86] 王智宁, 吴应宇, 叶新凤. 网络关系、信任与知识共享——基于江苏高科技企业问卷调查的分析 [J]. 研究与发展管理, 2012, 24 (2): 47 – 57.

[87] Dong J Q, Yang C H. Information technology and organizational learning in knowledge alliances and networks: evidence from U. S. pharmaceutical industry [J]. Information & Management, 2015, 52 (1): 111 – 122.

[88] Jiang X, Bao Y, Xie Y, et al. Partner trustworthiness, knowledge flow in strategic alliances, and firm competitiveness: a contingency pespective [J]. Journal of Business Research, 2016, 69 (2): 804 – 814.

[89] Bouncken R B, Fredrich V. Learning in cooperation: alliance orientation, network size, andfirm types [J]. Journal of Business Research, 2016, 69 (5): 1753 – 1758.

[90] 周密, 赵西萍, 司训练. 团队成员网络中心性、网络信任对知识转移成效的影响研究 [J]. 科学学研究, 2009, 27 (9): 1384 – 1392.

[91] 朱亚丽, 孙元, 狄瑞波. 网络特性、知识缄默性对企业间知识转移效果的影响: 基于网络特性调节效应的实证分析 [J]. 科研管理, 2012, 33 (9): 107 – 115.

[92] 梁娟, 陈国宏. 多重网络嵌入与集群企业知识创造绩效研究 [J]. 科学学研究, 2015, 33 (1): 90 – 97.

[93] Mazzola E, Perrone G, Kamuriwo D S. Network embeddedness and new product development in the biopharmaceutical industry: the moderating role of open innovation flow [J]. International Journal of Production Economics, 2015, 160: 106 – 119.

[94] 赵炎, 王琦. 联盟网络的小世界性对企业创新影响的实证研究——基于中国通信设备产业的分析 [J]. 中国软科学, 2013, 4: 108 – 116.

[95] Rowley T, Behrens D, Krackhardt D. Redundant governance structures: an analysis of structural and relational embeddedness in the steel and semiconductor industries [J]. Strategic Management Journal, 2000, 21: 369 – 386.

[96] Padula G. Enhancing the innovation performance of firms by balancing cohesiveness and bridging ties [J]. Long Rnage Planning, 2008, 41: 395 – 419.

[97] Gilsing V, Nooteboom B, Vanhaverbeke W, et al. Network embeddedness and the explora-

tion of novel technologies: technological distance, betweenness centrality and density [J]. Research Policy, 2008, 37 (10): 1717 – 1731.

[98] Liu C H. The effects of innovation alliance on network structure and density of cluster [J]. Expert Systems with Applications, 2011, 38: 299 – 305.

[99] Kim D Y. Understanding supplier structural embeddedness: a social network pespective [J]. Journal of Operations Management, 2014, 32: 219 – 231.

[100] Lee C Y, Wang M C, Huang Y C. The double – edged sword of technological diversity in R&D alliances: network position and learning speed as moderators [J]. European Management Journal, 2015, 33 (6): 450 – 461.

[101] 钱锡红, 杨永福, 徐万里. 企业网络位置、吸收能力与创新绩效———个交互效应模型 [J]. 管理世界, 2010, 5: 118 – 129.

[102] Eisingericha A B, Bell S J, Tracey P. How can clusters sustain performance? the role of network strength, network openness, and environmental uncertainty [J]. Research Policy, 2010, 39 (2): 239 – 253.

[103] 王松, 盛亚. 不确定环境下集群创新网络合作度、开放度与集群增长绩效研究 [J]. 科研管理, 2013, 34 (2): 52 – 61.

[104] 郭元源, 池仁勇, 段姗. 科技中介功能、网络位置与产业集群绩效——基于浙江省典型产业集群的实证研究 [J]. 科学学研究, 2014, 32 (6): 841 – 851, 872.

[105] Fleming L, King C, Juda A I. Small worlds and regional innovation [J]. Organization Science, 2007, 18 (6): 938 – 954.

[106] Guan J, Zuo K, Chen K, et al. Does country – level R&D efficiency benefit from the collaboration network structure [J]. Research Policy, 2016, 45 (4): 770 – 784.

[107] 于明洁, 郭鹏, 张果. 区域创新网络结构对区域创新效率的影响研究 [J]. 科学学与科学技术管理, 2013, 34 (08): 56 – 63.

[108] 刘凤朝, 刘靓, 马荣康. 区域间技术交易网络、吸收能力与区域创新产出——基于电子信息和生物医药领域的实证研究 [J]. 科学学研究, 2015, 33 (5): 774 – 781.

[109] 陈子凤, 官建成. 国际专利合作和引用对创新绩效的影响研究 [J]. 科研管理, 2014, 35 (3): 35 – 42.

[110] Guan J, Zhang J, Yan Y. The impact of multilevel networks on innovation [J]. Research Policy, 2015, 44 (3): 545 – 559.

[111] Zander S, Trang S, Kolbe L M. Drivers of network governance: a multitheoretic perspective with insights from case studies in the German wood industry [J]. Journal of Cleaner Production, 2016, 110: 109 – 120.

[112] Van der Valk T, Chappin M M H, Gijsbers G W. Evaluating innovation networks in emerging technologies [J]. Technological Forecasting & Social Change, 2011, 78 (1): 25-39.

[113] 范如国, 叶菁, 杜靖文. 基于 Agent 的计算经济学发展前沿: 文献综述 [J]. 经济评论, 2013, 2: 145-150.

[114] 石乘齐, 党兴华. 技术创新网络演化研究评述及展望 [J]. 科技进步与对策, 2013, 30 (07): 156-160.

[115] José María Viedma M. Social capital benchmarking system: Profiting from social capital when building network organizations [J]. Journal of Intellectual Capital, 2004, 5 (3): 426-442.

[116] Nooteboom B. Inter-firm alliances: Analysis and Design [M]. London: Routledge, 1999.

[117] 姚昕. 中国低碳经济转型中的能源战略调整与政策选择 [M]. 厦门: 厦门大学出版社, 2012.

[118] 马杰. 促进我国清洁能源发展的财税政策研究 [M]. 北京: 经济科学出版社, 2014.

[119] 陈美球, 蔡海生, 廖文梅, 等. 低碳经济学 [M]. 北京: 清华大学出版社, 2015.

[120] 王仲颖, 任东明, 高虎等. 中国可再生能源产业发展报告 [M]. 北京: 中国经济出版社, 2013.

[121] 张帅, 邢志刚, 姚遥. 解密新能源 [M]. 上海: 文汇出版社, 2011.

[122] 辜胜阻, 王晓杰. 新能源产业的特征和发展思路 [J]. 经济管理, 2006, 11: 29-32.

[123] 孙鹏程, 金宇澄. 绿色技术发展的外部经济性及其补偿研究 [J]. 科学管理研究, 2006, 24 (3): 32-36.

[124] 冯科. 协作研发网络提升企业对技术标准制定的影响力研究 [D]. 长沙: 湖南大学, 2014.

[125] Luken R, Rompaey F V. Drivers for and barriers to environmentally sound technologies adoption by manufacturing plants in nine developing countries [J]. Journal of Cleaner Production, 2008, 16 (1): 67-77.

[126] 戚汝庆. 中国光伏产业创新系统研究 [D]. 武汉: 华中科技大学, 2012.

[127] Etzkowitz H, Leydesdorff L. The dynamics of innovation: from national system and "mode2" to triple helix of university-industry-government relations [J]. Research Policy, 2000, 29 (2): 109-123.

[128] 杨燕, 尹守军, Myrdal C G. 企业生态创新动态过程研究: 以丹麦格兰富为例 [J]. 研究与发展管理, 2013, 25 (1): 44-53.

[129] Coase R H. The nature of the firm [J]. Economica, 1937, 4 (16): 386-405.

[130] Yamin M, Otto J. Patterns of knowledge flows and MNE innovative performance [J]. Journal of International Management, 2004, 10 (2): 239-258.

[131] Jarillo J C. On stategic networks [J]. Strategic Management Journal, 1988, 9 (1): 31-41.

[132] Appolloni A, Sun H, Jia F, et al. Green procurement in the private sector: a state of the art review between 1996 and 2013 [J]. Journal of Cleaner Production, 2014, 85: 122-133.

[133] Zailani S, Jeyaraman K, Vengadasan G, et al. Sustainable supply chain management (SSCM) in Malaysia: a survey [J]. International Journal of Production Economics, 2012, 140 (1): 330-340.

[134] Akintoye A, Chinyio E. Provivate finance initiative in the healthcare sector: trends and risk assessment [J]. Engineering, Construction and Architectural Management, 2005, 12 (6): 601-616.

[135] Barringer B B, Harrison J S. Walking a tightrope: creating value through interorganizational relationships [J]. Journal of Management, 2000, 26 (3): 367-403.

[136] Verwaal E, Hesselmans M. Drivers of supply network governance: an explorative study of the Dutch chemical industry [J]. European Management Journal, 2004, 22 (4): 442-451.

[137] 陈文婕. 低碳汽车技术创新网络演化研究 [D]. 长沙: 湖南大学, 2014.

[138] Remmen A, Holgaard J E. Environmental innovations in product chain [C]. 11th International Conference of the Greening of Industry Network. San Francisco, 2004.

[139] 杨静, 施建军, 刘秋华. 学习理论视角下的企业生态创新与绩效关系研究 [J]. 管理学报, 2015, 12 (6): 865-872.

[140] Nelson R R, Winter S G. An evolutionary theory of economic change [M]. MA and London: The Belknap Press, 1982.

[141] 于斌斌. 演化经济学理论体系的建构与发展: 一个文献综述 [J]. 经济评论, 2013, 5: 139-146.

[142] Koschatzky K, Kulicke M, Zenker A. Innovation networks: concepts and chanllenges in the European pespectives [M]. New York: Physica, 2001.

[143] 蒋军锋, 张玉韬, 王修来. 知识演变视角下技术创新网络研究进展与未来方向 [J]. 科研管理, 2010, 31 (3): 68-77, 133.

[144] 黄玮强, 庄新田, 姚爽. 企业创新网络的自组织演化模型 [J]. 科学学研究, 2009, 27 (5): 793-800.

[145] Watts D J. Six degrees: the science of a connected age [M]. New York: Vintage, 2003.

[146] 刘涛, 陈忠, 陈晓荣. 复杂网络理论及其应用研究概述 [J]. 系统工程, 2005, 23 (6): 1-7.

[147] Newman M E J. Scientific collaboration networksII.: shortest paths, weighted networks, and centrality [J]. Physical Review E, 2001, 64 (2): 016132.

[148] Barabási A L, Jeong H, Néda Z, et al. Evolution of the social network of scientific collaborations [J]. Physica A: Statistical Mechanics and its Applications, 2002, 311 (3): 590-614.

[149] Putnam R D. The Prosperous Community Social Capital and Public Life [J]. The American Prospect, 1993, 13: 35-42.

[150] 张明亲. 企业社会资本概念模型及运作机理研究 [J]. 西安交通大学学报 (社会科学版), 2006, 04: 31-34.

[151] Baum J A C, Cowan R, Jonard N. Network-independent parnter selection and the evolution of innovation networks [J]. Management Science, 2010, 56 (11): 2094-2110.

[152] 蔡宁, 潘松挺. 网络关系强度与企业技术创新模式的耦合性及其协同演化——以海正药业技术创新网络为例 [J]. 中国工业经济, 2008, 4: 137-144.

[153] 王灏. 光电子产业创新网络的构建与演进研究 [D]. 上海: 华东师范大学, 2009.

[154] Burt R S. Structural holes: the social structure of competition [M]. Cambridge: Oxford University Press, 1992.

[155] 冯科, 曾德明, 周昕, 等. 创新网络结构洞非均衡演进对技术创新的影响 [J]. 系统工程, 2014, 32 (8): 110-116.

[156] 吕国庆, 曾刚, 顾娜娜. 经济地理学视角下区域创新网络的研究综述 [J]. 经济地理, 2014, 34 (2): 1-8.

[157] Glückler J. Economic geography and the evolution of networks [J]. Journal of Economic Geography, 2007, 7 (5): 619-634.

[158] Hansen T. Juggling with proximity and distance: collaborative innovation projects in the Danish cleantech industry [J]. Economic Geography, 2014, 90 (4): 375-402.

[159] 吕国庆, 曾刚, 马双, 等. 产业集群创新网络的演化分析——以东营市石油装备制造业为例 [J]. 科学学研究, 2014, 32 (9): 1423-1430.

[160] Duncan R B. The ambidextrous organization: designing dual structures for innovation [J]. Management of Organizational Design, 1976: 167-188.

[161] March J G. Exploration and exploitation in organizational learning [J]. Organization Science, 1991, 2 (1): 71-87.

[162] Danneels F. The dynamics of product innovation and firm competence [J]. Strategic Ma-

nagement Journal, 2002, 23 (12): 1095-1121.

[163] 张玉利, 李乾文. 公司创业导向、双元能力与组织绩效 [J]. 管理科学学报, 2009, 12 (1): 137-152.

[164] 刘春玉. 集群企业二元式创新的网络环境研究——基于知识循环的思考 [J]. 软科学, 2008, 22 (5): 114-119.

[165] Gupta A K, Smith K G, Shalley C E. The interplay between exploration and exploitation [J]. Academy of Management Journal, 2006, 49 (4): 693-706.

[166] Cao Q, Gedajlovic E, Zhang H P. Unpacking organizational ambidexterity: dimensions, contingencies, and sysnergistic effects [J]. Organization Science, 2009, 20 (4): 781-796.

[167] Greve H R. Exploration and exploitation in product innovation [J]. Industrial & Corporate Change, 2007, 16 (5): 945-975.

[168] Li C R, Lin C J, Chu C P. The nature of market orientation and the ambidexterity of innovations [J]. Management Decision, 2008, 46 (7): 1002-1026.

[169] 袁野, 蒋军锋, 程小燕. 动态能力与创新类型——战略导向的调节作用 [J]. 科学学与科学技术管理, 2016, 37 (04): 45-58.

[170] Savin I, Egbetokun A. Emergence of Innovation networks from R&D cooperation with endogeneous absorptive capability [J]. Journal of Economic Dynamics and Control, 2016, 64: 82-103.

[171] 顾群, 翟淑萍. 融资约束、研发投资与资金来源——基于研发投资异质性的视角 [J]. 科学学与科学技术管理, 2014, 35 (03): 15-22.

[172] 王益民, 梁萌. 政治关联、治理机制对战略双元的影响——基于中国上市公司数据的实证研究 [J]. 中国管理科学, 2012, 20 (S): 468-474.

[173] 王建, 胡珑瑛, 马涛. 联盟网络中企业创新平衡模式选择的影响研究——基于网络结构的视角 [J]. 科学学研究, 2014, 32 (2): 305-313.

[174] 曾德明, 李励, 王泓略. 研发强度对二元式创新的影响——来自汽车产业上市公司的实证研究 [J]. 科学学与科学技术管理, 2016, 37 (01): 69-79.

[175] Phelps C C. A longitudinal study of the influence of alliance network structure and composition on firm exploratory innovation [J]. Academy of Management Journal, 2010, 53 (4): 890-913.

[176] 张峰, 王睿. 政府管制与双元创新 [J]. 科学学研究, 2016, 34 (6): 938-950.

[177] Brenner M J, Tushman M L. Exploitation, exploration and process management: the productivity delimma revisited [J]. Academy of Management Review, 2003, 28 (2):

238 - 256.

[178] 黄中伟, 王宇露. 关于经济行为的社会嵌入理论研究述评 [J]. 外国经济与管理, 2007, 29 (12): 1 - 8.

[179] Granovetter M S. Economic action and social structure: the problem of embeddedness [J]. American Journal of Sociology, 1985, 91 (3): 481 - 510.

[180] Uzzi B. Social structure and competition in interfirm networks: the paradox of embeddedness [J]. Administrative Science Quarterly, 1997, 42 (1): 35 - 67.

[181] 魏江, 郑小勇. 关系嵌入强度对企业技术创新绩效的影响机制研究——基于组织学习能力的中介性调节效应分析 [J]. 浙江大学学报 (人文社科版), 2010, 9: 68 - 80.

[182] 兰建平, 苗文斌. 嵌入性理论研究综述 [J]. 技术经济, 2009, 28 (1): 104 - 108.

[183] Uzzi B. The source and consequences of embeddedness for the economic performance of organizations: the network effect [J]. American Sociological Review, 1996, 61 (4): 674 - 698.

[184] 章丹, 胡祖光. 网络结构洞对企业技术创新活动的影响研究 [J]. 科研管理, 2013, 34 (6): 34 - 41.

[185] Nooteboom B, Haverbeke W V, Duysters G, et al. Optimal cognitive distance and absorptive capability [J]. Research Policy, 2007, 36: 1016 - 1034.

[186] 漆文璐, 蒋军锋. 企业位构与创新类型: 网络特征调节下的分析 [J]. 科学学与科学技术管理, 2015, 36 (05): 115 - 125.

[187] 戴维·诺克, 杨松. 社会网络分析 [M]. 2版. 上海: 格致出版社, 上海人民出版社, 2012.

[188] 罗家德. 社会网络分析讲义 [M]. 2版. 北京: 社会科学文献出版社, 2010.

[189] Watts D J, Strogatz S H. Collective dynamics of "small - world" networks [J]. Nature, 1998, 393 (6684): 440 - 442.

[190] Barabási A L, Albert R. Emergence of scaling in random networks [J]. Science, 1999, 286 (5439): 509 - 512.

[191] 徐振宇. 社会网络分析在经济学领域的应用进展 [J]. 经济学动态, 2013, 10: 61 - 72.

[192] Burt R S. Sturctural holes and good ideas [J]. American Journal of Sociology, 2004, 110: 349 - 399.

[193] Beyerlein K, Hipp J R. Social capital, too much of a good thing? American religious traditions and community crime [J]. Social Forces, 2005, 84: 995 - 1013.

[194] Jiang X, Li Y. An empirical investigation of knowledge management and innovative performance: The case of alliances [J]. Research Policy, 2009, 38 (2): 358-368.

[195] Choi J B, Ahn S H, Cha M S. The effects of network characteristics on performance of innovation clusters [J]. Expert Systems with Applications, 2013, 40 (11): 4511-4518.

[196] 禹献云, 曾德明, 陈艳丽, 等. 技术创新网络知识增长过程建模与仿真研究 [J]. 管理学报, 2013, 34 (10): 35-41.

[197] 赵良杰, 宋波. 联盟网络结构和技术互依性对双元型技术联盟网络创新绩效的影响 [J]. 管理学报, 2015, 12 (4): 558-564.

[198] Liu C H. The effects of innovation alliance on network structure and density of cluster [J]. Expert System with Applications, 2011, 38 (1): 299-305.

[199] Mazzola E, Perrone G, Kamuriwo D S. Network embeddedness and new product development in the biopharmaceutical industry: The moderating role of open innovation flow [J]. International Journal of Production Economics, 2015, 160 (201): 106-119.

[200] 潘松挺, 郑亚莉. 网络关系强度与企业技术创新绩效——基于探索式学习和利用式学习的实证研究 [J]. 科学学研究, 2011, 29 (11): 1734-1743.

[201] Padula G. Enhancing the innovation performance of firms by balancing cohesiveness and bridging ties [J]. Long Range Planning, 2008, 41 (4): 395-419.

[202] Valk T Vd, Chappin M M H, Gijsbers G W. Evaluating innovation networks in emerging technologies [J]. Technology Forecasting & Social Change, 2011, 78 (1): 25-39.

[203] 刘军. 整体网分析——UCINET 软件使用指南 [M]. 2 版. 上海: 上海人民出版社, 2014.

[204] Coleman J C. Social capital in the creation of human capital [J]. American Journal of Sociology, 1988, 94: 95-120.

[205] Casper S. How do technology clusters emerge and become sustainable? social network formation and inter-firm mobility within the San Diego biotechnology cluster [J]. Research Policy, 2007, 36 (4): 438-455.

[206] Arranz N, Arroyabe J C Fd. Governance structures in R&D networks: an analysis in the European context [J]. Technology Forecasting & Social Change, 2007, 74 (5): 645-662.

[207] Burt R S. The contingent value of social capital [J]. Administrative Science Quarterly, 1997, 42 (2): 339-365.

[208] 赵炎, 郑向杰. 网络聚集性、连通性与企业知识创新——基于中国 10 个高科技行业的联盟关系网络分析 [J]. 科学学与科学技术管理, 2013, 34 (3): 23-32.

[209] Cross R, Cumming J N. Tie and network correlates of individual performance in knowledge-intensive work [J]. Academy of Management Journal, 2004, 7 (6): 928-937.

[210] Hanneman R. Introduction to Social Network Methods [M]. Riverside: Department of Sociology, University of California, 2005.

[211] Freeman L C. Centrality in social networks conceptual clarification [J]. Social Networks, 1979, 1 (3): 215-239.

[212] Gomes-Casseres B, Hagedoorn J, Jaffe A B. Do alliances promote knowledge flows? [J]. Journal of financial Economics, 2006, 80 (1): 5-33.

[213] Chen M Y, Huang M J, Cheng Y C. Measuring knowledge management performance using a competitive perspective: An empirical study [J]. Expert Systems with Applications, 2009, 36 (4): 8449-8459.

[214] 林润辉, 范建红. 中国管理学者论文合作网络属性及其对合作绩效的影响研究 [J]. 研究与发展管理, 2012, 24 (4): 81-92.

[215] Gonzalez-Brambila C N, Veloso F M, Krackhardt D. The impact of network embeddedness on research output [J]. Research Policy, 2013, 42 (9): 1555-1567.

[216] 刘晓南, 阮平南, 李非凡. 基于专利的技术创新网络演化动力挖掘 [J]. 中国科技论坛, 2014, 3: 136-141.

[217] McEvily B, Zaheer A. Bridging ties: a source of firm heterogeneity in competitive capabilities [J]. Strategic Management Journal, 1999, 20 (12): 1133-1156.

[218] 刘群慧, 李丽. 关系嵌入性、机会主义行为与合作创新意愿——对广东省中小企业样本的实证研究 [J]. 科学学与科学技术管理, 2013, 34 (7): 83-94.

[219] 徐磊, 向永盛. 多重网络嵌入对集群企业创新能力的作用 [J]. 经济地理, 2012, 32 (4): 108-112.

[220] 施放, 王静波, 蒋天颖. 企业社会网络关系嵌入对技术创新能力影响的实证研究——基于不同技术创新阶段的视角 [J]. 浙江社会科学, 2014, 1: 79-86.

[221] Hulsink W, Elfring T, Stam W. The locus of innovation in small and medium-sized firms: the importance of social capital and networking in innovative entrepreneurship [M]. Cheltanhan: Edward Elgar, 2009.

[222] 夏丽娟, 谢富纪. 多维邻近视角下的合作创新研究评述与未来展望 [J]. 外国经济与管理, 2014, 36 (11): 45-54.

[223] Wuyts S, Colombo M, Dutta S, et al. Empirical tests of optimal cognitive distance [J]. Journal of Economic Behaviour & Organization, 2005, 58 (2): 277-302.

[224] 邹波, 于渤, 卜琳华. 面向企业技术创新的校企知识转移作用机理 [J]. 科学学研

究，2012，30（7）：1048-1055.

[225] 刘志迎，单洁含. 技术距离、地理距离与大学——企业协同创新效应——基于联合专利数据的研究［J］. 科学学研究，2013，31（9）：1331-1337.

[226] 王元地，柳美君，马倩雯，等. 我国高校战略性新兴产业专利许可研究［J］. 研究与发展管理，2015，27（4）：130-138.

[227] Petruzzelli A M. The impact of technological relatedness, prior ties, and geographical distance on university—industry collaborations: a joint patent analysis［J］. Technovation, 2011, 31（7）: 309-319.

[228] 迟嘉昱，孙翎，刘波. 网络位置、技术距离与企业合作创新——基于2003—2013企业专利合作数据的研究［J］. 科技管理研究，2015，35（22）：22-25，31.

[229] 禹献云. 协作研发网络演化及其对技术创新的影响研究［D］. 长沙：湖南大学，2013.

[230] 陆圆圆，薛镭. 基于复杂适应系统理论的企业创新网络研究［J］. 中国科技论坛，2007，12：76-80.

[231] 约翰·霍兰. 隐秩序——适应性造就复杂性［M］. 上海：上海科技教育出版社，2000.

[232] 龚艳萍，陈艳丽. 企业创新网络的复杂适应系统特征分析［J］. 研究与发展管理，2010，22（01）：68-74.

[233] 倪外. 基于区域创新的发达地区低碳发展机制研究［J］. 经济问题探索，2013，7：132-137.

[234] 徐艳梅，于佳丽. 结网、非线性创新与区域创新网络［J］. 经济与管理研究，2010，6：77-84.

[235] 张志彤，程跃，银路. 战略性新兴产业创新系统网络演化及运行模式研究——基于深圳LED产业的分析［J］. 研究与发展管理，2014，26（6）：114-121.

[236] 王立华. 企业主体对产业转型升级影响的分析——基于复杂适应系统理论的视角［J］. 宏观经济研究，2013，2：105-111.

[237] 陶倩，徐福缘. 基于机制的复杂适应系统建模［J］. 计算机应用研究，2008，25（5）：1396-1399.

[238] 胡杨. 产学研合作创新聚集体的复杂适应系统特征研究［J］. 西南科技大学学报（哲学社会科学版），2015，32（5）：76-83.

[239] 谢祥，汝鹏，苏竣，等. 中国风电装备制造技术创新模式演进及政策动因［J］. 煤炭经济研究，2011，31（4）：10-14，17.

[240] Banks D, Norton J. International Encyclopedia of the Social & Behavioral Sciences［M］.

2nd ed. Amsterdam: Elsevier, 2015: 367-372.

[241] Mei S, Zarrabi N, Lees M, et al. Complex agent networks: an emerging approach for modeling compex systems [J]. Applied Soft Computing, 2015, 37: 311-321.

[242] Uchida M, Shirayam S. Influence of a network structure on the network effect in the communication service market [J]. Physica A, 2008, 387: 5303-5310.

[243] Peres R. The impact of network characteristics on the diffusion of innovations [J]. Physica A, 2014, 402: 330-343.

[244] 曹霞, 刘国巍. 基于博弈论和多主体仿真的产学研合作创新网络演化 [J]. 系统管理学报, 2014, 23 (1): 21-29.

[245] Xiao Y, Han J. Focasting new product diffusion with agent-based models [J]. Technological Forecasting & Social Change, 2016, 105: 167-178.

[246] Cowan R, Jonard N. Network structure and the diffusion of knowledge [J]. Journal of Economic Dynamics & Control, 2004, 28 (8): 1557-1575.

[247] 张春美. 差分进化算法理论与应用 [M]. 北京: 北京理工大学出版社, 2014.

[248] Auretsch D, Feldman M. Innovative clusters and the industry life cycle [J]. Review of industiral organization, 1996, 11: 253-273.

[249] Potter A, Watts H D. Evolutionary agglomeration theory: increasing returns, diminishing returns, and the industry life cycle [J]. Journal of Economic Geography, 2011, 11: 417-455.

[250] 杜海峰, 李树茁, 悦中山, 等. 小世界网络与无标度网络的社区结构研究 [J]. 物理学报, 2007, 56 (12): 6886-6893.

[251] 马艳艳, 刘凤朝, 孙玉涛. 中国大学专利被企业引用网络分析——以清华大学为例 [J]. 科研管理, 2012, 33 (6): 92-99.

[252] 张红娟, 谭劲松. 联盟网络与企业创新绩效: 跨层次分析 [J]. 管理世界, 2014, 3: 153-169.

[253] 赵炎, 王冰, 郑向杰. 联盟创新网络中企业的地理邻近性、区域位置与网络结构特征对创新绩效的影响——基于中国通讯设备行业的实证分析 [J]. 研究与发展管理, 2015, 27 (1): 124-131.

[254] Vonortas N, Zirulia L. Strategic technology alliances and networks [J]. Economics of Innovation and New Technology, 2015, 24 (5): 490-509.

[255] 曾德明, 张丹丹, 文金艳. 基于专利合作的网络技术多样性对探索式创新的影响研究——网络结构的调节作用 [J]. 情报杂志, 2015, 34 (2): 104-110.

[256] 张古鹏, 陈向东. 新能源技术领域专利质量研究——以风能和太阳能技术为例

[J]. 研究与发展管理, 2013, 25 (1): 73-81.

[257] Stuart T E. Interorganizational alliances and the performance of firms: a study of growth and innovation rates in a high-technology industry [J]. Strategic Management Journal, 2000, 21 (8): 791-811.

[258] Borgatti S P, Everett M G, Freeman L C. UCINET for Windows: software for social network analysis, Analytic Technologies [M]. Cambridge (MA): Harvard Analytic Technologies, 2002.

[259] Bellamy M A, Ghosh S, Manpreet H. The influence of supply network structure on firm performance [J]. Journal of Operations Management, 2014, 32: 357-373.

[260] 朱海燕, 魏江. 集群网络结构演化分析——基于知识密集型服务机构嵌入的视角 [J]. 中国工业经济, 2009, 10: 58-66.

[261] 刘凤朝, 张娜, 孙玉涛, 等. 基于优先连接的纳米技术合作网络演化研究 [J]. 管理评论, 2016, 28 (2): 74-83.

[262] Li Y, Li Y, Ji P, et al. Development of energy storage industry in China: A technical and economic point of review [J]. Renewable and Sustainable Energy Reviews, 2015, 49: 805-812.

[263] Sharaf O Z, Orhan M F. An overview of fuel cell technology: Fundamentals and applications [J]. Renewable and Sustainable Energy Reviews, 2014, 32: 810-853.

[264] Ming Z, Yingxin L, Shaojie O, et al. Nuclear energy in the Post-Fukushima Era: Research on the developments of the Chinese and worldwide nuclear power industries [J]. Renewable and Sustainable Energy Reviews, 2016, 58: 147-156.

[265] Li Y, Zhao X, Li Y, et al. Waste incineration industry and development policies in China [J]. Waste Management, 2015, 46: 234-241.

[266] Zhao Z Y, Zuo J, Wu P H, et al. Competitiveness assessment of the biomass power generation industry in China: A five forces model study [J]. Renewable Energy, 2016, 89: 144-153.

[267] Zhao X G, Jiang G W, Li A, et al. Technology, cost, a performance of waste-to-energy incineration industry in China [J]. Renewable and Sustainable Energy Reviews, 2016, 55: 115-130.

[268] Goess S, de Jong M, Ravesteijn W. What makes renewable energy successful in China? The case of the Shandong province solar water heater innovation system [J]. Energy Policy, 2015, 86: 684-696.

[269] Zhang S, He Y. Analysis on the development and policy of solar PV power in China [J].

Renewable and Sustainable Energy Reviews, 2013, 21: 393-401.

[270] Yang C. State-led technological innovation of domestic firms in Shenzhen, China: Evidence from liquid crystal display (LCD) industry [J]. Cities, 2014, 38: 1-10.

[271] Xu J P, Li L, Zheng B B. Wind energy generation technological paradigm diffusion [J]. Rewable and Suatainable Energy Reviews, 2016, 59: 436-449.

[272] Colazo J A. Collabotation structure and performance in new software development: findings from the study of open source prodjcets [J]. International Journal of Innovation Management, 2010, 14 (5): 735-758.

[273] 何郁冰, 张迎春. 网络类型与产学研协同创新模式的耦合研究 [J]. 科学学与科学技术管理, 2015, 36 (02): 62-69.

[274] 曹洁琼, 其格高, 高霞. 合作网络"小世界性"对企业创新绩效的影响——基于中国ICT产业产学研合作网络的实证分析 [J]. 中国管理科学, 2015, 23 (S): 657-661.

[275] 吴波, 贾生华. 企业间合作经验的学习效应研究评述 [J]. 研究与发展管理, 2007, 19 (2): 14-19.

[276] Gilsing V A, Nooteboom B. Density and strength of ties in innovation networks, an analysis of multimedia and biotechnology [J]. European Management Review, 2005, 2: 179-197.

[277] 郑向杰. 合作网络"小世界性"对企业创新能力的影响——基于中国汽车行业企业间联盟网络的实证分析 [J]. 科技进步与对策, 2014, 31 (13): 40-44.

[278] Wang C L, Rodan S, Frium M, et al. Knowledge networks, collaboration networks, and exploratory innovation [J]. Academy of Mangement Journal, 2014, 57 (2): 484-514.

[279] 曾德明, 邹思明, 张运生. 网络位置、技术多元化与企业在技术标准制定中的影响力研究 [J]. 管理学报, 2015, 12 (2): 198-206.

[280] Wu W P. Dimensions of social capital and firm competitiveness improvement: the mediating role of information sharing [J]. Journal of Management Studies, 2008, 45: 122-146.

[281] Burkhardt M E, Brass D J. Changing patterns or patterns of change: The effects of a change in technology on social network structure and power [J]. Administrative Science Quarterly, 1990, 35: 104-127.

[282] Larson A. Network dyads in entrepreurial settings: a study of the governance of exchange relationships [J]. Administrative Science Quarterly, 1992, 37: 76-104.

[283] Granovetter M S. The strength of weak ties [J]. American Journal of Sociology, 1973, 78

(6)：1360 – 1380.

[284] 谢卫红，李忠顺，屈喜凤，等. 网络关系强度与企业技术创新关系实证研究 [J]. 科学学与科学技术管理，2015，36（5）：62 – 73.

[285] Nooteboom B, Haverbeke W V, Duysters G, et al. Oprtimal cognitive distance and absorptive capability [J]. Research Policy, 2007, 36：1016 – 1034.

[286] 何建洪，贺昌政. 创新型企业的形成——基于网络能力与创新战略作用的分析 [J]. 科学学研究，2013，31（2）：298 – 309.

[287] 吴俊杰，盛亚，姜文杰. 企业家社会网络、双元性创新与技术创新绩效研究 [J]. 科研管理，2014，35（2）：43 – 53.

[288] Berrone P, Fosfuri A, Gelabert L, et al. Necessity as the mother of "green" inventions：Institutional pressures and environmental innovations [J]. Strategic Management Journal, 2013, 34（8）：891 – 909.

[289] Tong X, Frame J D. Measuring national technological performance with patent claims data [J]. Research Policy, 1994, 23：172 – 187.

[290] Bar T, Leiponen A. A measure of technological distance [J]. Economic Letters, 2012, 116（3）：457 – 459.

[291] Jaffe A B. Technological Opportunity and Spillovers of R&D：Evidence from Firms' Patents, Profits and Market Value [J]. American Economic Review, 1986, 76（5）：984 – 1001.

[292] 刘凤朝，邬德林，马荣康. 专利技术许可对企业创新产出的影响研究——三种邻近性的调节作用 [J]. 科研管理，2015，36（4）：91 – 100.

[293] Schilling M A, Phelps C C. Inter – firm collaboration networks：the impact of large – scale network structure on firm innovation [J]. Management Science, 2007, 53（7）：1113 – 1126.

[294] 陈强. 高级计量经济学及 Stata 应用 [M]. 北京：高等教育出版社，2014.

[295] Greene W H. Econometric analysis [M]. 6th ed. Upper SaddleRiver：Prentice Hall, 2008.

[296] Vuong Q H. Likelihood ratio tests for model selection and non – nested hypotheses [J]. Econometrica, 1989, 57：307 – 333.

[297] 谢洪明，张霞荣，陈聪，等. 网络关系强度、企业学习能力对技术创新的影响研究 [J]. 科研管理，2012，33（2）：55 – 62.

[298] 崔海云，施建军. 结构洞、强联系与企业技术能力关系研究 [J]. 企业经济，2016，2：64 – 69.

[299] 陈立勇，刘梅，高静. 研发网络成员多样性、网络关系强度对二元式创新的影响

[J]. 软科学, 2016, 30 (8): 25-33.

[300] 孙晓岭. 企业技术创新网络治理机制研究 [M]. 成都: 西南财经大学出版社, 2008.

[301] 余呈先. 产业技术创新战略联盟知识管理研究 [M]. 合肥: 中国科学技术大学出版社, 2015.

[302] 周五七, 聂鸣. 促进低碳技术创新的公共政策实践和启示 [J]. 中国科技论坛, 2011, 7: 18-23.

附录　低碳能源技术专利代码列表

低碳能源技术子类及相应 IPC 代码

子类	IPC 代码
非可再生替代能源	
核能	
核工程	G21，G21B，G21C，G21D
核能燃料	F02C/05
整体煤气化联合循环发电 IGCC	C01L3/00，F02C3/28
燃料电池	H01M4/86，H01M4/87，H01M4/88，H01M4/89，H01M4/90，H01M4/91，H01M4/92，H01M4/93，H01M4/94，H01M4/95，H01M4/96，H01M4/97，H01M4/98，H01M8/00，H01M8/01，H01M8/02，H01M8/03，H01M8/04，H01M8/05，H01M8/06，H01M8/07，H01M8/08，H01M8/09，H01M8/10，H01M8/11，H01M8/12，H01M8/13，H01M8/14，H01M8/15，H01M8/16，H01M8/17，H01M8/18，H01M8/19，H01M8/20，H01M8/21，H01M8/22，H01M8/23，H01M8/24，H01M12/00，H01M12/01，H01M12/02，H01M12/03，H01M12/04，H01M12/05，H01M12/06，H01M12/07，H01M12/08
垃圾发电	C10L5/00，C10L5/42，C10L5/44，F23G7/00，F23G7/10，C10J3/02，C10J3/46，F23B90/00，F23G5/027，B09B3/00，C10L5/48，F23G5/00，C21B5/06，D21C11/00，A62D3/02，C02F11/04，C02F11/14，B09B，B01D53/02，B01D53/047，B01D53/14，B01D53/22，B01D53/24，C10L5/46
废热利用	F01K27/00，F01K23/06，F01K23/07，F01K23/08，F01K23/09，F01K23/10，F01N5/00，F02G5/00，F02G5/01，F02G5/02，F02G5/03，F02G5/04，F25B27/02，F01K17/00，F01K23/04，F02C6/18，F25B27/02，C02F1/16，D21F5/20，F22B1/02，F23G5/46，F24F12/00，F27D17/00，F28D17/00－20/00，C10J3/86

续表

子类	IPC 代码
可再生替代能源	
水能	E02B9/00, E02B9/01, E02B9/02, E02B9/03, E02B9/04, E02B9/05, E02B9/06, E02B9/08, F03B, F03C, F03B13/12, F03B13/13, F03B13/14, F03B13/15, F03B13/16, F03B13/17, F03B13/18, F03B13/19, F03B13/20, F03B13/21, F03B13/22, F03B13/23, F03B13/24, F03B13/25, F03B13/26, F03B15/00, F03B15/01, F03B15/02, F03B15/03, F03B15/04, F03B15/05, F03B15/06, F03B15/07, F03B15/08, F03B15/09, F03B15/10, F03B15/11, F03B15/12, F03B15/13, F03B15/14, F03B15/15, F03B15/16, F03B15/17, F03B15/18, F03B15/19, F03B15/20, F03B15/21, F03B15/22, B63H19/02, B63H19/04
海洋能	F03G7/05
地热能	F01K, F24F5/00, F24J3/08, H02N10/00, F25B30/06, F03G4/00, F03G4/01, F03G4/02, F03G4/03, F03G4/04, F03G4/05, F03G4/06, F03G7/04
风能	F03D, H02K 7/18, B63B 35/00, E04H 12/00, F03D 11/04, B60K 16/00, B60L 8/00, B63H 13/00
太阳能	H01L 27/142, 31/00—31/078, H01G 9/20, H02N 6/00, H01L 27/30, 51/42—51/48, H01L 25/00, 25/03, 25/16, 25/18, 31/042, C01B 33/02, C23C 14/14, 16/24, C30B 29/06, G05F 1/67, F21L 4/00, F21S 9/03, H02J 7/35, H01G 9/20, H01M14/00, F24J2/00—2/54, F24D 17/00, F24D 3/00, 5/00, 11/00, 19/00, F24J 2/42, F03D 1/04, 9/00, 11/04, F03G 6/00, C02F 1/14, F02C1/05, H01L 31/058, B60K16/00, B60L 8/00, F03G 6/00—6/06, E04D 13/00, 13/18, F22B 1/00, F24J 1/00, F25B 27/00, F26B 3/00, 3/28, F24J 2/06, G02B 7/183, F24J 2/04
生物燃料	C10L5/00, C10L5/40, C10L5/41, C10L5/42, C10L5/43, C10L5/44, C10L5/45, C10L5/46, C10L5/47, C10L5/48, C10B53/02, C10L9/00, C10L1/00, C10L1/02, C10L1/14, C10L1/19, C07C67/00, C07C69/00, C10G, C11C3/10, C12P7/64, C10L1/182, C12N9/24, C12P7/06, C12P7/07, C12P7/08, C12P7/09, C12P7/10, C12P7/11, C12P7/12, C12P7/13, C12P7/14, C02F3/28, C02F11/04, C10L3/00, C12M1/107, C12P5/02, C12N1/13, C12N1/15, C12N1/21, C12N5/10, C12N15/00, A01H
生物质能	C10B53/00, C10J
储能节能技术	
电能保存	B60K 6/28, B60W10/26, H01M10/44 - 10/46, H01G9/155, H02J3/28, 7/00, 15/00
热能保存	C09K 5/00, F24H 7/00, F28D 20/00, 20/02
绿色照明	F21K99/00, F21L4/02, H01L33/00—33/64, 51/50, H05B 33/00
建筑物热绝缘	E04B1/62, E04B1/74—1/80, E04B1/88, E04B1/90, E04C1/40, E04C1/41, E04C2/284—2/296, E06B 3/263, E04B2/00, E04F13/08, E04B5/00, E04F15/18, E04B7/00, E04D1/28, E04D3/35, E04D13/16, E04B9/00, E04F13/08
机械能利用	F03G7/08, B60K6/10, B60K6/30, B60L11/16